Der große Crash
Der Kollaps unserer Autogesellschaft

Wir danken der
Hans-Böckler-Stiftung
in Düsseldorf für die
Unterstützung dieser
Publikation.

Hermann G. Abmayr

Der große Crash

Der Kollaps unserer Autogesellschaft

Mit Beiträgen von
Robert Kurz, Ulrich Viehöver und Winfried Wolf

SCHÜREN

Die Deutsche Bibliothek - CIP-Einheitsaufnahme

Der große Crash: der Kollaps unserer Autogesellschaft /
Hermann G. Abmayr. Mit Beitr. von Ulrich Viehöfer ... -
Marburg : Schüren, 1994
 ISBN 3-89472-129-4
NE: Abmayr, Hermann G.

Schüren Presseverlag GmbH
Deutschhausstr. 31 • 35037 Marburg
Kuglerstraße 5 • 10439 Berlin
© Schüren Presseverlag 1994
Alle Rechte vorbehalten
Druck: Clausen & Bosse, Leck
Umschlaggestaltung unter Verwendung
eines Gemäldes von Ena Lindenbaur
Printed in Germany
ISBN 3-89472-129-4

Inhalt

Michael Zeiß
Faszination Auto — 7

Hermann G. Abmayr
"Zuallererst müssen wir die gesellschaftliche Katastrophe eingestehen"
Vorwort des Herausgebers — 9

Ulrich Viehöver
Geisterfahrer in den Chefetagen
Über das Versagen unserer Automobil-Manager — 14

Hermann G. Abmayr
"Jetzt treten die Mängel der Marktwirtschaft um so plastischer hervor"
Ein Interview mit Dieter Spöri,
Wirtschaftsminister von Baden-Württemberg — 41

Hermann G. Abmayr
Mit Vollgas in die Krise
Böses Erwachen in der Autoregion — 45

Hermann G. Abmayr
Der Krösus der Region: ein Krisenbetrieb
Schon mehrmals standen die Autobauer in Neckarsulm vor dem Aus — 69

Hermann G. Abmayr
Die Pioniere von einst und heute
Daimler setzt auf Chips und nicht auf Solarenergie — 86

Hermann G. Abmayr
Der Sieg der Biedermänner
Der weltweit erste Anti-Ozon-Versuch wird zur Provinzposse — 93

Hermann G. Abmayr
Wenn die Entwicklungshilfe zu spät kommt:
Die verhängnisvolle Verkehrspolitik der Auto-Lobby im Unterland — 112

Winfried Wolf
Visionen damals, Alpträume heute, Alternative morgen — 122

Robert Kurz
Freie Fahrt ins Krisenchaos
Aufstieg und Grenzen des automobilen Kapitalismus — 149

Anhang 170
Auto 2000: Daten zum Inlandsmarkt
Pkw-Produktion in Europa bis zum Jahr 2000
Die Autoren
Bildnachweis

Michael Zeiß

Faszination Auto

Faszination Auto. Beim Fahren zum Beispiel. Mit sechs Zylindern von null auf 100 - ein echt geiles Gefühl. Oder das Auto: als Transportmittel, als Arbeitsplatzbeschaffer, als Luxusgut, als Prestigeobjekt. Auch nützlich für die Volkswirtschaft der 40-Tonner. Wenn er fährt und nicht im Stau steht. Und nicht jede Fahrt ist eine Leerfahrt, nur jede dritte. Faszination Auto.

Ziemlich fassungslos - seine Kehrseite. Das Auto, auch der Pkw, ein Koloß. 1,5 Tonnen Gewicht fahren durchschnittlich 1,3 Personen oder rund 100 Kilogramm Mensch. Die eingesetzte Energie wird beim Auto nur zu fünf Prozent genutzt. Der Rest geht drauf für Reibung, Abwärme, Abgase oder Schub des Leergewichts. Die Geschwindigkeit des Autos ist in der Stadt geringer als beim Fahrrad. Das Auto steht 18 Stunden, um dann eine Stunde bewegt zu werden.

Kaum zu fassen auch: Das Auto als Umweltverschmutzer. Straßen, Lärm, Abgase, Wasserverschmutzung, Flächenversiegelung, Unfälle, das alles verursacht Kosten in Höhe von über 250 Milliarden Mark pro Jahr. Klimaschäden noch gar nicht eingerechnet. Dagegen die Auto-Steuern: schlappe 70 Milliarden.

Faszinierend oder fassungslos: Der Alltag an einer Einfallstraße in einer deutschen Großstadt: 50.000 Autos, darunter 6.000 Lastwagen. Stickoxid-Grenzwerte überschritten, Unfälle vor der Haustür, Benzin ständig in der Nase. Diesel-Ruß, Benzol, Abgase, Dioxine, Blei, Cadmium - alles Autostoffe, die auch krank machen: Allergien, Atemwegserkrankungen, Bluthochdruck, Krebs.

Faszinierend einfach eigentlich die marktwirtschaftliche Lösung: Wer Auto fährt, zahlt drauf. Der Autoverkehr soll die Kosten übernehmen, die er verursacht. Nicht die Allgemeinheit.

Der "große Crash" hat die eher fassungslose Seite des Autos im Visier. Autoindustrie und Automanagement - die Branche fährt in die falsche Richtung. Ulrich Viehöver: Geisterfahrer im Management. Hermann G. Abmayr beschreibt die Region Heilbronn/Neckarsulm: Von Audi und damit vom Auto geprägt, jetzt in der Krise besonders gebeutelt, auf der schwierigen Suche nach Alternativen; hin und her gerissen in der Meinungsbildung über einen Groß-Versuch, der ein wenig aufklären soll über den Ozonsmog auf der Erde. Ziemlich radikal und nachdenklich stimmend Winfried Wolf, der vor dem GAU warnt: einer "Größtmöglich anzunehmenden Auto-Union". Die pessimistische Prognose von Robert Kurz: "Die Auto-Gesellschaft erstickt an sich selbst."

Sicher populärer und immerhin von einem Drittel der mit dem TED abstimmenden Fernsehzuschauer akzeptiert: mein Plädoyer in der ARD-Sendung "Pro + Contra" am 7. April 1994 zum Thema "Rauf mit der Mineralölsteuer - Benzinpreis zwei Mark".

"Jeder Kopf der Bevölkerung subventioniert den Straßenverkehr mit rund 3.600 Mark im Jahr. Indirekt. Mit Krankenkassenbeiträgen, Steuern, Abgaben, privaten Ausgaben, zum Beispiel für Lärmschutzfenster. Es ist deshalb nur recht und billig, wenn diejenigen die Kosten tragen, die sie auch verursachen. Also zwei Mark pro Liter Benzin. Damit wir in einer gesünderen Luft leben können. Damit der öffentliche Verkehr ausgebaut werden kann. Damit das Öko-Auto kommt. Damit wir alle vernünftiger werden und weniger Auto fahren."

Hermann G. Abmayr

"Zuallererst müssen wir die gesellschaftliche Katastrophe eingestehen"

Vorwort des Herausgebers

Der ehemalige IBM-Manager und Zukunftsforscher John Hormann vergleicht uns mit Suchtkranken, die ihren Kollaps nicht wahrhaben wollen: "Zuallererst müssen alle Beteiligten, von den Politikern über die Arbeitgeberverbände bis zu den Gewerkschaften, die wirtschaftliche und gesellschaftliche Katastrophe eingestehen, in der wir uns zur Zeit befinden. Wie ein Suchtkranker vor den Anonymen Alkoholikern müssen wir erst einmal ehrlich zugestehen, daß wir im Moment überfordert, ratlos, hilflos sind."

Die Kommandowirtschaft in Osteuropa hat jenseits der Mauer das Monopol aller Irrtümer erhalten. Nach dem Zusammenbruch des angeblich "real existierenden Sozialismus" sonnte sich der Westen in einer seltsamen Selbstzufriedenheit. Für die weitere betriebswirtschaftliche Vernutzung von Mensch und Natur schien es kaum noch Grenzen zu geben. Technik und Wissenschaft seien schließlich so weit entwickelt, daß alle Menschen dieser Welt versorgt werden könnten. Dank der siegreichen Marktwirtschaft, die dies quasi naturwüchsig in einem ewigen Kreislauf vermitteln würde. Und die Regierung der größten Siegermacht, der USA, rief gleich noch eine "neue Weltordnung" aus.

Aber das böse Erwachen kam schnell: Niemand mehr kann heute den Niedergang unserer Autogesellschaft und ihrer wirtschaftlichen Basis übersehen. Der Traum vom ewigen Wachstum der Automobilität ist zum Alptraum geworden. Das Mobilste, das der Mensch geschaffen hat, das Geld, vagabundiert unkontrolliert in der Welt herum. Und Millionen Menschen vagabundieren als Flüchtlinge oder Arbeitslose hinterher. "Anything goes", der Wahlspruch der "Postmoderne", gilt nur fürs Geld, doch niemand weiß wohin die angehäuften Billiarden-Beträge gehen und was sie dabei noch alles anstellen.

Die Debatte darüber hat erst begonnen. Unser Buch kann schon deshalb keine leichte Kost sein. Wenn es provoziert, wenn es Kritik herausfordert und die Diskussion anregt, hat es ein wichtiges Ziel erreicht. Denn genauso wie die Wirtschaft an einem Überangebot von Geld, Kapital und Waren -

‚Autos!- leidet, kranken die Beschreibung und die Analyse der Krise an einem Überangebot unbrauchbarer Theorien.

"Der große Crash" befaßt sich mit unterschiedlichen Themen; die Autoren unterscheiden sich in der Herangehensweise und im Stil. Sie haben verschiedene Seiten des Zusammenbruchs unserer Autogesellschaft beschrieben und zum Teil versucht, dem Kollaps auf den Grund zu gehen. Widersprüche sollten nicht verkleistert werden. An einigen Stellen werden Auswege angedeutet. Wer allerdings Patentrezepte erwartet, wird enttäuscht werden.

Michael Zeiß, Wirtschaftsressort-Leiter des Süddeutschen Rundfunks, hat in seinem Vorwort über die Faszination und die Zerstörungskraft des Autos geschrieben. Der Fernseh-Mann kümmert sich seit Jahren um Themen wie Auto und Verkehr oder Auto, Umwelt und Gesundheit. Zuletzt hat er seine Thesen in der ARD-Sendung "Pro & Contra" vertreten. Er ist verantwortlich für die SDR-Reihe "Menschen & Märkte" (MUM), in der auch der Film "Eine Region lebt vom Auto" ausgestrahlt wurde. Er war der Ausgangspunkt für dieses Buch.

Audi-Neckarsulm: Das Filmteam von Hermann G. Abmayr bei den Dreharbeiten

Vorwort

Dieter Spöri, der Wirtschaftsminister in Baden-Württemberg, geht in einem Interview auf die Möglichkeiten der Politik ein. Ehrlich gibt er zu, daß "die real praktizierte Marktwirtschaft in ihren unterschiedlichen Varianten weltweit den Übergang zur ökologischen Existenzsicherung der Menschheit noch nicht gelöst hat". Auch der SPD-Minister sucht nach Antworten auf die Herausforderungen der Zeit.

Die vier Autoren befassen sich nicht mit konjunkturellen, sondern um strukturellen Defiziten eines Systems, dessen Markenzeichen das Auto ist und einer Gesellschaft, die sich die unbegrenzte Mobilität von Mensch, Arbeit und Geld(-Wert) auf ihre Fahnen geschrieben hat. Das Auto zeigt heute seine düstere Kehrseite in einer bisher ungekannten Brutalität. Dahinter verbergen sich Entwicklungen epochalen Charakters, die unsere "Eliten" allerdings kaum wahrnehmen wollen.

Die herrschende Schicht im Osten und die alten Kommandostrukturen wurden in kurzer Zeit hinweggefegt. Und im Westen? Kaum jemand traut den "Eliten" unserer Marktwirtschaft noch eine Lösungskompetenz zu, nicht einmal die Betroffenen selbst - zumindest dann, wenn sie nicht ganz verblendet sind.

"Nieten in Nadelstreifen" nennt Günter Ogger in seinem Bestseller das Gros der Macher der deutschen Wirtschaft. Ulrich Viehöver und zum Teil auch die anderen Autoren des Buches beschreiben den Krisen-Kurs dieser "Spitzen"-Manager. Doch "Der große Crash" räumt mit Oggers Grundthese auf, man müsse nur die Geisterfahrer der Wirtschaft auswechseln und Leute wie Piëch oder López an die Schalthebel der Macht setzen. Dann wäre die Welt wieder in Ordnung. Ulrich Viehöver entlarvt auch Oggers Freunde als Versager.

Aber selbst wenn es nur fehlerfreie Spitzenmanager gäbe, hätten sie die Krise des ausgehenden 20. Jahrhunderts nicht verhindern können. Sie schaffen es bestenfalls, weiterhin Gewinne zu machen und die Konkurrenz auszubooten. Den Kollaps der Weltwirtschaft und unserer Autogesellschaft, die Zerstörung der Umwelt oder den Zusammenbruch unseres traditionellen Verkehrswesens können sie damit nicht aufhalten.

Globales und Lokales gehören zusammen, denn die Krise hat die ganze Welt erfaßt, aber sie wird vor Ort erlebt. Als Beispiel steht dafür in diesem Buch der Raum Heilbronn/Neckarsulm. Hier, im württembergischen Unterland, findet man nahezu idealtypisch die Probleme einer vom Fahrzeugbau geprägten Wirtschafts- und Gesellschaftsstruktur. Eine Region wie viele andere und dennoch eine besondere, denn so manche Entwicklung ist hier extremer verlaufen als anderswo.

Ich bin froh darüber, daß ich mit Robert Kurz, Ulrich Viehöver und Winfried Wolf drei interessante, kompetente und streitbare Autoren für unser Projekt gewinnen konnte. Ulrich Viehöver gehört unter den deutschen

Journalisten zu den wenigen Kennern der Automobilindustrie. Er hat seit Ende der 70er Jahren als Wirtschaftsredakteur der "Stuttgarter Nachrichten" gearbeitet und dabei vor allem das "Musterland" der Automobilindustrie kennengelernt. Ob Daimler, Porsche oder Bosch, Viehöver hat ihre Entwicklung seit zwei Jahrzehnten verfolgt, sich aber auch um die übrige Branche gekümmert. In den 80er Jahren wechselte er zur "Wirtschaftswoche". 1993 ist Viehöver bei "Focus" in München eingestiegen.

Winfried Wolf hat 1986 mit seinem Buch "Eisenbahn und Autowahn" für Aufsehen gesorgt, ein Standardwerk über die Ökonomie und die Politik des Verkehrs. Der heutige Spiegel-Chefredakteur Wolfgang Kaden hat es ausführlich besprochen: "So viele aufschlußreiche Daten über Verkehrsmittel und Verkehrswege dürfte bislang noch nirgendwo zu finden sein." Seitdem tritt Wolf immer wieder bei Veranstaltungen zum Thema Auto, Umwelt, Verkehr auf und hat weitere Bücher, Aufsätze oder Zeitungsartikel veröffentlicht. In Kürze wird sein neues Werk erscheinen. Titel: "Berlin - Weltstadt ohne Auto?" Ich habe Winfried Wolf bei den Recherchen zu unserem Film "Aber der Wagen der rollt" kennengelernt, der 1991 in "Südwest 3" ausgestrahlt wurde. Wolf kommt darin ausführlich zu Wort.

Robert Kurz wurde vor vier Jahren von Hans-Magnus Enzensberger entdeckt. Er hat in der "Anderen Bibliothek" Kurz' "Kollaps der Modernisierung" herausgebracht. Das Werk ist seit seinem Erscheinen 1991 auf ein überwältigendes Echo gestoßen und bereits in der zweiten Auflage erschienen. Ob "Süddeutsche Zeitung", "Frankfurter Rundschau" oder "Die Zeit", fast überall fanden die Rezensenten viel Lob. Fritz J. Raddaz beispielsweise schreibt über den "Krisenkrimi" in "Die Zeit": "Robert Kurz gibt eine furiose Analyse des Debakels jener militarisierten Kommandowirtschaft des Kasernensozialismus." Er male aber auch "das Ende des sich selbst auffressenden Kapitalismus an die Wand". Heftige Kritik mußte sich Kurz allerdings von der dogmatischen Linken gefallen lassen.

Ich bin Journalist, Filmemacher und Buchautor. Das württembergische Unterland kenne ich bereits seit Jahren. 1987 war ich zum ersten mal mit einem Fernseh-Team in Heilbronn und Neckarsulm. Damals habe ich für "Kennzeichen D" (ZDF) einen Beitrag über illegale Leiharbeit bei Audi gemacht. 1992/93 entstand der 45-Minuten-Film "Eine Region lebt vom Auto", den der SDR am 13. August 1993 über "Südwest 3" ausgestrahlt hat. Die Filmidee stammt noch aus der Boom-Zeit. Damals wollte ich am Beispiel einer Autoregion zeigen, wie sich die Verantwortlich auf die Krise vorbereiten. Doch bereits bei den ersten Drehtagen zeichnete sich der Zusammenbruch ab. Die Region war nicht darauf vorbereitet.

Mit dem Film hatten wir die Möglichkeit die ersten neun Monate der Krise zu beobachten, "eine konzentrierte Chronik einer erschreckenden Entwicklung", wie Ute Kretschmer-Rischké in der Heilbronner Stimme schrieb.

Vorwort 13

Und: "Wenn das Unterland bisher im Fernsehen porträtiert wurde, konnten sich die Bürger und Bürgervertreter meist freuen: Egal, ob Siggi Harreis mit 'Drei in einem Boot' am Neckar schunkelte oder der Pferdemarkt mit Bananen-Bubi und Aal-Jürgen skurril präsentiert wurden, die Region sonnte sich in ihrem Wein- und Feschtles-Image."

Der Film sollte eine ganzheitliche Darstellung der Probleme bieten. Deshalb befaßten wir uns auch mit Themen wie dem Image von Heilbronn, der Gruppenarbeit bei Audi oder dem weltweit erste Anti-Ozon-Versuch. Fahrverbote und die Einschränkungen bei der Industrieproduktion waren 1993 geplant - der Umwelt zuliebe. Man wollte testen, was vermutlich schon bald zum Alltag gehören wird, doch daraus wurde eine Provinzposse, die ihr Ende noch nicht gefunden hat.

An ein Buch dachten wir bei den Dreharbeiten noch nicht. Die klassische Version des "Buches zum Film" wäre auch langweilig geworden. Als Herausgeber habe ich mich bemüht, Überschneidungen so weit wie möglich zu vermeiden. Die Kapitel sind so geschrieben, daß sie auch einzeln zu lesen sind. Ich bedanke mich bei Peter Hörtling, der bei den Nachrecherchen Anfang 1994 behilflich war, sowie bei allen anderen, die uns geholfen haben.

Stuttgart, im April 1994
Hermann G. Abmayr

Ulrich Viehöver

Geisterfahrer in den Chefetagen

Über das Versagen unserer Automobil-Manager

Eine gute Nachricht über die Automobilindustrie lautet: Sie wäre noch zu retten. Und die schlechte: Es mangelt an Führungskräften, die geeignet sind, das Steuer mit richtigen Konzepten herumzuwerfen. Statt dessen beherrschen kopfloses Wachtumsdenken und hirnloser PS-Wahn die Richtung - und das in der schlimmsten Strukturkrise.

Gäbe es nur genügend Kunden, könnten weltweit über sechs Millionen Autos mehr fabriziert werden, manche Quellen sprechen gar von zehn Millionen. Besonders betroffen ist die europäische Automobilindustrie. Hier versammelt sich etwa die Hälfte der überschüssigen Kapazitäten. Nur fünf von einem knappen Dutzend Herstellern, so die Prognosen, werden das Jahr 2000 in Selbständigkeit erleben. Schon fährt in den Fabriken die Angst vor Schließungen mit. Das Gespenst der Krise hat die Geisterfahrer an der Spitze der Autokonzerne wachgerüttelt. Es herrschen Angst und Panikstimmung.

Und was folgt nach dem Crash-Kurs aus vergangenen Jahrzehnten? Die Bosse können weder sich, noch ihr Produkt, noch ihre Branche in Frage stellen. An einen Kollaps unserer Autogesellschaft denken sie nicht einmal im schlimmsten Alptraum. Statt dessen träumen sie noch immer von alten Zeiten. Sie sehnen die Verhältnisse aus den siebziger und achtziger Jahren herbei. Damals wurden die Karossen so zugeteilt, wie sie vom Band rollten. Gekauft wurde, was im Angebot war. Preise und Kosten marschierten im Gleichschritt - immer stramm nach oben.

Das deutsche PS-Sextett - Volkswagen (VW) einschließlich Audi, BMW, Mercedes-Benz, Opel, Ford und Porsche - bot und bietet zumeist Standardware. Die Basis war und blieb das Ur-Modell auf vier Rädern: die Kutsche für den Familienvater - gezogen von immer mehr Pferdestärken. Zu viele Modellvarianten in geringen Stückzahlen trieben die Kosten hoch. Zuviele Teile, zu wenig Standards, dafür jede Menge technischer Schnickschnack. Die Attraktivität sank.

Mit ihren vielen Schwächen hat die deutsche Vorzeigeindustrie längst an Bedeutung verloren. Die Wiedervereinigung verzögerte zwar die Talfahrt der heimischen Autobranche um drei Jahre, aber seit 1992 zeigen auch für Pkw made in Germany alle Prognosen bergab. 1993 ist die Produktion um ein Viertel eingebrochen.

Beschäftigte der deutschen Autohersteller*

Standort	Beschäftigte Ende 1991	Beschäftigte Mitte 1994	Veränderung in %
Audi Ingolstadt	26 900	23 000	-14,5
Audi Neckarsulm	11 300	9 200	-18,5
BMW Landshut	3 100	3 000	-3,2
BMW Dingolfing	18 700	16 500	-11,8
BMW München	26 200	25 000	-4,6
BMW Eisenach	Aufbauphase	200	
BMW Berlin	2 100	1 800	-14,3
BMW Regensburg (inkl. Wackersdorf)	7 300	6 900	-5,5
Ford Köln	25 400	21 700	-14,6
Ford Saarlouis	7 400	6 500	-12,2
Mercedes Bad Homburg	900	700	-22,2
Mercedes Berlin	3 300	2 700	-18,2
Mercedes Bremen	15 600	13 000	-16,7
Mercedes Hamburg	2 900	2 400	-17,2
Mercedes Rastatt	Aufbauphase	1 500	
Mercedes Mannheim	14 200	11 000	-22,5
Mercedes Wörth	12 100	8 400	-30,6
Mercedes Düsseldorf	7 000	5 700	-18,6
Mercedes Kassel	4 000	3 200	-20,0
Mercedes Gaggenau	9 200	7 000	-23,9
Mercedes Sindelfingen	45 500	32 500	-28,6
Mercedes Stuttgart	22 100	17 500	-20,8
Opel Eisenach	Aufbauphase	2 000	
Opel Kaiserslautern	6 400	5 700	-10,9
Opel Bochum	18 900	15 500	-18,0
Opel Rüsselsheim	31 400	27 000	-14,0
Porsche Stuttgart (inkl. Weissach und Tamm)	8 700	6 500	-25,3
VW Braunschweig	7 000	6 100	-12,9
VW Emden	12 200	10 200	-16,4
VW Hannover	18 000	15 500	-13,9
VW Kassel	19 500	17 000	-12,8
VW Sachsen (Mosel, Chemnitz, Eisenach)	Treuhandbetrieb	3 200	
VW Salzgitter	9 300	8 100	-12,9
VW Wolfsburg	59 900	51 500	-14,0

*Bei Mercedes inclusive Nutzfahrzeuge

Quelle: Eigene Recherche

Jeder siebte Arbeitsplatz in Deutschland ist vom Automobil abhängig. Die Industrie beschäftigt immerhin fast eine Million Menschen. Rund 60.000 Stellen stehen bei den sechs deutschen Autoherstellern bis 1996 auf den Streichlisten. Ohne Verkürzung der Arbeitszeit wären es vermutlich über 100.000. Nur 5.000 Arbeitsplätze werden wohl im Osten neu geschaffen - vorwiegend bei Opel in Eisenach und bei VW in Mosel/Zwickau. Ganzen Regionen, ja sogar Bundesländern wie Baden-Württemberg, droht der Niedergang. Das Beispiel Heilbronn/Neckarsulm, das in diesem Buch beschrieben wird, ist nur eines von vielen. Wolfsburg wäre ohne Arbeitszeitverkürzung bald das Detroit Europas, eine Gespensterstadt. Dabei kann heute niemand sagen, was die Herren Piëch, López und Co. noch alles versäumen werden.

Die Produktion in Deutschland wird nach den derzeitigen Prognosen bis 1996 bei knapp fünf Millionen Einheiten pro Jahr stagnieren. Und die Wachstumsaussichten im Export sind bescheiden.

Von den anderen nichts gelernt

Erleidet die Autoindustrie, das gleiche Schicksal wie andere Branchen zuvor? Deren Zerfall ging in den Köpfen der Kfz-Zunft spurlos vorüber. Dabei waren es Lehrstücke für Mißmanagement. Das Untergangsszenario ist stets dasselbe: Die Europäer gehen, die Asiaten kommen. Angefangen hat es in den 60er Jahren mit der Textilindustrie. Dann verschwanden ebenso bühnenreif Motorrad- und Uhrenfabriken. In den achtziger Jahren verspielten die meisten Hersteller von Audio- und Videogeräten sowie die einst ruhmreichen Fabrikanten von Büromaschinen, Feinwerktechnik und zuletzt Computern ihre Zukunft.

Die Platzhalter aus der alten Welt tappten den Herausforderern aus Fernost - anfangs nur Japaner - stets auf die gleiche Weise in die Falle:
1. Sie produzieren stur am Bedarf vorbei, der neu entsteht. Technisch einfachere, aber preiswerte Motorräder, Ferngläser, Kameras, tragbare Fernseher, Quarzuhren, PCs kommen in Massen aus Ostasien. Sie verdrängen das traditionelle Angebot der Europäer.
2. Deutsche Hersteller kungeln ausgiebig mit ihrer vertrauten Händlerschar. Sträflich vernachlässigen sie dynamischere, neu heranwachsende Handelsformen, wie Verbrauchermärkte, Filialisten, Spezialisten. Diese werden dadurch zwangsweise zu Großabnehmern asiatischer Massenware.
3. Bei ihrer Produktpolitik - Design, Technikaufwand, Preisgestaltung, Funktionalität - denken die Deutschen zuerst an Mitteleuropa. Japaner handeln global. Sie entwickeln und produzieren Massenartikel speziell für Nordamerikaner, Westeuropäer und sogar Länder der Dritten Welt.

Geisterfahrer in den Chefetagen

Die Angebote sind nach Qualität, Machart, Preis, Geschmack und Vertriebsweg unterschiedlich konzipiert.

4.) Bevor Nippon den schwierigen Europamarkt angreift, überrollen sie vorher das kaufkräftigste Konsumentenparadies der Welt, Nordamerika. Wer dort als Markenanbieter etabliert ist, steckt auch die alte Welt in die Tasche. Der Umweg über USA und Kanada verwandelt namenlose Newcomer aus Fernost in Globalplayer. Daran gemessen wirken die alten Meister - zur Erinnerung: NSU, DKW, Heinkel, Zeiss, Rollei, Agfa, Saba, AEG-Telefunken, Dual, Grundig, Olympia, Triumph-Adler, Kienzle, Nixdorf - wie Fußballer aus der Provinz.

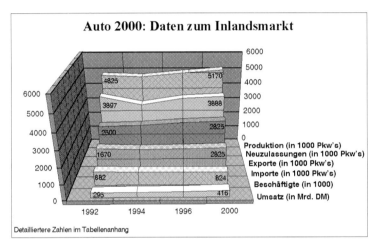

Aus den vielen Fehlern haben die Auto-Bosse nichts gelernt. Sie fühlten sich nie angesprochen, denn ihre Branche sei anders, vor allem viel größer. Ihr immerwährendes Credo: "Wir können es besser, denn das Auto hat immer Konjunktur."

Alles Irrtümer. Denn sollte die Flaute wirklich bis 1996 abebben, wären die enormen Strukturmängel damit keinesfalls behoben. Das Mißmanagement vieler Jahre endet nicht mit dem Aufschwung.

Aus der Sackgasse kommt die PS-Industrie erst heraus, wenn am Kopf der Starbranche endlich umgedacht wird. Mit den Todsünden der Auto-Bosse fährt das Gewerbe höllisch tief in den Abgrund. Doch kaum jemand wagt es, die Schwächen der Führungsspitzen bloßzulegen. Eine Analyse der Geisterfahrer in den Chefetagen fördert fünf Grundtypen von Managementmethoden zutage.

Die Alleinherrscher

Die einen nennen ihn "Alleinherrscher" (Süddeutsche Zeitung), die anderen Generalissimus und wieder andere sprechen bereits vom Großinquisitor der PS-Zunft. Ferdinand Piëch ist derzeit der am meisten gefürchtete Manager Deutschlands. Der VW-Chef, der beim Umgang mit seinen Untergebenen psychologischen Beistand benötigt, ist ein Manager alter Schule. Für ihn könnte das Motto gelten: "Der Betrieb, das bin ich."

Ex-Audi-Chef Ferdinand Piëch ist bekannt dafür, daß er Mitarbeiter gegen den Rat anderer einstellt - und sie ebenso schnell und ungeduldig wieder feuert. Der eigenbrötlerische Milliardärssohn ist nicht teamfähig. Kompromisse hält er selten durch. So war zu erwarten, daß Technik-Freak Piëch den ihm als Stellvertreter an die Seite gestellten Intellektuellen Daniel Goeudevert bald vor die Tür setzen wird. Der Querdenker ist nur eines von vielen Piëch-Opfern.

Der verklemmt wirkende Auto-Guru heuert und feuert wie ein mittelalterlicher Despot. Und obwohl das Soll an Rausschmissen und Einstellungen von Managern bei VW, Audi, Seat und Skoda schon nach zwölfmonatiger Amtszeit mehr als übererfüllt wurde, schalten und walten die beiden

Die beiden Lieblings-Fieslinge der Autowelt: López (l.) und Piëch. Rechts der gefeuerte Audi-Chef Kortüm

Geisterfahrer in den Chefetagen 19

Lieblings-Fieslinge in der Autowelt, Piëch und José Ignacio López, ohne Furcht vor Eingriffen der Aufsichtsräte. Oberaufseher Ruhrgas-Chef Klaus Liesen und Niedersachsens Ministerpräsident Gerhard Schröder (SPD) bekunden nach jeder publik werdenden Panne aufs Neue: "Wir stehen in Treue fest".

López, der langjährige Opel/General-Motors-Manager, ist in der gesamten Welt der Autozulieferer gefürchtet. Manche bezichtigen den harten Taktiker und seine ihm stets treu ergebene Einkäufercrew des Verrats. Sie sollen Angebote mit spezifischen technischen Details eingeholt und sie an Konkurrenten weitergeleitet haben.

Als erste gerät die Belegschaft ins Visier der Kostendrücker. Die teuren Mitarbeiter müssen für Versäumnisse und Verschwendungen bluten. Besonders bei den Arbeitern und den schlecht bezahlten Angestellten wird gespart. Das ist der Weg des geringsten Widerstandes. Nach festen Zahlenvorgaben - meist von externen Beratern - werden kräftig die Kosten anderer gedrückt. Nach der Rasenmäher-Methode wird quer durch den Betrieb gekürzt, gestrichen, strikt Stellen abgebaut. Da ist es gleichgültig, ob die Betroffenen schon seit Jahren sparsam und effizient wirtschafteten oder nicht. Kostenbewußte Mitarbeiter werden doppelt bestraft. Ihnen wird genauso viel genommen wie Verschwendern und Blendern.

Erfahrungsgemäß bewirkt dieser autoritäre Kasernenhofstil der Führungselite genau das Gegenteil dessen, was er bezwecken soll. Auch deshalb, weil die Befehlshaber oft die letzten sind, die sich an die eigenen Sparappelle halten. Unbeeindruckt pflegen sie ihren aufwendigen Stil weiter.

Sie sind umgeben von einem Heer von Assistenten und Sekretärinnen, die ihre Reisen organisieren, Reden recherchieren und schreiben sowie ihre öffentlichen Auftritte inszenieren müssen. Weil sie die Grenzen zwischen privater Lust und dienstlicher Last oft zu gerne verwischen kommt es zu unkontrollierbaren Kostensteigerungen und zu Spannungen an der Spitze. Wer darf sich was und wieviel herausnehmen?

Dieser gefährliche Konflikt brachte zum Beispiel das Elektronikunternehmen SEL/ITT ins Schleudern. Konzernchef Helmut Lohr vermochte kaum noch zwischen privater Lebenshaltung und Geschäftsinteresse zu unterscheiden. Er verbuchte private Ausgaben als Betriebsausgaben. Der schließlich über seine Affären gestolperte Topmanager hatte jedes Maß verloren. Der stets als Kostendrücker gefürchtete SEL-Autokrat wurde später wegen Betrugs und Untreue zu drei Jahren Gefängnis verurteilt.

Das unglaubwürdige Verhalten der Sparkommissare vom Schlage Lohr zieht Kreise; es wirkt sich mit der Zeit im ganzen Konzern geradezu verheerend aus, denn der lasche Umgang mit der Verantwortung setzt sich nahtlos auf allen Hierarchieebenen fort.

Bei Mercedes-Benz wie bei Volkswagen (vor der Ära Piëch) häuften sich Beschwerden über widersprüchliches Verhalten der Manager in Krisenzeiten. Trotz verordneter Sparappelle hielt die Führungselite an ihrem pompösen Führungsstil fest. Geredet wurde über rauschende Parties und Investitionen in Privathäusern auf Firmenkosten, von Spesenreiterei auf Dienstreisen und dem Einsatz von Mitarbeitern für private Zwecke. Weder Aufsichts- noch Betriebsräte waren gewillt, die Selbstbedienungsmentalität aufzudecken. Bei Volkswagen heißt das "Wolfsburger Filz", bei Mercedes beziehungsweise der Muttergesellschaft Daimler-Benz "Die noble Gesellschaft".

Die Not lehrt auch die Auto-Bosse beten. In jüngerer Zeit zeichnet sich ab, daß eine neue Führungsgarde mit vielen dieser Auswüchse Schluß macht. Auch Beschäftigtenvertreter sind hellhörig geworden. Endlich können Betriebsräte, die immer schon Kritik angemeldet hatten, kleine Erfolge verbuchen. Schon deshalb, weil demotivierte, durchaus zum Sparen entschlossene Mitarbeiter Druck machen. Sie müssen unter den Reibereien überlasteter Kollegen und unter den Folgen innerer Kündigungen leiden. Das vergiftet das Betriebsklima.

Auch Kunden werden zu Opfern falscher und übereifriger Spar-Generale. Oft streichen sie genau dort Stellen, wo sie dringend gebraucht werden: Beispielsweise in Telefonzentralen - Bestellungen können nicht mehr aufgegeben werden -, Sachbearbeiter- und Servicebereiche sind ausgedünnt, ebenso die Auslieferung/Logistik, wo aus Mangel an Arbeitskräften Fahrzeuge nicht mehr rechtzeitig ausgeliefert werden können. Das führt zu der paradoxen Situation, daß in der Produktion kurzgearbeitet wird, während die Lieferzeiten für bestimmte Modelle und Ersatzteile zunehmend länger werden.

Dabei ist kostenbewußte Betriebsführung keine besondere Strategie oder Unternehmensphilosophie, sondern das Alltagsgeschäft jedes vernünftigen Kaufmanns. Es ist ein kontinuierlicher Prozeß: in der Produktion wie in Verwaltung, im Ein- wie Verkauf, beim Einsatz der Belegschaft wie bei den Materialien zählt der Kostenaspekt.

Manager, die plötzlich mitten in der Krise ihr Kostenmanagement herauskehren, haben es oft über Jahre schleifen lassen. Da unterhielten zum Beispiel Mercedes-Benz und Porsche umfangreiche Abteilungen zur Kosten- und Preiskalkulation. Doch auf die Ergebnisse ihrer hochqualifizierten Mannschaften wurde kaum geachtet. Warum auch? Akzeptierten die Kunden der Luxusautos doch die Preisforderungen, wie ab Werk diktiert. Preiserhöhungen wurden als gottgewollte Weitergabe von Kostensteigerungen ausgegeben. Die Lieferfristen manch edler Karossen waren viel wichtiger als das Preis-/Leistungsverhältnis - Management in Behördenmanier.

Es hätte nicht des knallhart durchgreifenden Einkäufers López und seiner Truppe bedurft, hätten die Autobauer und ihre Lieferanten eher den

Kunden im Auge gehabt. Statt dessen teilten sie viele Jahre lang die erzielten Rationalisierungsgewinne genüßlich unter sich auf. Als weniger abfiel, kassierten die Hersteller alleine. Das begann etwa vor zehn Jahren. Nun drückt jeder jeden, der Große den jeweils Kleineren. Die abrupte Kehrtwendung, die Anfang der neunziger Jahre von den vielen kleinen und großen López-Nachahmern in schon brutaler Weise vollzogen wurde, stürzte viele Zulieferer ins Verderben. Einige fanden rasch bei einem - meist ausländischen - Großunternehmen Unterschlupf. Viele mußten Werke schließen, massenhaft entlassen und in Billiglohnländer - Tschechien, Ungarn, Polen, Portugal, Fernost - abwandern.

Das Recht des Stärkeren dürfte noch eine Zeitlang vorherrschen. Denn noch sind es meist nur schöne Worte, wenn die Fahrzeughersteller plötzlich ihr Herz für Lieferanten entdeckt haben wollen. Aber selbst der autoritärste Kostendrücker sieht allmählich einen Zusammenhang zwischen dem Beschäftigungsabbau bei so vielen Mittelständlern und den Auftragseingängen im eigenen Hause. Das Sägen am eigenen Ast, der Massenkaufkraft, lohnt sich auf Dauer für keinen.

Simple Gemüter

Der starre Blick ins Firmeninnere und gerade noch auf einige Konkurrenten, das charakterisiert die Klasse der Zahlenzähler. Es sind simple Gemüter, die das Unternehmen übers interne Berichts- und Rechnungswesen "kontrol-

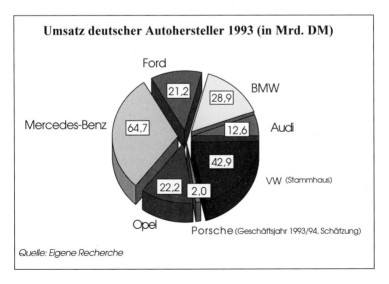

lieren" und meinen, es nur so steuern zu können. Fremden Beratern wird weit mehr vertraut als eigenen oder dem einfachen Rat der Belegschaft. Auch persönliche Gespräche mit Händlern oder Kunden gelten wenig.

Das führt zu einem gewaltigen Aufschwung wild ins Kraut schießender Berater-Gesellschaften mit beschränkter Haftung. Darunter leidet die unternehmerische Handlungsfreiheit der Manager. "Jede Mark, die in Unternehmensberater investiert wird, gehört von den Gehältern der Vorstände und Aufsichtsräte wieder abgezogen", schimpft ein Manager einer Zulieferfirma. Der württembergische Betrieb wäre an der "Consultitis" (Consulter, zu deutsch Berater) beinahe zugrunde gegangen.

Der westeuropäische Automobilmarkt 1993

	Umsatz in Mrd. DM	Beschäftigte in Tausend	Zulassungen in Millionen	Marktanteil in Prozent
Volkswagen (Audi, Skoda, Seat)	85	273	1,89	16,5
General Motors (Opel, Vauxhall, Saab)	39	90	1,49	13,0
PSA (Peugeot/Citroën)	46	151	1,40	12,2
Ford Europe	37	100	1,32	11,5
Fiat	75	286	1,27	11,1
Renault	52	147	1,20	10,5
Nissan	10	16	0,40	3,5
BMW	31	69	0,37	3,2
Rover	10	33	0,36	3,1
Mercedes	54	222	0,35	3,1
Volvo	22	60	0,17	1,5

Quelle: Focus 6/94, S. 159

Seitdem der von Opel/General Motors zu Volkswagen (VW) gewechselte Einkaufs- und Technik-Chef José Ignacio López de Arriortúa in Wolfsburg herrscht, wird dort wie besessen gerechnet. Das treibt seltsame Blüten. Damit die Statistik dem Meister aus dem Baskenland gefällt, berichtet seit- her jeder Abteilungsleiter von unten nach oben stolz über seine Sparerfolge. Da jeder weiß, daß López Raum einsparen will, wird kräftig geschrumpft. VW soll so in wenigen Monaten eine Fläche in der Größe von Niedersachsen eingespart haben. Dies wird jedenfalls in Wolfsburg erzählt.

Ebenso wie Super-Sparkommissar López hat Mercedes-Benz-Lenker Helmut Werner eine Schwäche für Zahlenzähler. Hochgezüchtete Papiertiger können ihnen leicht ein X für ein U vormachen - Hauptsache Zahlen und Bericht passen den Kontrolleuren ins Konzept. Klassische unternehmerische Eigenschaften wie Erfahrung, Gespür für pfiffige Produkte, Zukunftsmärkte und besserer Einsatz der Mitarbeiter kommen unter die Räder. Spontane Ideen durchzusetzen, ist bei diesem simplen Management by Mathematik unmöglich.

Sparer sind naturgemäß eng mit Kostendrückern verwandt. Mit dem Unterschied: Der Sparer knausert überall ängstlich - selbst dort, wo er kräftig investieren müßte. Ideen spart er bereits dort weg, wo sie entstehen können. Der schlichte Typ des Vereins-Kassenwarts im Managerzwirn vermutet überall unnütze Kostenfaktoren. Etwa in der Förderung und Schulung von Mitarbeitern, in Entwicklung und Forschung, bei der Erschließung neuer Märkte und selbst bei Marketing und Marktforschung.

Der Sparer sitzt am liebsten wie ein Banker auf einem dicken Geldsack. Darin bewahrt er sichere Vermögenswerte wie Grund und Boden, Beteiligungen und ein gediegenes Rücklagenpolster auf. Damit werden zwar keine Autos gebaut, aber Machtstrukturen erhalten.

Der Sparer und Bewahrer ist weniger ein Unternehmer, sondern eher ein Unterlasser. Sein Lieblingsspruch: "So haben wir es schon immer gemacht. Und wo kämen wir denn hin, wenn wir etwas neues machen würden".

Der konservative Pfennigfuchser läßt den Konkurrenten aus Fernost oder Nordamerika den Vortritt. Die Folge: An der deutschen Industrie gehen die Innovationen reihenweise vorüber. So schwappte die riesige Welle profitabler Van-, Fan- und Mehrzweckautos für Beruf, Familie, Hobby und Freizeit in den achtziger Jahren über die deutschen Autobauer hinweg. Im Alleingang verkaufen erfolgreiche Innovatoren, wie Mitsubishi, Nissan, Toyota, Subaru, Suzuki, Chrysler, Rover oder Renault/Matra in diesen Spezialbereichen bis zu fünf Millionen Einheiten - mit steigender Tendenz.

Selbst praktischen Dingen im Auto stehen die Sparer und Bewahrer reserviert gegenüber. So gab Deutschlands Autoindustrie viel zu wenig Geld dafür aus, um familien- und stadtfreundliche Fahrzeuge zu angemessenen Preisen anbieten zu können. Einfache Dinge wie Staufächer, Ablagen, kinder- und frauengerechte Zusatzausstattungen fielen billiger Einfallslosigkeit zum Opfer.

Egal was unternommen werden soll, der Bewahrer ist schon mit dem spitzen Rotstift zur Hand und vergleicht: Wie hoch wäre die Rendite einer Innovation, und was brächte mir die Investition dagegen als Geldanlage. Schnödes Denken eines Bankbeamten geht im Zweifel vor industriellem Wagemut. Durch die sparsamen Trittbrettfahrer in den siebziger und achtziger Jahren blieb die Angebotspalette made in Germany auf wenige Brot- und Butter-Autos beschränkt.

Der VW-Konzern verkümmerte nach dem Käfer-Welterfolg zur Golf-Schmiede. Weder schafften es die Wolfsburger, den legendären VW-Bus für Van-Fans international attraktiv zu machen, noch plazierten sie ihre Tochter Audi (Ingolstadt/Neckarsulm) als starken Anbieter mit einträglichen Stückzahlen auf den wichtigsten Weltmärkten. Audi gilt nach wie vor als zu technisch und zu deutsch.

Mercedes-Benz verdient in der gehobenen Mittelklasse und vor allem mit Prestigeautos. Die neue G-Reihe (Geländewagen) wird in den USA gefertigt. Die Mischung aus Geländewagen und Van soll Mercedes endlich den Wachstumsmarkt der Freizeit- und Off-Road-Gefährte erschließen.

Der Durchbruch bei Einsteiger-Modellen fehlt indes. Mit der unteren Mittelklasse und mit dem Baby-Benz tun sich die Stern-Manager recht schwer. Fraglich ist, ob die Stuttgarter den geplanten Sprung in zukunftsträchtige Nischenmärkte im Alleingang schaffen. Zu ihren großen Plänen zählen Stadtwagen - die A-Klasse von Mercedes soll als City- und Nahverkehrsauto etwa ab 1996 im badischen Werk Rastatt fabriziert werden.

Der Entscheidung ging ein zähes Ringen mit den Betriebsräten voraus. Mercedes-Chef Helmut Werner drohte damit, ins Ausland zu gehen. Das gegen viel Widerstand - vor allem aus ökologischen Gründen - und mit staatlicher Unterstützung gebaute Werk in Rastatt sei zu teuer. Noch kurz zuvor ließ man es allerdings als das weltweit modernste feiern. Das Gespenst von der Schließung der erst im Frühjahr 1992 eingeweihten Vorzeige-Fabrik ging um.

Die Bayerischen Motorenwerke (BMW) waren bis vor kurzem in der gleichen Situation wie die schwäbische Konkurrenz. Obwohl das BMW-Management bisher eine glücklichere Hand beweist, wurde auch den Münchnern ihr Markt zu eng. Ihre schnittige 3er-Reihe brachte ihnen zwar einen erheblichen Käuferzuwachs, aber in den oberen Klassen schnitt BMW zum Teil schlechter ab als Mercedes. Zudem müssen beide mit stärkerer Konkurrenz aus Frankreich - Citroën und Renault - sowie aus Japan - Lexus von Toyota und Infiniti von Nissan - rechnen.

Auch BMW muß den Sprung über die kritischen Mindestgrößen im Autobau schaffen. Durch den Einstieg bei der britischen Rover-Gruppe dürften sie dieses Problem gelöst haben. Mit den Birminghamer Autobauern sichern sich die Bayern eine Option auf eine wachstumsstarke Zukunft. Der Markenmulti aus Britannien - Rover, LandRover, Austin, MG, Mini Cooper, Triumph - ist im Gegensatz zu den deutschen Anbietern in Nischenmärkten stark präsent: Mit den Minis im Kleinwagenmarkt und mit den LandRovern bei Geländewagen.

Allerdings birgt der Rover-Deal für BMW mehrere Risiken: Die verstaubten Marken und Modelle mit dem Hauch englischer Glorie müssen mit sehr viel Aufwand an Geld und Managementkapazität erst flott gemacht werden. Jedes neue Modell und jede internationale Wiederbelebung einer Marke kostet jeweils mehrere Millionen Mark. Und die Trennung von den Japanern, die Rover mit viel asiatischer Technik aufgepäppelt hatten, könnte BMW allerdings Ärger bringen. Der Überraschungscoup könnte so noch zu einem Pyrrhussieg werden.

Dem Stuttgarter Sportwagenbauer Porsche gelang der längst überfällige Ausbruch aus dem exklusiven Rennwagen-Ghetto bis heute nicht. Alle Innovationen, die die Zuffenhäuser mit Vier-, Sechs-, Acht- und Zwölfzylindern starteten, endeten in der Sackgasse. Die Nachfolger Oldtimer-Serie aus der Käferzeit, der 911er mit Heckmotor und viel Gebrumme, ist die Säule von Porsche. Im Ausland gilt der deutsche Sportwagenspezialist noch immer als das, was er immer war: die bloße Carrera-Fabrik - ein Armutszeugnis für die Porsche-Erben. Darunter befindet sich auch VW-Chef Ferdinand Piëch, der bereits mit 32 Jahren Entwicklungschef der Familienfirma war.

Ausbruch aus der Biederkeit

Dagegen gelang Opel, die recht unabhängig operierende Tochter des US-Giganten General Motors (GM), weitgehend der Ausbruch aus der überkommenen Biederkeit. Anstrengungen in Technik, Qualität und Design bewirkten, daß Opel sein verstaubtes Image abschütteln konnte. Damit erschlossen sich die deutschen GMler neue Käuferschichten. Diesen offerieren sie nun auch sportliche Nischenautos: Off Roads, Vans, Kleinstwagen. Das sind überwiegend zugekaufte Fertigautos. Sie stammen aus der weitverzweigten GM-Familie, zu der Marken wie Chevrolett, Oldsmobile, Buick, Cadillac, Saturn, Suzuki, Saab, Vauxhall oder Holden in Australien gehören.

Die Rüsselsheimer mauserten sich durch ihre High-Tech-Qualitäten innerhalb der GM-Welt sogar zum eigenständigen PS-Pionier. Opel-Techniker wirken maßgeblich an neuen Fertigungstechniken im GM-Imperium mit und sind als qualitativ anspruchsvolle Marke made in Germany im ganzen Konzern anerkannt. Der "Opel-Blitz", so wurde jetzt entschieden, steht künftig für alle europäischen Standorte mit Ausnahme Großbritanniens.

Von dieser Vorzugsstellung wagen die Ford-Werke zu Köln kaum zu träumen. Als Ableger des gleichnamigen US-Riesen mußten die Rheinländer ihrem sparsamen Image treu bleiben. Profillosigkeit und extreme Abhängigkeit bei allen Führungs- und Innovationsaufgaben von der Europa-Zentrale in Großbritannien, degradiert Ford-Deutschland schrittweise zum Zweigwerk irgendwo in der globalen Ford-Familie. Und Werke können geschlossen werden - wenn es sein muß über Nacht.

Deshalb ist es für Ford wie für alle Autowerke existenzwichtig, im härter werdenden Verdrängungswettbewerb nicht auf das Niveau einer Kostenstelle reduziert zu werden. Mit dem Bewahren alleine können die ausgefahrenen Wege nicht verlassen werden.

Die Überflieger

Für die Alltagsarbeit und die Umsetzung seiner großen Würfe hat der Philosoph und der Überflieger sein Personal. Er gibt sich als großer Stratege und redet viel darüber, aber bei der Realisierung ziehen sich Typen wie der Daimler-Vordenker Edzard Reuter lieber in ihr Luftschloß zurück. Als missionarischer Allround-Mann fühlt sich der in weltgeschichtlichen und visionären Kategorien denkende Überflieger insgeheim zum Universitätsprofessor geboren, der gleichzeitig Spitzenpolitiker sein könnte.

Zugegeben, solche Typen braucht die Automobilindustrie. Sie sind der wichtige Kontrapunkt zum Erbsen- bzw. Zahlen-Zähler, Kostendrücker oder Bewahrer. Doch sie dürfen nicht, wie bei Daimler-Benz, allein die Oberhand gewinnen. Dann laufen sie Gefahr, für ihre wohlklingenden Theoriegebilde jene Geldsäcke zu leeren, die andere in Jahrzehnten mühevoller Kleinstarbeit auffüllen mußten.

Schicksalshaft wollen sie retten, was gar nicht gerettet werden muß. Ihre Konzepte - vorbei am habgierigen Fiskus, an dividendenhungrigen Kleinaktionären und anspruchsvollen Mitarbeitern - sind für die Ewigkeit bestimmt. Ein zu starres Rezept, das in einem sich ständig erneuernden Wirtschaftssystem nicht auf Dauer funktionieren kann. Besonders schlimm wird es dann, wenn der Philosoph auf die falsche Karte setzt.

Fahrzeugbauer verstehen meist etwas von Autos. Wenn sie intelligent und flexibel genug sind, können sie sich sogar auch ein Stück weit auf andere Felder verwandter Mobilität vorwagen. Doch sie sollten nie versuchen, wie VW, BMW und besonders Daimler-Benz, andere Branchen das Fürchten zu lehren. Das geht überall schief. Denn der Visionär verfällt dem Irrglauben, daß mit Geld alles machbar sei.

So geschehen beim VW-Konzern in den achtziger Jahren. Die damals reichen Wolfsburger bildeten sich ein, die Computer- und Elektronikbranche revolutionieren zu müssen. VW erwarb vom US-Elektronik-Konzern Litton-Industries die großen Triumph-Adler-Werke in Nürnberg und Frankfurt. Das verfehlte Abenteuer mit der angejahrten Fabrik für Büromaschinen, Taschen- und Tischrechnern kostete den Konzern Milliarden. Viele Mitarbeiter mußten die gescheiterte Vision vom allmächtigen Automobil- und Elektronikkonzern in der anschließenden Finanzkrise mit Stellenabbau bezahlen.

Warum sollte es VW besser gehen als anderen Mischmultis, die ebenfalls an ihrem visionären Größenwahn scheiterten. So etwa die US-Riesen ITT und MGM oder der frühere Veba-Konzern. Bäckereien, Vermiet- und

Geisterfahrer in den Chefetagen

Filmfirmen, Telefon- und Metallunternehmen, Lebensmittelfilialen und Reedereien - alle ursprünglich nach Renditeaspekten teuer zugekauften Fremdaktivitäten mußten nach erfolglosen Sanierungsbemühungen wieder verlustreich abgegeben werden. Stets litten unter diesen Ausflügen in fremde Gefilde die Kernbereiche.

Ähnliche Erfahrungen liegen in der Autoindustrie vor. So war der amerikanische Chrysler-Konzern einer der ersten, der durch zu viele Nebenaktivitäten - Rüstungsgüter/Panzer, Flugzeuge, Bootsmotoren, Elektronik - in den Abgrund fuhr. Bei der Sanierung nach der Fast-Pleite Anfang der 80er Jahre stieß der Multi fast alle Nebenaktivitäten ab.

Auch die Opel-Mutter General Motors (GM) befindet sich auf dem Rückzug. So spielt sie mit dem Gedanken, das vom ehemaligen US-Präsidentschaftskandidaten Ross Perrot erworbene Software-Imperium Electronic Data Systems (EDS) zu verkaufen oder zumindest mit kompetenten Partnern zu teilen. Auch im industriellen Zuliefersektor ist GM bei Nebenaktivitäten verkaufsbereit.

Ähnliche Rückzugsgefechte gibt es bei Fiat in Italien. Die Familie Agnelli stößt immer weitere Bereiche aus ihrem Imperium ab - Telefon, Bahn- und Waggonbau, Flugzeuge, Elektrotechnik -, um genügend Kapitalkraft fürs angeschlagene Kfz-Business aktivieren zu können.

Derselbe Prozeß in Schweden: Die mächtigste Industriellenfamilie, die Wallenbergs, verfügen in Skandinavien wie Fiat in Italien über ein staatstragendes Konglomerat aus Banken und Versicherungen, Handel, Chemie-, Elektro- und Elektronikkonzernen (ABB, Elektrolux, Ericsson), Rüstungs- und Flugzeugfabriken. Die Wallenbergs können die eigene Größe kaum mehr managen und finanzieren. Für den Fahrzeug- und Flugzeug-Ableger Scania-Saab werden daher Partner gesucht. Die Pkw-Fabriken von Saab wurden zur Hälfte an GM verkauft; das Management liegt überwiegend bei den Amerikanern. Auch Volvo ist auf dem Rückzug.

Auch der Verkauf der Rover-Gruppe an BMW ist in Wahrheit eine Entflechtung. Der bisherige Haupteigentümer, British Aerospace, braucht dringend Geld, um sich in seiner Domäne Luft- und Raumfahrt über Wasser halten zu können. Ähnlich konzentriert sich auch der französische Familien-Multi PSA-Peugeot/Citroën. Randbereiche werden still abgestoßen.

Um so abenteuerlicher mutet da Edzard Reuters Versuch Mitte der achtziger Jahre an, mit Macht in unbekanntes Neuland vorstoßen zu wollen. Der noch 1986 im Geld schwimmende Daimler-Benz-Konzern baute dabei auf die Rückdeckung der Deutschen Bank. Deren damaliger Vorstandsvorsitzender, Alfred Herrhausen, hievt den langjährigen Daimler-Finanzchef Reuter auf den Chefsessel. Reuter und Herrhausen sind die Strategen der Vision vom "Integrierten Technologiekonzern". Reuters Vize wird der inzwischen verstorbene Pragmatiker Werner Niefer.

Der sich als "politischer Unternehmer" fühlende Reuter und Niefer - ein gestandener schwäbischer Autobauer, High-Speed-Fan und Pilot schneller Flugzeuge - greifen nach den Sternen. Aus dem Hersteller von Motoren und Automobilen wird ein technisch universeller Mischkonzern. Die launische Automobilkonjunktur soll dem künftigen Gemischtwarenladen nicht mehr schaden können. Doch nach fast zehn Jahren Aufbruchstimmung weiß kaum jemand, wie der "integrierte Technologiekonzern" am Ende aussehen und funktionieren soll.

Von Synergie keine Rede

Mutig stiegen die Stuttgarter beim Luft- und Raumfahrtunternehmen Dornier ein, dann beim angeschlagenen Elektrokonzern AEG. Den Sanierer Heinz Dürr haben sie gleich mit übernommen. Schließlich hat Edzard Reuter den schwer durchschaubaren Rüstungs- und Raumfahrtmulti MBB und zuletzt die niederländischen Fokker-Werke geschluckt. Die These des Polit-Strategen mit SPD-Parteibuch: Wir brauchen Kühlschränke und Chips, Büromaschinen und Automationstechnik, Satelliten und Raketen, Hubschrauber und Kampfflugzeuge, um vom klassischen Autogeschäft unabhängig zu werden.

Aus dem geballten Wissen der verschiedenen Techniken entstehen durch gegenseitige Befruchtung - im Manager-Deutsch "Synergieeffekte" - dann jene Produkte, aus der unsere Zukunft ist. Die These ist falsch. Denn das Gegenteil wurde daraus. Heute lahmt bei Mercedes das Autogeschäft wie nie. Doch die neuen Aktivitäten, die knapp ein Viertel des Daimler-Benz-Umsatzes ausmachen, können die Schwächen der Autosparte nicht annähernd ausgleichen.

Kein Autobauer braucht so viele unterschiedliche Produkte und Techniken, um seine Zukunft zu meistern. Die Gier nach globaler Weltherrschaft hat die Stuttgarter blind gemacht. Dabei hätten die Visionäre Reuter, Herrhausen & Co. durchaus Erfolg haben können, wären sie in ihren Ansprüchen bescheidener und näher beim Handwerk geblieben. Man hätte sich mit kleineren Engagements und Partnerschaften begnügen können. So etwa im Bereich Bahn- und Verkehrstechnik sowie in der Automations- und Nachrichtentechnik oder bei Dienstleistern des Verkehrs- und Transportsektors.

Kein Spitzenmanager und kein Aufsichtsrat hat Edzard Reuter auf den Boden der Tatsachen geholt. Die durch Zukäufe sprunghaft wachsende Belegschaft wußte mit den hehren Worten der hohen Herren in der Praxis wenig anzufangen. Um so mehr, da die Daimler-Elite selten von ihrem Olymp herabsteigt.

Unterstützt bei den Höhenflügen wird die Reuter-Riege von einer Hundertschaft hochdotierter Lobbyisten, meist abgehalfterte Politiker oder ehemalige Spitzenbeamte. Sie sollen Regierungen in aller Welt profitable Rüstungs-, Forschungs- und Infrastrukturaufträge abschwatzen. Bezeichnend aber ist, daß im Holding-Vorstand die Position eines Marketing- und Vertriebsvorstandes für das Massengeschäft fehlt.

Dafür ist der Stab an Öffentlichkeitsarbeitern unter Führung des Ex-Staatsministers Matthias Kleinert um so üppiger. Vieles ufert aus und hat mit den Aktivitäten eines Industrieunternehmens wenig zu tun: Sport-Sponsoring bekommt den Charakter privater Hobbyveranstaltungen auf Wunsch einzelner Herren. Unerklärlich auch die millionenschwere Unterstützung für Berlin als Bundeshauptstadt und Olympia-Austragungsort. Hier ein Pöstchen, dort eine Weltreise - der Stuttgarter Technologiekonzern ernährt seine Köpfe.

Normale Untergebene und Kleinaktionäre indes haben von den Extratouren nichts. Denn nun hat Mercedes-Benz nun auch noch seine Spitzenstellung bei hochwertigen Pkw an den Erzrivalen BMW verloren.

Die Bayern folgten den Württembergern allerdings ein gutes Stück auf dem falschen Philosophenweg - und bliesen dann früher als Daimler-Benz zum Rückzug. Offenbar angesteckt von modischen Reden über Synergie-Effekte und vielversprechende Abenteuer außerhalb der automobilen Zunft stiegen die BMW-Strategen beim elitären TV-Hersteller Loewe Opta ein. Ein für den mörderisch umkämpften Markt der Unterhaltungselektronik viel zu kleines Unternehmen. Loewe Opta plagen seit Jahren Ertragsprobleme.

Teils glücklos, teils mäßig erfolgreich engagierte sich BMW in den achtziger Jahren auch an EDV-Firmen, in der Medizin- und Umwelttechnik. Weil der damalige Chef, Eberhard von Kuenheim, jedoch in realistischeren Größenordnungen investierte, schlugen die Flops von BMW weit weniger zu Buche als die von Daimler-Benz.

Die Bayern engagierten sich auch im Triebwerksbau. Sie sind bei Rolls Royce eingestiegen. Das finanziell notleidende britische Unternehmen stellt Düsentriebwerke her. Unter BMW-Management wollen die Partner neue Jets für Regional- und Businessflugzeuge fertigen. Dafür werden Milliarden in High-Tech und neue Fabriken investiert. Der Schönheitsfehler: Im Markt der Zukunft fehlen genügend kaufkräftige Kunden.

Ironie des weltweiten Wettbewerbs: Der neue BMW-Lenker Bernd Pischetsrieder muß sich inzwischen mit den Erzrivalen aus Stuttgart auch noch auf diesem Gebiet auseinandersetzen. Seine Widersacher heißen Edzard Reuter und DASA-Manager Jürgen Schrempp. Denn seit Daimlers Luftfahrt-Ableger DASA im Frühjahr 1993 bei den Niederländischen Fokker-Werken eingestiegen ist, sind die Stuttgarter einer der größten Abnehmer von Triebwerken dieser Größenklasse. Fokker zählt als Hersteller von Regionallinern ab 50 bis über 100 Sitzplätze zu den Weltmarktführern. Außerdem ist der in Hamburg bei der Airbus-Tochter montierte kleine Airbus potentieller Triebwerkskunde der Dasa. Da wird es eng für die bayerisch-britische Jet-Ehe.

Die Nase vorn scheinen zur Zeit die Visionäre Reuter und Schrempp zu haben. Der oberste DASA-Pilot, der sich große Hoffnungen macht, seinen Ziehvater als Chef von Daimler-Benz zu beerben, landete 1993 nochmals einen raffinierten Coup: Er verbandelte die DASA-Triebwerks-Tochter MTU (Friedrichshafen/München) mit den weitaus größten Jet-Fabrikanten der Welt - General Electric (GE) und Pratt & Whitney (PW), einer Tochter des US-Multis United Technology Corp. (UTC). Schrempps Ziel dieser Verbindung ist es, die Riesen bei mittleren und kleineren Jets als Partner und nicht als Konkurrenten zu gewinnen.

Mit deren Schubkraft entwickeln die Deutschen erstmals federführend ein gemeinsames Projekt - gegen Pischetsrieders BMW-Rolls-Royce-Kooperation. Damit stehen die Bayern gegenüber den Württembergern einmal mehr als David da. (Über-)Flieger Jürgen Schrempp wird diese Entwicklung aller Wahrscheinlichkeit nach nicht mehr als DASA-Boß, sondern als Reuter-Nachfolger erleben. Ein grandioser Aufstieg von Reuters einstigem Lkw-Verkäufer in Südafrika.

Eines erreichen die sendungsbewußten Konzernphilosophen sicher: Sie hinterlassen der Nachwelt gigantische Denkmäler. Viele sind Investitionsruinen. Und wie alle Bauwerke imperialer Epochen werden sie von anderen bezahlt werden.

Spieler und Spekulanten

Arbeiten die vorgenannten Führungstypen einigermaßen an ihren zentralen Aufgaben, so wuchs in den verspielten achtziger Jahren ein völlig anderer Managertyp heran: Das Handwerkliche, die Branche und selbst seine Pflichten als Vorgesetzter sind für ihn nur der Rahmen für seine Karriere. Der Job ist Mittel zum Zweck: Aufsteigen, koste es, was es wolle, um sich mit geliehener Macht nach Herzenslust austoben zu können.

Eine brisante Mischung aus Hasardeur und Visionär ist der Manager Heinz Schimmelbusch. Der hat es unter der Klasse der Spieler und Spekulanten am weitesten gebracht. Der Österreicher führte den Frankfurter Mischkonzern Metallgesellschaft (MG) in den Beinahe-Ruin.

Auf den ersten Blick ist der Spieler ein optimistischer Sunnyboy. Unternehmens- und Personalberater - in deren Reihen es von solchen Dünnbrettbohrern nur so wimmelt - reißen sich um ihn. Das Vokabular vom Herren- und Elitemenschen leiert er wie auf Knopfdruck herunter: Er strotzt vor "Visions" und "Missions"; was er von sich gibt, sind "Messages". Er ist stets auf der Suche nach den "Scales of Economies". Sein Kauderwelsch klingt, als ob er täglich aufgefrischt aus einer elitären Managerschule käme.

Auf solche Schnellaufsteiger auf dem Egotrip wirken Sonnenschein-Branchen, wie es die Kfz-Industrie viele Jahre eine war, wie Magnete.

Vagen Schätzungen zufolge wenden die Nur-Karrieristen weit über 50 Prozent ihrer Arbeitszeit und -kraft fürs eigene Fortkommen und die Sicherung ihrer Position auf. Sie spielen sich vor Kameras und Mikrophonen auf, machen Nebenjobs zur Hauptsache und sind Meister des Intrigenspiels. Stehen sie ganz oben, gehört zu ihrem Outfit selbstverständlich der persönliche Öffentlichkeitsberater, ein Trupp von Redenschreibern und diverse Reisebegleiter. Ihr Motto ist das vieler Politiker: "Was meiner Karriere dient, dient der Gesellschaft".

Die Tagesarbeit überläßt der mit krankhaft übersteigertem Selbstbewußtsein ausgestattete Karrierist wie der strategische Überflieger dem Personal oder seinen Beratern. Kein Wunder, daß ein Unternehmen unter dieser Führung bald den Kontakt zur unternehmerischen Realität verliert.

Beklagt werden solche Naturen bei allen Autokonzernen. Sie lassen sich alles bezahlen: ihre rauschenden Feste, privaten Investitionen, pompösen Auftritte und großen Reisen. Sie kassieren oft über Umwegkonstruktionen bei Exportgeschäften und öffentlichen Aufträgen und fingern gern bei riskanten Spekulationsgeschäften mit. In die oberste Führungsspitze eines deutschen Autokonzerns gelangte allerdings bisher keiner dieser Spieler-Karrieristen.

Darf sich der Spieler unkontrolliert austoben, geht er bald aufs Ganze und macht risikoreiche Geschäfte. Solche Vorfälle gab es unter Führung von VW-General Carl Hahn. Er verlor die Kontrolle über die Finanz- und Devisenabteilung. Ergebnis: Die Wolfsburger schlitterten Mitte der achtziger Jahre in ihren größten Devisenskandal. Die Schieflage betrug nahezu eine halbe Milliarde Mark. Ungeklärt blieb die Mitwisserschaft von Mitgliedern im damaligen VW-Vorstand. Verluste durch Spekulationen mit Dollardevisen sollen nach Informationen von Insidern damals auch bei Ford und Renault aufgetreten sein, wenn auch nicht in diesem Ausmaß.

Auch in der Produktpolitik pokerte die Hahn-Truppe hoch - und verlor. Anstatt die preiswerteren Segmente zu pflegen, setzte Hahn auf verkehrsfeindliche PS-Bomber und immer größere Autos. Die in Europa verlorenen Marktanteile kaufte Hahn durch Neuerwerbungen in Spanien - Seat - und in Tschechien - Skoda - teuer zu.

Auch Mercedes-Benz und Porsche wucherten mit ihren international hohen Imagewerten. Die lange erwartete neue S-Klasse wurde von den Stern-Managern mit dickem Eigenlob angekündigt: "Das beste Auto der Welt", frohlockte der damalige Mercedes-Lenker Niefer auf dem Genfer Automobilsalon. Die Enttäuschung folgte auf den Fuß: Das deutsche Technik-Wunder entpuppte sich als umweltfeindlicher Spritschlucker ohne Charme; die Dino-Klasse war geboren: "Zu teuer, zu schwer, zu groß", lautete das

Urteil vieler Experten. Als anfangs noch Qualitätsmängel hinzukamen, machten viele S-Klasse-Interessenten das Spiel der Stuttgarter nicht mehr mit. Die Vorschußlorbeeren für die Selbstdarstellung waren endgültig ausgereizt. Anstatt der geplanten 90.000 Dinos pro Jahr, verkauft Mercedes nur gut 60.000. Das erzeugte eine neue Nüchternheit in den Chefetagen.

Porsche setzte in den Achtzigern auf den hohen Dollarkurs und verlor am Ende fast die Selbständigkeit. Die Modellpolitik wurde vernachlässigt. Das rächt sich bis heute. Den Zuffenhäusern fehlt die genügende Breite, um Einsteiger wie Aufsteiger gleichermaßen bedienen zu können und in den einzelnen Segmenten auf hohe und damit profitable Stückzahlen zu kommen.

Die Spekulationen um den Verkauf des Familienunternehmens werden kaum verstummen. Als Interessenten werden abwechselnd der von Porsche-Enkel Piëch geführte VW-Konzern genannt, Daimler-Benz (Mercedes läßt in Zuffenhausen Autos bauen), BMW oder ausländische Firmen.

Die gefährliche Hängepartie muß Porsche noch bis mindestens 1996 spielen. Dann wird das Programm auf zwei Grundvarianten konzentriert sein: Ein Vertreter mit Heck- und einer mit Frontantrieb. Beide sind nach dem Baukastenprinzip in der Fertigung kostengünstig variierbar. Ende der 90er Jahre will der Sportwagenbauer auch sein Einstiegsmodell präsentieren, einen Roadster für sportliche Freiluft-Fanatiker. Bis dahin könnten auch in Deutschland Geschwindigkeitsbegrenzungen nach europäischem Muster herrschen. Dem Spaß mit dem schnellen Auto wird dies Grenzen setzen. Die nächste Hängepartie kann dann beginnen.

Das Versagen der Aufsichtsräte

Mit zwei Milliarden Mark Miesen muß die Metallgesellschaft (MG), Frankfurt, für ihren Ex-Chef Schimmelbusch büßen. Der Mann galt noch Anfang der 90er Jahre als Star unter den deutschen Spitzenmanagern. Solange, bis er fast das komplette Eigenkapital bei riskanten Terminspekulationen mit Erdöl-Kontrakten verspielte. Seine Karriere zeigt den Verfall der Führungselite samt der Kontrolleure in den Aufsichtsräten. Die Metallgesellschaft ist ein Schlüsselunternehmen der deutschen Großindustrie wie der Hochfinanz.

Der ursprünglich aus dem Nicht-Eisenhandel stammende Multi beschäftigte über 60.000 Menschen und betätigte sich auch als führender Autozulieferer. Einer seiner größten Ableger war die Kolbenschmidt AG (KS) in Neckarsulm.

Die MG ist eingebettet in ein Geflecht von Geschäftsbeziehungen und Beteiligungen, in dem sich die Großen der Großen die Hände reichen. Die Namen der wichtigsten Aktionäre unterstreichen das: Etwa fünf bis zwölf

Geisterfahrer in den Chefetagen 33

Prozent des MG-Kapitals halten die Deutsche und die Dresdner Bank, Versicherungsriese Allianz, Daimler-Benz und ein australischer Rohstoffkonzern. Größter Einzelaktionär mit rund 25 Prozent ist das Scheichtum Kuwait, das seine Kapitalinteressen in Deutschland von der Dresdner Bank vertreten läßt. Darunter auch den Anteil von etwa einem Achtel an Daimler-Benz. MG-Hausbanken sind Deutsche und Dresdner Bank.

MG-Boß Schimmelbusch besaß das Vertrauen dieser Topadressen, obwohl er in der Branche als Spielernatur bekannt war. Seine windigen Warenterminspekulationen in Nordamerika kamen kaum überraschend. Für seine riskanten Firmenaufkäufe erhielt der Ex-MG-Chef von den Kontrollinstanzen stets das Plazet. Seine Finanziers gaben ihm stets genügend Geld in die Hand. Durch die übereilte Expansion galt der Gemischtwarenladen bereits Ende 1992 als technisch k.o. Wenig glaubwürdig wirken daher Beteuerungen der Aufsichtsräte, sie hätten von Schimmelbuschs Börsenspielen, wohl dem letzten, verzweifelten Rettungsversuch für die MG, nichts gewußt.

Wer kontrolliert die Kaste der Steuermänner und Kontrolleure? Wohl kaum die Menschen, die jetzt für das Desaster bluten müssen, die Familien der Beschäftigten und die Kleinaktionäre. Mindestens 10.000 Arbeitsplätze gehen verloren, viele Betriebe werden unter erheblichem Liquiditätsdruck der Mutter regelrecht verscherbelt. Die Weigerung einer mächtigen Elite, zu ihren Aufgaben als Schimmelbusch-Aufseher und anderer zu stehen, ist der eigentliche Skandal beim Fast-Zusammenbruch der MG.

In über vier Jahrzehnten Aufbau West und Ost wuchs in Deutschlands Gesellschaft eine Führungsschicht heran, die im Alltagsgeschäft mehr zu sagen hat als die Politik. Manager - also angestellte Interessenvertreter der Eigentümer ohne eigenes Unternehmerrisiko - bestimmen mit ihren Investitionsentscheidungen maßgeblich den Wohlstand ganzer Nationen, über Standortfragen, Arbeitsplatzsicherheit, Gesundheit und Umweltschutz. Mit fortschreitender Privatisierung und dem Rückzug des Staates wächst ihre Macht. Ausgeübt wird sie sowohl direkt in den Geschäftsführungen, als auch in den Aufsichtsräten der Großunternehmen. Wer einmal in der Deutschland AG etabliert ist, nimmt Teil am wirtschaftlich-politischen Machtzentrum außerhalb der Parlamente.

Was im Kartell der Entscheider festgelegt wird, verändert Wirtschaft und Politik oft mehr als Gesetze. Jeder kungelt mit jedem. Alle profitieren voneinander. Da starke Unternehmer-Persönlichkeiten immer seltener werden, ist die Elite der allmächtigen Angestellten fast unter sich. Weil die "Unternehmer auf Zeit" durch ihre Konzerne überall mit ein paar Anteilen oder Großkrediten beteiligt sind, mischen sie überall mit.

Nur die Verantwortung für ihre Beutezüge will so recht keiner dieser Spitzenleute tragen. Im Ernstfall deckt jeder jeden, wie die Affäre um die

Metallgesellschaft erneut zeigt. Im hochkarätig besetzten Aufsichtsrat der Anteilseigner wollte sich kein Sündenbock finden lassen. Das Gremium der Prominenten wird von Deutsch-Banker Ronaldo Schmitz angeführt. Ihm zur Seite stehen etwa Daimler-Finanzchef Gerhard Liener, Allianz-Boss Henning Schulte-Noelle, RWE-Vorstandsvorsitzender Friedhelm Gieske, der Australier Bruce Watson sowie der Kuwaiter Fahed Majed Al-Sultan Al Salem. Als Feigenblatt für Kleinaktionäre fungiert der Stuttgarter Wirtschaftsadvokat Roland Schelling. Der Mehrfach-Aufsichtsrat - darunter auch bei Daimler-Benz - vertritt als Anwalt zuweilen auch die Interessen der Deutschen Bank. Selbstverständlich sind auch die anderen hohen Herren oder ihre Vertreter in Unternehmen der anderen als Kontrolleure tätig. Der Sprecher der Kleinaktionäre, Herbert Hansen, schätzt, daß acht Aufsichtsratsmitglieder der MG noch in neunzig anderen Kontrollgremien Sitz und Stimme haben.

Der Filz unter den Ober-Angestellten hält dicht. Das Meinungskartell der Macher bremst alle Kritiker. So wird verständlich, warum sich die Autobosse so lange bei Themen wie Gruppenarbeit oder projektbezogenem Management taub stellen konnten. Das paßte nicht in die Landschaft. Schon deshalb nicht, weil die Gewerkschaften, etwa die IG Metall, Gruppenarbeit bereits Anfang der siebziger Jahre in ihre Programme aufnahmen. Das war der Manager-Elite zu suspekt. Auch die Modelle für Gruppenarbeit bei Volvo, Saab, GM und einigen mittelständischen Maschinenbauern wirkten auf sie sozialistisch angehaucht.

Erst heute, da Japaner und Amerikaner den Zahlenzählern und Kostendrückern, den Spar-Generalen und Visionären beweisen können, daß konsequent durchgeführte Gruppenarbeit bis zu 30 Prozent der Arbeitskosten einspart, schwenken sie reihenweise um. Einige erkennen plötzlich, daß Mitarbeiter nicht nur permanent gefordert, sondern auch gefördert werden wollen. Mit der nötigen Reduzierung von Hierarchie-Ebenen und vor allem ihrer eigenen Wasserköpfe - siehe oben - tun sich viele Führungskräfte freilich schwer. Mancher Umorganisator verwechselt schlankes Management mit ausgedünnter Bürokratie.

Wie Sonnenkönige

So scharf die Kritik der Manager gegenüber anderen sein mag - ihre eigene Kaste ist tabu. Keine Berufsgruppe haut derart pauschal auf den Produktionsstandort ein wie die Top-Angestellten. Eigentümer-Unternehmer halten sich aus Sorge um die kontraproduktive Wirkung zurück. Bei Krisen und Pleiten gehen die Manager das geringste Risiko ein. Mit Gehältern von 2,5 bis sechs Millionen Mark plus Gewinnbeteiligungen in unbekannter Höhe, sieht die Zukunft nach Unterschrift des Vertrages rosig aus. Manche Spit-

Geisterfahrer in den Chefetagen

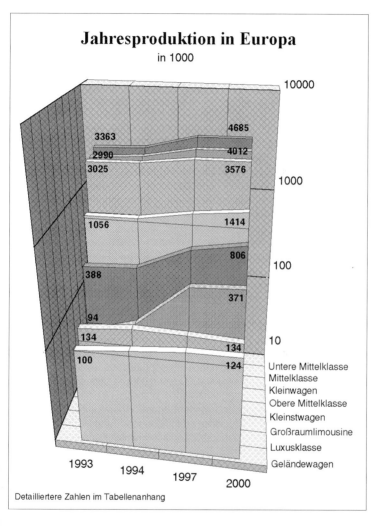

zenkraft sichert sich schon vor der ersten Amtshandlung eine saftige Abfindung und eine stattliche Rente auf Lebenszeit - dem Unternehmen könnte ja etwas passieren.

Geht es um die Selbstdarstellung der Ersatz-Unternehmer, lassen sie ihre Beamtenmentalität rasch fallen. Vor TV-Kameras, bei Interviews und auf

Pressekonferenzen erheben sie sich flux zu ungekrönten Königen der freien Marktwirtschaft. Dabei können sie so zur Hochform auflaufen, daß sie selbst glauben, sie seien die Sonnenkönige der Neuzeit. Kommen sie gut in den Medien an, nimmt nicht nur ihr Marktwert, sondern auch der Glaube an die eigene Allmacht zu. Und geliebt werden wollen sie alle - von allen.

Glamour-Shows, die in der Autoindustrie üblich sind, dienen indes nicht nur der öffentlichen Bespiegelung, sondern auch interner Kommunikation. Wann haben Piëch, Reuter, Pischetsrieder & Co. schon die Möglichkeit, sich einem Großteil ihrer Belegschaften live zu präsentieren. Nur via Massenmedien können sie ihre "Missions" und "Visions", ihre Sparappelle und Standort-Predigten wirkungsvoll unters Personal bringen.

Besonders im Blick haben taktisch vorgehende Manager die Vertreter der Arbeiter und Angestellten, also Betriebsräte und Gewerkschafter. Sie binden diese Gruppe in ihre Vorhaben ein - Stellenabbau und Lohnkürzungen einbezogen. An der Krönung der Manager-Könige sind Betriebsräte und Gewerkschaftsfunktionäre häufig beteiligt. Auf das Wohlwollen von IG Metall-Vertretern wie Betriebsräten stieß beispielsweise auch die umstrittene Ernennung des gefürchteten Porsche-Erben Ferdinand Piëch zum Vorstandsvorsitzenden des VW-Konzerns.

Die Arbeitnehmervertreter in den Aufsichtsräten fühlen sich - uneingestanden - meist als Kontrolleure zweiter Klasse. Sattelfest sind sie in der Regel nur im Arbeits- und Sozialbereich. Im übrigen sind sie häufig gutgläubig und verhalten sich passiv.

Im Zweifel sind sie in der Minderheit, denn bei Stimmengleichheit entscheidet der Vorsitzende und der ist immer ein Mann des Kapitals. Die Kapitalbank bestimmt also letztendlich über Produktinnovationen, Erschließung neuer Märkte, Firmenkäufe oder neuartige Finanzierungsmodelle - also existentielle Investitionen.

Die Beschäftigtenvertreter von Dornier und MBB glaubten lange blauäugig daran, daß mit der Übernahme durch Daimler-Benz Arbeitsplätze und Wohlstand gesichert seien. Zurecht äußerten Mercedes-Benz-Mitarbeiter ihre Furcht davor, daß die riesige Konzernerweiterung durch AEG, Dornier, MBB und Fokker dem Fahrzeuggeschäft schaden könnten. Die IG-Metaller im Aufsichtsrat votierten vergeblich gegen die Übernahme von MBB. Sie und alle anderen Kritiker behielten Recht.

Kurzfristiges Renditedenken

Statt immer neuer Brandherde und Intrigen zu entfachen, sollten Deutschlands Automanager die eigenen Unternehmen auf einen ruhigen Kurs bringen. Die Kfz-Konzerne müssen sich endlich auf Kundenbedürfnisse und Veränderungen in den Märkten einstellen. Ihr Blick muß von kurzfristigen

Renditedenken und hochgesteckten persönlichen Karriereplänen weg auf langfristige Existenzsicherung gerichtet sein.

Die Auto-Bosse kündigen derzeit ständig neue Produkte an. Doch der neue Elan kommt recht spät. Es ist fünf Minuten nach zwölf. Die meisten Wettbewerber aus Fernost und die Big Three aus Detroit - GM, Ford und Chrysler - fuhren längst ab. Ohne diese Aufholjagd indes würde die deutsche Autoindustrie so schnell absterben wie schon die obengenannten Industrien zuvor. Die Null-Acht-Fünfzehn-Familienkutsche für den Hausvater ist bald passé. Neue Angebote braucht die Branche. Der Mobilist der Zukunft kauft nach speziellen Bedürfnissen ein: Handwerker, Gewerbetreibende oder Landwirte wünschen sich im Alltag einen praktischen Lastenesel. Es soll eine Mischung aus kompaktem Transporter mit Pkw-Eigenschaften sein. Also bequem und wendig zu fahren. Ergebnis dieser bedarfsorientierten Studie ist ein Van-Mobil, das einen völlig neue Märkte eröffnet. Er hat im Deutschen noch nicht einmal einen gebräuchlichen Namen. Auf Englisch heißt die Mixtur Multi purpose vehicle (MPV), etwa Mehrzweck-Fahrzeug, also ein bequemer Kastenwagen der Moderne mit vielen Fenstern.

Urvater der MPV ist der Geländewagen für Militärs und Ranger. Die bekanntesten Vertreter dieser Gattung sind der amerikanische Jeep (heute von Chrysler), der britische LandRover und der VW-Kübelwagen. Werden diese Halb-Lkws immer mehr mit Eigenschaften eines Pkws ausgestattet - weiche Federung, mehr Sicherheit und Komfort -, und mit Vier-Rad-Antrieb versehen, stößt das Mehrzweckauto in den wachstumsstarken Off-Road-Markt vor - also den Markt für geländetaugliche, große Pkw.

Der Vier-Rad-getriebene Van (das Wort kommt von Caravan) und der Geländewagen kommen sich technisch und äußerlich in den nächsten Jahren immer näher. Dieses künftige Mehrzweck-Vehikel (MPV) - ausladend, kompakt oder mini - ist für Leute geeignet, die auf dem flachen Land leben oder gerne Abenteuerurlaub machen. Denn nicht überall gibt es ein so hervorragend ausgebautes Straßennetz wie in Mitteleuropa, das 360 Tage im Jahr zugänglich ist.

Die Amerikaner wenden viel Kreativität auf, um ein Fahrzeug für Gewerbe, Hobby, Familie und Freizeit aus einem Guß zu bauen. Das ist auch der Hauptgrund, warum Mercedes-Benz einen leichten Off-Road-Van in den USA ab 1996 bauen und vermarkten will. BMW ist durch den geplanten Einstieg bei der britischen Rover-Gruppe nun ebenfalls mit dem Landrover, RangeRover und Discovery auf einen Schlag in diesem interessanten Segment präsent.

Bei klassischen Van- und Fan-Cars wird es schon ab 1995 eng. Denn dann kommt endlich ein gemeinsam von VW und Ford-Europa gebautes Van-Mobil. Es wird in einer neuen Fabrik in Portugal gebaut. Die späte Kreation hat es gegen die vielen Konkurrenten, die schon auf der Straße sind und bis dahin modernisiert werden, nicht leicht. Beispielsweise der Espace von Renault/Matra, der Frontera von GM/Opel/Isuzu oder die Vanmobile von Mitsubishi, Nissan, Toyota.

Die Klasse der Kleinstwagen erlebt in wenigen Jahren eine Renaissance. Es ist das Gegenstück zum Off-Road-MPV und das ideale Gefährt in Ballungszentren. Um Platz und Energie zu sparen, ist es kaum 3,50 Meter lang. Doch vom Kleinstwagen alter Prägung - BMW-Isetta, NSU, Heinkel, Lloyd/Borgward, DKW, Fiat 500, Mini Cooper - unterscheidet sich der Neo-Mini von morgen deutlich. Er ist zwar auch klein, aber viel kompakter. Er muß Einkäufe und Kinder aufnehmen können. Der Kurze kann mit wenigen Handgriffen innen so umgestaltet werden, daß die Zahl der Mitfahrer

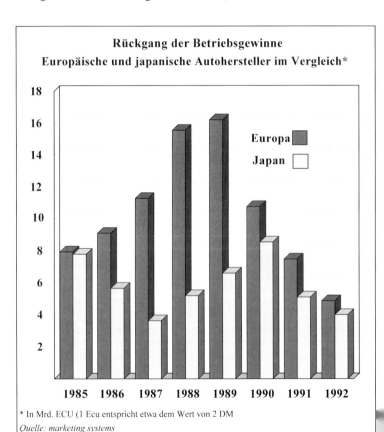

Rückgang der Betriebsgewinne
Europäische und japanische Autohersteller im Vergleich*

* In Mrd. ECU (1 Ecu entspricht etwa dem Wert von 2 DM
Quelle: marketing systems

(Familienmitglieder) variiert werden kann. Das City-Car hat große Türen die bei engem Parkraum zu öffnen sind. Es muß sehr wendig sein und daher bald eine Vier-Rad-Lenkung haben. Weil ein Wagen für Ballungszentren in der Endstufe nicht wie VW-Golfs, Opel-Astras, Peugeots oder Renaults als rasende GTIs konzipiert sein müssen, ist die Karosse simpel aus leichtem Material konstruiert. Das macht die Modelle viel billiger.

Natürlich sollte der Neo-Mini einen ebenso sparsamen wie ökologisch verträglichen Antrieb besitzen. Geeignet scheint derzeit entweder eine Kombination aus Otto-/Dieselmotor und Elektromotor oder - sobald es technisch machbar ist - ein reines Batterieaggregat. Der alte Markt ist zwar noch nicht mit neuem Leben erfüllt, da herrscht schon mörderischer Innovations-Wettbewerb unter den Automobilkonzernen. Fast alle wollen diesen Spezialmarkt mit angeblich so große Zukunft besetzen: BMW/Rover und Mercedes mit Prestige-Minis, VW, Opel, Renault, Fiat und viele andere mit Massenautos für streßgeplagte Stadtmenschen. Bei dieser Fülle wird manches Konzept auf der Strecke bleiben.

Zu der Vielfalt an City-Cars und Vanmobilen kommen in den nächsten Jahren noch Spezialmodelle in begrenzten Stückzahlen auf die Straßen: Roadster, kompakte Mini-Sportwagen, Kuschel-Vans und "Ökoautos" wie das schweizer Swatch-Mobil, das zusammen mit Mercedes für Menschen mit Umweltgewissen und dickem Geldbeutel gebaut werden soll.

Die Konzerne denken bei neuen Produkten nicht nur an ihre Fabriken. Auch das teuere weltweite Händlernetz muß durch ein breiteres Produktangebot betriebswirtschaftlich effizienter genutzt werden.

Vernetzte Mobilität

Wenn unsere Wirtschaft und vor allem die Automobilwirtschaft ihren Crash-Kurs nicht endlich aufgibt, wird noch größerer Schaden angerichtet. Auch Stadtwagen sind letztendlich kein Ausweg. Die Konzernlenker müssen einen Schritt weitergehen.

Die Vision: Der PS-Protz ist tot! Es lebe die sanfte Mobilität! Der Spoiler-bewehrte GTI als Waffe mörderischer Mobilisten steht im Museum. Eine viel belächelte PS-Bombe, der Kampfwagen vergangener Straßenkriege. Statt dessen herrscht ein aggressionsfreies Klima. Die Autoindustrie bietet komplette Lösungen für jede Art von Mobilität an: zügig, bequem, sparsam. Vorbei sind Streß und Stau. Parkplatzsorgen? Nur noch eine Laune der Geschichte.

Beispiel aus dem Alltag: Ein Privatwagen steht im Durchschnitt über 90 Prozent ungenützt herum. Dadurch werden Straßen und Parkplätze verstopft. Die Leerzeiten sind betriebswirtschaftlicher Unsinn - ebenso wie die physikalische Ausbeute eines Pkws, der nur eine oder zwei Personen befördert. Warum soll denn ein Auto in Ballungszentren nicht von möglichst vielen Menschen genutzt werden? Praktisches Ergebnis dieser Überlegung ist eine Art Auto-Pool, den sich mehrere Kunden dadurch teilen. Sie nutzen die Wagen nur bei Bedarf. Dauer und Kosten könnten durch ein taxameterähnliches Erfassungsgerät im Fahrzeug gemessen werden, in das der Fahrer eine Kundenkarte - ähnlich einer Telefonkarte - mit seinen Daten steckt. Bereitgestellt werden könnten die Stunden-Autos an Tankstellen, Taxi- und Vermietstationen, Bahnhöfen, auf Flughäfen und in Parkhäusern. Dort werden sie auch mit Energie - eines Tages nur noch mit Strom - versorgt.

Mit dieser einfachen organisatorischen Lösung könnten mehrere Fliegen mit einer Klappe geschlagen werden: In den Städten würde die Luft besser, der Lärm geringer, die Straßen entlastet und die Autos trotz individueller Nutzung wesentlich effizienter und umweltschonender eingesetzt. Die lästige Abhängigkeit von den Fahrplänen für Busse und Bahnen sowie die eingeengten Transportmöglichkeiten im öffentlichen Nahverkehr entfielen.

Zugegeben, um in überlasteten Ballungsgebieten Pool-Car-Compagnies aufzubauen, bedarf es keiner komplizierten Verkehrsüberwachungssysteme mit Satelliten und Funkelektronik. Ein "Integrierter Technologiekonzern" erübrigt sich demnach. Die höchste Schwelle für Stundenautos indes dürfte psychologischer Natur sein: Der Verzicht auf das eigene heilige Blechle ist für viele Menschen noch immer undenkbar. Der Besitz von vier Rädern und soundsoviel PS gilt als zäh umkämpftes Freiheitsrecht der Autofahrernation Deutschland. Wie lange noch? Denn vernünftig begründbar ist dieser Eigentumswahn kaum mehr. Oder wer kauft sich schon ein ganzes Rind, um ein Steak zu essen?

Die Zukunft heißt vernetzte Mobilität. Straßen- und schienengebundene Fahrzeuge bilden ein eng verzahntes riesiges Räderwerk. So könnten die Vorteile des individuellen Verkehrs - sofort verfügbar, gute und bequeme Transportmöglichkeit von Haus zu Haus - mit denen öffentlicher Verkehrsmittel verbunden werden - preiswert, keine Wartungs- und Parkplatzsorgen, wenig Stau, kommunikativ.

Solange aber Bleifüße und Betonköpfe die Autoindustrie und darüber hinaus regieren, ist die Antwort auf solche Thesen bekannt. Hätte die Auto-Elite den Mut und den Elan, eine "vernetzte Mobilität" anzusteuern und "sanftes Fahren" zu ermöglichen, stünde der Zukunft unserer Mobilität nichts im Wege. Die Zeit drängt. Aussitzen wäre der Tod auf Rädern. Oder was hindert uns daran, neue Wege zu gehen?

Hermann G. Abmayr

"Jetzt treten die Mängel der Marktwirtschaft um so plastischer hervor"

Ein Interview mit Dieter Spöri, Wirtschaftsminister von Baden-Württemberg

Der Kollaps unserer Autogesellschaft hat auch die Wirtschaftspolitiker vor neue Aufgaben gestellt. Alte Rezepte taugen nichts mehr, doch gibt es neue? Dazu ein Interview mit Dieter Spöri, seit 1992 stellvertretender Regierungschef in Baden-Württemberg und Wirtschaftsminister.

Der Sozialdemokrat Spöri vertrat von 1976 bis 1988 den Wahlkreis Heilbronn in Bonn. Damals galt der Diplomvolkswirt manchem als Unternehmerschreck. Bundesweit bekannt wurde er als Obmann der SPD-Fraktion im Flick-Untersuchungsausschuß. 1988 ist Spöri in die Landespolitik gegangen. Seitdem sitzt er für Heilbronn im Stuttgarter Landtag. Auf die wirtschaftlichen Probleme seines Wahlkreises geht das Interview im zweiten Teil ein.

Herr Spöri, wir erleben zur Zeit die schlimmste Krise seit Anfang der 30er Jahre. Woran liegt es, was hat die Wirtschaft falsch gemacht?
Viele Unternehmen habe in der Aufschwungphase während der 80er Jahre wichtige Fertigungs-, Organisations- und Innovationsprobleme verschlafen, weil der Erfolg mit den klassischen Produkten endlos zu sein schien. So wurde versäumt, die Arbeitsorganisation zu modernisieren und Gruppenarbeit einzuführen. Und man hat sich weder um flachere Betriebshierarchien noch um den Einstieg in neue Produkte und neue Märkte gekümmert. All das wird jetzt in einem mühseligen, sehr hektischen Aufholprozeß nachgeholt - unter ungeheuer schwierigen konjunkturellen Bedingungen und unter einem sehr großen Zeitdruck. Diese Fehler werden auch auf dem Rücken der Beschäftigten ausgetragen. Und selbst bei günstiger konjunktureller Entwicklung ist im Automobilbau nicht mit einem Anwachsen der Beschäftigung zu rechnen.

Sehen Sie eine Perspektive für die Auto-Region Baden-Württemberg?
Baden-Württemberg ist gegenwärtig das Land des Automobilbaus, obwohl der Maschinenbau noch mehr Leute beschäftigt. Die betroffenen Regionen

und Unternehmen müssen diversifizieren und in neue Produktbereiche hineingehen. Meine Vision fürs Jahr 2000 ist der Südweststaat als eine Region aller modernen Verkehrstechnologien - angefangen vom energiesparenden Pkw über das Elektromobil bis hin zu einem modernen Öffentlichen Personennahverkehr.

Die Automobil-Lobby wirft einem Teil unserer Politiker vor, das Auto verteufelt zu haben. Trifft Sie das?
Ich habe das Auto noch nie verteufelt. Es geht darum, unser Verkehrssystem grundlegend neu zu organisieren. Man wird den wirtschaftlichen Problemen eines Unternehmens nur dann gerecht, wenn man die ökologische Problemlage zur Kenntnis nimmt und ihr auch beim Produkt Automobil Rechnung trägt. Die Mercedes-Benz AG beispielsweise hat ihre klassische Angebotspalette ganz neu akzentuiert. Neben dem Stadtauto, das ab 1995 in Rastatt produziert werden soll, setzt Mercedes auf das Swatch-Auto. Genauso verstehe ich im Bereich der gehobenen Klasse den Übergang zur Alu-Technologie bei Audi, denn hier sind ohne Verlust an Sicherheitsstandards Einsparungen beim Spritverbrauch möglich.

Spitzenmanager der Automobilindustrie wie Ferdinand Piëch sprechen sich immer wieder gegen eine Benzinpreiserhöhung aus. Was sagen Sie als sozialdemokratischer Wirtschaftspolitiker dazu?
Ich bin für eine Strukturreform des Steuersystems. Die Erhöhung der Mineralölsteuer ist ein ökologisches Signal. Dies muß aber in einem kalkulierbaren stufenförmigen Prozeß geschehen. Die Industrie muß sich bei ihrer Modell- und Innovationspolitik darauf verlassen können. Gleichzeitig dürfen keine unverträglichen sozialen Härten bei den Schichten auftreten, die Autos kaufen. Das geht nur, wenn ich die erhöhte Energiesteuer an eine entsprechende Entlastung für Arbeitseinkommen koppele. Denn die maximale Höhe der steuerlichen Belastung der arbeitenden Menschen ist erreicht.

Das marktwirtschaftliche Wirtschaftssystem ist an Grenzen gestoßen. Die Zerstörung der Umwelt nimmt immer krassere Ausmaße an; die sozialen Probleme werden schwieriger. Brauchen wir nicht einen radikalen Wandel?
Das Scheitern zentraler Planwirtschaften hat dazu geführt, daß man nicht mehr den Vergleich zwischen West und Ost ziehen kann. Jetzt treten die Mängel um so plastischer hervor. Ohne Zweifel hat die real praktizierte Marktwirtschaft in ihren unterschiedlichen Varianten weltweit den Übergang zur ökologischen Existenzsicherung der Menschheit noch nicht gelöst. Trotz allem, was bisher an Wandel eingeleitet worden ist, sind die Umweltprobleme noch stärker geworden. Das waren und sind bisher nur Parolen oder politische Programme.

Für das Arbeitslosenproblem sehe ich keine kurzfristige Lösung. Von Konjunkturzyklus zu Konjunkturzyklus ist die Arbeitslosigkeit weltweit weiter angestiegen. Nur der ökologische Strukturwandel führt zu den notwendigen dynamischen Veränderungen. Die damit verbundenen Investitionen werden das Arbeitsvolumen stärker ausdehnen. Das ist das beste Beschäftigungsprogramm. Wir brauchen aber auch eine gerechtere Verteilung des vorhandenen gesellschaftlichen Arbeitsvolumens. Dies gilt zum Beispiel für die Teilzeitarbeit oder die Flexibilität der Arbeitszeitgestaltung bei schlechter Auftragslage.

Zurück zu Ihrer Frage: Ich bin der Auffassung, daß nicht nur unser ökonomisches System in Frage gestellt wird, sondern auch unser politisches, das sich zu destabilisieren beginnt. Wenn es nicht gelingt, in beiden Bereichen eine Erfolgsperspektive aufzuzeigen, sehe ich schwarz. Dazu ist ein breites Repertoire an Maßnahmen notwendig. Ich habe aber noch niemanden erlebt, der das einfache, große Patentrezept anbieten konnte.

Herr Spöri, kommen wir zum württembergischen Unterland, die Region, die Sie als Abgeordneter seit fast 20 Jahren vertreten. Haben die Politiker dort den wirtschaftlichen Wandel verschlafen?

Ich bin bei der Frage wirtschaftlicher Strukturprobleme gegen einen Ringelpiez von Schuldzuweisungen. Das hilft uns in Franken keinen Millimeter weiter. Natürlich gab es Politiker, die jeden warnenden Hinweis auf zu große Abhängigkeit vom Automobilbau leichtfertig zurückgewiesen haben. Aber wahr ist doch, daß in einer Marktwirtschaft zuallererst die Unternehmen selbst und die dort Verantwortlichen unternehmerischen Weitblick haben sollten - auch im Hinblick auf den permanenten Strukturwandel.

Was konnten Sie als Wirtschaftsminister für das Unterland bisher erreichen?

Wir haben 1992 und 1993 Stadtkreis und Landkreis Heilbronn mit 70,6 Millionen Mark in Form von einzelbetrieblichen Darlehen und Zuschüssen gefördert. Mit den Liquiditätshilfen konnten kurzfristige Zahlungsprobleme von eigentlich gesunden Betrieben überbrückt werden. Dabei ging es um rund zehn Millionen Mark. Mit diesen Mitteln hat das Wirtschaftsministerium Arbeitsplätze gesichert, auch in der Zulieferindustrie. Gleichzeitig haben wir knapp 300 Existenzgründungen mit 30 Millionen Mark gefördert. Wir müssen mit neuen Unternehmen die Basis für neue Arbeitsplätze schaffen, denn fast alle Großbetriebe bauen langfristig Arbeitsplätze ab.

Forschung und Entwicklung sind im Unterland ein Stiefkind. Kann ihr Haus hier helfen?

1. Wir haben die Region Franken in diesem Bereich in den vergangenen beiden Jahren mit einigen Millionen Mark unterstützt. Als Beispiel möchte ich das neue Transferzentrum "Industrielle Meßtechnik" der Steinbeiß-Stiftung an der Heilbronner Fachhochschule nennen. Dafür konnten wir 210.000 Mark locker machen. Mit einem ähnlich hohen Betrag haben wir

die Fachhochschule für ein Forschungsprojekt zur Produktionsplanung der Automobilzulieferer gefördert. Und die Industrie- und Handelskammer bekommt jährlich 65.000 Mark für ihren Innovationsberater.
2. Das Land Baden-Württemberg zahlt der Deutschen Forschungsanstalt für Luft- und Raumfahrt e.V. (DLR) für ihr Forschungszentrum in Lampoldshausen im Kreis Heilbronn seit zehn Jahren jährlich circa 1,8 Millionen Mark. Über eine Sonderfinanzierung gab es noch einmal zehn Millionen.

Warum gibt es in Heilbronn kein Technologiezentrum?
Ich bedaure, daß die Stadt ihre ursprünglichen Pläne nicht weiterverfolgt hat, zumal Heilbronn mit seinem guten Umfeld sicherlich als Standort geeignet gewesen wäre. Ich hoffe, daß Heilbronn bald ein Technologie- und Gründerzentrum bekommt. Ich habe der Stadt sechs Millionen Mark für 1995 zur Sanierung der Wharton Barraks in Aussicht gestellt. Ferner habe ich die Förderung des geplanten Zentrums aus dem Konversionsfond und die Übernahme von Anlaufkosten in den ersten drei Jahren in der Höhe von 300.000 Mark zugesagt.

Und was passiert mit dem alten Heilbronner Industriegebiet, dem ältesten in Württemberg?
Mit 420 Hektar ist es auch das größte zusammenhängende Industriegebiet Württembergs. Wir werden die längst fällig Sanierung, die 25 Millionen Mark kosten wird, mit zehn Millionen unterstützen.

Die Infrastruktur im Unterland leidet auch unter dem extrem schlechten Angebot der Bundesbahn.
Dies liegt nicht an der Landesregierung. Wir haben dennoch für den Einsatz eines Diesel-Pendolino zwischen Heilbronn und Mannheim sieben Millionen Mark zugesagt. Voraussichtlich wird der Zuschuß noch erhöht. Wir beteiligen uns auch am Gleisanschluß Nord in Neckarsulm mit 3,5 Millionen Mark. Dies ist für Audi wichtig. Wir unterstützen die Einrichtung eines Güterverkehrszentrums in Heilbronn und werden dafür erhebliche Finanzmittel zur Verfügung stellen.

Aber Bund und Land tun auch sehr viel für die Straße. 1994 bis 1998 werden im Unterland 23 Maßnahmen mit einem Gesamtvolumen von immerhin 345 Millionen Mark gefördert. In den 13 Jahren von 1980 bis 1992 waren es lediglich 228 Millionen Mark. Leider fehlt in diesem Jahrzehnt das Geld für den Ausbau der A 6.

Hermann G. Abmayr

Mit Vollgas in die Krise

Böses Erwachen in der Autoregion

Letzte Betriebsversammlung bei Wiederhold in Obersulm. Die Maschinenbaufirma ist pleite. Klaus Wiederhold, der Unternehmer, verabschiedet sich von seinen Mitarbeitern: "Mir bleibt jetzt nur mein Bedauern darüber auszusprechen, was Ihnen dabei alles an Ungelegenheiten und Schwierigkeiten entsteht. Ich weiß, daß noch Leute unter Ihnen sind, die fast von Anfang an bei der Firma sind." Dem Firmenchef verschlägt es fast die Stimmen. Nur mühsam setzt er fort: "Es gibt Leute unter Ihnen, die seit vielen Jahren, seit Jahrzehnten dabei sind, und für die ist es sicher besonders schwer, was heute so zum Abschluß kommt. Immerhin ist es ja auch ein Stück Leben, das man bei uns zugebracht hat."

Der Pleiteunternehmer Klaus Wiederhold bei der letzten Betriebsversammlung

Die hundert Wiederhold-Beschäftigten werden auf die Straße gesetzt. Ein Beispiel für viele. Im Sommer 1993 erreicht die Arbeitslosigkeit in Heilbronn die Rekordmarke von 7,7 Prozent. Tendenz steigend. In den Folgemonaten meldet das Arbeitsamt erneut Spitzenwerte, 8,8 Prozent im Januar 1994. 15.600 Männer und Frauen müssen stempeln gehen. Gegenüber 1991 hat sich die Zahl nahezu verdreifacht. Mindestens jeder dritte kommt aus der Metallindustrie. Neben gelernten, an- und ungelernten Metallarbeitern sind auch viele Angestellte aus Organisations-, Verwaltungs- und Büroberufen betroffen.

So viele Arbeitslose gab es im Unterland (Stadt- und Landkreis Heilbronn) seit der Weltwirtschaftskrise Anfang der 30er Jahre nicht mehr. Während die Arbeitslosenrate im Stadt- und Landkreis Heilbronn früher vergleichsweise niedrig war, hat sie nun innerhalb von zwei Jahren um 113 Prozent zugenommen. Im gleichen Zeitraum stieg sie in Baden-Württemberg um 80, im Bundesgebiet um 38 Prozent.

Zur regulären kommt die partielle Arbeitslosigkeit, die Kurzarbeit. Allein bei Audi in Neckarsulm dürfen die Beschäftigten 1993 an 56 Tagen nicht zur Arbeit erscheinen. Im Arbeitsamtsbezirk müssen bis zu 15.000 Menschen verkürzt arbeiten, vor allem im Fahrzeug- und Maschinenbau. Zeitweise muß damit jeder zehnte wegen Kurzarbeit auf einen Teil des Einkommens verzichten.

Neben den offiziell registrierten Arbeitslosen und Kurzarbeitern lassen sich rund 2.000 Menschen im Unterland mit Hilfe des Arbeitsamtes beruflich weiterbilden. In der offiziellen Statistik werden auch die Männer und Frauen nicht berücksichtigt, die in den Vorruhestand entlassen wurden, sowie diejenigen, die sich beim Arbeitsamt nicht mehr melden. Schätzungsweise 23.000 Menschen würden derzeit im Unterland gerne einer (versicherungspflichtigen) Beschäftigung nachgehen, wenn es die wirtschaftlichen Bedingungen zuließen. So viele Einwohner zählt Neckarsulm, die größte Stadt im Kreis.

Die Zahl der Langzeitarbeitslosen im Raum Heilbronn hat sich innerhalb eines Jahres verdoppelt. Etwa jeder zweite davon hat keine Ausbildung. Noch dramatischer ist die Steigerungsrate bei den Jugendlichen unter 20 Jahren. Hier ist die Zahl der registrierten Arbeitslosen um 140 Prozent gestiegen. Der Weg ins Abseits beginnt bereits nach der Schulzeit. Viele Jugendliche bekommen keinen oder keinen zukunftsträchtigen Ausbildungsplatz. Andere werden nach der Lehre nicht in ein Arbeitsverhältnis übernommen.

Die Arbeitslosenstatistik im Unterland ist zwar immer noch viel günstiger als in anderen, vor allem den ostdeutschen Bundesländern, doch die Region ist geschockt. Im verwöhnten Baden-Württemberg und in der Auto-Region Heilbronn waren die Zuwachsraten besonders hoch. In keinem anderen Kreis im Südweststaat stieg die Zahl der (versicherungspflichtig) Beschäftigten innerhalb von zwölf Jahren so stark wie im Kreis Heilbronn. Mit 33 Prozent war das Wirtschaftswachstum in der Zeit bis 1992 mehr als doppelt so groß wie in ganz Baden-Württemberg. Auch die Kaufkraft entwickelte sich entsprechend günstig. Während der 80er Jahre liegt sie in Heilbronn um 17 Prozent über dem Durchschnitt.

Noch 1970 herrschte im Unterland Vollbeschäftigung. Die Arbeitslosenquote lag bei 0,2 Prozent. Allein die Heilbronner Industrie beschäftigte über 27.000 Menschen, eine neue Rekordzahl. Vor allem die Metall verarbeitende Industrie und die Elektrotechnik waren kräftig gewachsen.

23 Jahre später: Im Landkreis Heilbronn verringert sich der Umsatz in den Industriebetrieben um 17, in der Stadt um sieben Prozent. Im Südweststaat fällt in der Metallindustrie gegenüber dem Höchststand im Sommer 1991 jeder sechste Job weg. In keinem Bundesland schrumpft die Wirtschaftsleistung (Bruttoinlandsprodukt) 1993 stärker als in Baden-Württemberg. Der Landkreis Heilbronn mit seinen 284.000 Einwohnern verliert in einem Jahr 8,5 Prozent der Beschäftigten im verarbeitenden Gewerbe. Gleichzeitig geht der Umsatz um 18 Prozent zurück.

Ausverkauf: Ein halbes Jahr nach dem Wiederhold-Konkurs treffen sich in den Obersulmer Werkshallen Geschäftsleute und Schnäppchenjäger. Modernste Maschinen kommen unter den Hammer. Das Interesse ist groß, doch die Preise bleiben bescheiden. Krisenzeiten. Noch vor einem Jahr, sagt der Auktionator, hätte er für die modernen Maschinen Rekordpreise erzielt. So groß war die Nachfrage in der Zeit des Vereinigungsbooms. Unternehmer Wiederhold muß später sein millionenschweres Haus verkaufen. Seine Frau geht wieder arbeiten. Auf kaufmännischem Gebiet war der versierte Techniker schon immer eine Niete, offenkundig auch wenn es um die persönlichen Angelegenheiten ging.

Und wie geht es den Arbeitern und Angestellten der Firma, die nicht zuletzt ihrem alten Chef die Schuld am plötzlichen Niedergang der Firma geben? Noch ein halbes Jahr nach dem Konkurs muß jeder dritte stempeln gehen. Hochqualifizierte Leute, auch Meister, finden keinen Job. Aus dem Facharbeitermangel wurde ein Überschuß.

Ausländer und Aussiedler sind überproportional von der Krise betroffen. Ihr Anteil unter den Arbeitslosen liegt Anfang 1994 bei über 30 Prozent. Die Arbeitslosenquote unter den Ausländern liegt im Unterland mit knapp 20 Prozent mehr als doppelt so hoch wie die der Deutschen. Ein Beispiel: der ehemalige Wiederhold-Facharbeiter Orazio Randazzo aus Weinsberg. Der Sizilianer wollte sich den Traum seines Lebens erfüllen - ein eigenes Haus. Doch seit der Pleite habe er an seinem Bau "alles gestoppt, weil ich nicht gewußt habe, wie es weiter gehen sollte", klagt der Vater von zwei kleinen Kindern.

Randazzo hat trotz seiner italienischen Lebensfreude Angst vor der Zukunft. Immer häufiger können Arbeitslose ihre monatlichen Zinszahlungen nicht mehr bewältigen. 1993 steigt die Zahl der Zwangsversteigerungen beim Amtsgericht Heilbronn um 30 Prozent. Gerichtsvollzieher, Schuldenberater - in Heilbronn zum Beispiel die Aufbaugilde und die Arbeiterwohlfahrt -, Konkursverwalter und Pfandleiher haben Hochkonjunktur.

"Dosenfraß für die Armen"

"Spargel für die Reichen, Dosenfraß für die Armen" betitelt die "tageszeitung" einen Bericht über das Kaufverhalten der Deutschen im Krisenjahr 1993. Die teuren aber auch die billigen Lebensmittel verkaufen sich besser als je zuvor. Waren im preislichen Mittelfeld dagegen sind um über ein Viertel weniger gefragt. Die Schere zwischen Arm und Reich geht weiter auseinander. Im Unterland steigt die Zahl der Reichen und Superreichen. Mit 360 Millionären gehört Heilbronn 1993 zu den Städten mit der höchsten Millionärsrate und rangiert noch vor Hamburg.

Gleichzeitig werden immer mehr Menschen von der Sozialhilfe abhängig. 1993 sind es im Unterland rund 10.000. Die zum Teil drastischen Kürzungen beim Arbeitsamt belasten die öffentlichen Sozialkassen seit 1994 zusätzlich, denn immer mehr Frauen und Männer kommen mit den gekürzten Zahlungen der Bundesanstalt nicht über die Runden.

Besonders hoch ist die Arbeitslosigkeit unter den 1.800 Bewohnern im unteren Industriegebiet "Hawaii". 1987 war jeder fünfte arbeitslos; neuere Zahlen gibt es nicht. Nach Schätzungen muß heute jeder Zweite stempeln gehen. Das Leben hier ist geprägt von Armut, Wohnungsnot, Arbeitslosigkeit, Überschuldung sowie Klein- und Großkriminalität. Die Menschen leiden gleichzeitig unter der größten Lärm- und Abgasbelastung weit und breit. Das alte Arbeiterviertel ist das häßlichste und verkommenste Wohngebiet in Nordwürttemberg.

Rund ein Viertel der Bewohner sind obdachlos. Sie wohnen meist in heruntergekommenen städtischen Unterkünften ohne Dusche oder Bad. Jeder zehnte Haushalt ist von Sozialhilfe abhängig. Zwei Drittel der "Hawaii"-Bewohner sind Ausländer, vier mal so viel wie in ganz Heilbronn. Dies haben Michael Buck und Antje Hofer in einer viel beachteten Feldstudie schon kurz vor dem Krisenjahr herausgefunden.

Viele Menschen im Stadtgebiet, auch viele Jugendliche, sind vom Alkohol oder von anderen Drogen abhängig. Seit Ende der 80er Jahre wird Heroin verkauft. Das "Hawaii"-Viertel hat sich zum Drogenumschlagplatz entwickelt. Dealer, Junkies und Zuhälter aus ganz Deutschland, Polen, der Schweiz und neuerdings auch aus Rußland treffen sich hier in den berüchtigten Wohnblocks der Christophstraße 65 - 69. "In unmittelbarer Nachbarschaft eines Kindergartens und eines Schülerzentrums und im wahrscheinlich kinderreichsten Wohngebiet in Heilbronn konnte sich die Drogenszene nahezu ungehindert bilden", kritisieren Michael Buck und Antje Hofer.

Doch auch jahrelange Proteste der Anwohner und die 1993 gegründete "Bürgerschaftshilfe Unteres Industriegebiet" haben kaum etwas bewegt. Günter Hartlieb von der Bürgerschaftshilfe würde deshalb gern Walter Pahl als "Sanierer" gewinnen. Pahl ist es in Mannheim gelungen, die einst ähnlich verrufene Ludwig-Frank-Siedlung gemeinsam mit den Bewohnern zu einem Vorzeigeviertel zu machen. Heilbronn aber hat in den Jahren des Aufschwungs wieder einmal geschlafen. Jetzt fehlt das Geld.

Zurück zum Boomjahr 1991: Rolf Ebners (Name geändert) hat es geschafft. Der Mann aus Bernburg in Sachsen-Anhalt zieht mit seiner Familie nach Heilbronn. Die Firma Solvay stellt ihm eine Betriebswohnung zur Verfügung, direkt neben dem Sodawerk. Ebners Kollegen in der früheren DDR beneiden den Neu-Wessi, denn sie bangen um ihre Arbeitsplätze im Bernburger Sodawerk, das nach der Wende an den belgischen Solvay-Konzern überging. Doch der Chemiemulti teilt im Mai 1993 mit, daß er das Heilbronner Werk zum Jahresende schließen wird. Ein Schock für Rolf Ebners und seine Frau: Aus der Traum vom goldenen Westen.

Die Beschäftigten der Heilbronner Kali-Chemie - so wird das Werk bis zuletzt genannt - sind empört, denn schließlich habe man schwarze Zahlen geschrieben. Das seit 170 Jahren bestehende Chemiewerk ist damit ein weiteres Beispiel für den Niedergang vieler alteingesessener Firmen.

Heilbronn ist Ende des 19. Jahrhunderts die größte Industriestadt Württembergs, ein Zentrum für Tüftler, Erfinder und Leute mit Mut zum Risiko. 1823 beispielsweise lassen die Gebrüder Rauch auf einer mit Wasserkraft getriebenen Maschine Papier herstellen - eine Sensation. Der Heilbronner Jakob Widmann konstruiert die erste auf dem europäischen Festland gebaute Endlospapiermaschine. Gustav Scheuffelen setzt sie in Gang. Neben der Papierproduktion - die Firma Baier & Schneider existiert noch heute - und der Silberwarenindustrie - Peter Ackermann hat damit 1805 begonnen - erlebt die Nahrungs- und Genußmittelindustrie - Knorr, später Maizena, heute CPC - einen raschen Aufschwung. Ähnliches gilt für die Metallindustrie und den Maschinenbau, die ihre Blütezeit aber erst später erleben.

Der Raum Heilbronn wird wegen seiner Salzförderung europaweit bekannt. Die Salzwerke nehmen schnell eine marktbeherrschende Stellung ein. Auch ein günstiger Standortfaktor für die chemische Industrie, vor allem für die Kali-Chemie, die später von Solvay übernommen wird.

Der Solvay-Arbeiter Rolf Ebners befürchtet, 1993 neben der Arbeit auch noch die Werkswohnung zu verlieren. Die Stimmung bei den Beschäftigten und ihren Familien ist auch deshalb gereizt, weil das Soda-Werk in Bernburg in der früheren DDR erhalten werden soll. Die 250 Arbeiter in Heilbronn fühlen sich doppelt bestraft. Sie müssen seit 1990 finanzielle Opfer bringen für die Vereinigung Deutschlands "und damit macht man dann unsere Arbeitsplätze kaputt", schimpfen sie. "Wir finanzieren doch unseren eigenen Untergang." Ironie der deutschen Vereinigungsgeschichte: Wären die Ebners in Sachsen-Anhalt geblieben, hätte der Familienvater heute noch einen sicheren Arbeitsplatz und eine Wohnung.

Die Solvay-Belegschaft in Heilbronn tritt mehrmals aus Protest in den Ausstand. Stimmen am Rande einer Kundgebung: "Meine Frau wurde arbeitslos, der Sohn hat studiert, kann keine Arbeit finden, und ich bin jetzt auch so weit", schimpft ein Werker. Ein anderer: "Ich habe auch eine Familie mit drei Kindern. Wie es jetzt weiter geht, weiß ich nicht. Wenn einer einen Kredit laufen hat, der kann sich vergessen, der kann sich da am Tor aufhängen." Ein älterer Arbeiter: "Traurig sowas, traurig. Das ist ein halbes Leben, wo man da drin verbracht hat, fast das ganze Leben." Die Solvay-Leute sehen keinen Ausweg: Die meisten seien zwischen 40 und 60 Jahren alt. Und in diesem Alter hätte man "auch als Handwerker kaum mehr eine Chance". Selbst für Junge sehe es schlecht aus.

Protest bei Solvay in Heilbronn (Szene aus "Eine Region lebt vom Auto")

Obwohl sich der Protest gegen die Schließung und damit gegen die Konzernspitze von Solvay richtet, sehen die Arbeiter das Problem politisch. Die Bundesregierung hätte "ein blühendes Land zugrunde gerichtet". Zitat: "Und dann wollen die Kerle in Bonn uns das Arbeitslosengeld um drei Prozent kürzen, die gehören aufgehängt - der Bandit der Waigel, der Bankrottminister vom Dienst." Die Regierung hätte "unseren Staat in zehn Jahren in das tiefste Tal geführt." Und ein Mann, der kurz vor der Rente steht, sagt: "Wenn der Bundeskanzler heute hinsteht und sagt, die Leute müssen länger arbeiten, dann soll er uns auch Arbeit geben, daß wir länger arbeiten können."

Die Wut und die Verzweiflung nützen nicht zuletzt den Republikanern. Offen bekennen sich einige Solvay-Arbeiter dazu, daß sie die Schönhuber-Partei wählen werden, damit "unsere Ochsen im Bundestag aufwachen". "Ob wir es dann besser kriegen, wissen wir nicht," sagt ein anderer, aber aus Protest müsse man diesmal REP wählen. Die Betriebsräte verfolgen die Entwicklung mit Sorge: Gerade in den beiden hiesigen Stimmbezirken (Städtischer Bauhof und Evangelisches Gemeindehaus, das Stadtgebiet "Hawaii") hatten die Republikaner bei den Landtagswahlen 1992 ein hohes Ergebnis bekommen, 34 bzw. 37 Prozent. Über die Hälfte der Leute gingen aber erst gar nicht zur Wahl.

Zwar ist die beinahe zu hundert Prozent in der Industriegewerkschaft Chemie organisierte Solvay-Belegschaft kampfbereit, aber Gewerkschaft und Betriebsrat äußern sich eher pessimistisch. Mancher Arbeiter erinnert an die Auseinandersetzung um den Erhalt von Audi 1974 und 1975. Solvay sei ein reicher Konzern, heißt es, da könne man sich nicht mit einer "billigen Abfindung" den Arbeitsplatz abkaufen lassen.

Der DGB-Kreisvorsitzende Klaus Rücker bietet seine Unterstützung an. Doch dann geht alles ganz schnell. Rücker wundert sich über den raschen Abschluß des Sozialplans. In vergleichbaren Fällen würde härter und länger gestritten. Der Solvay-Betriebsrat hatte darauf verzichtet, einen eigenen Rechtsanwalt mit in die Verhandlungen zu bringen. Der IG-Chemie-Mann hätte diesen Part übernommen.

Mit dem Fall Solvay nicht vergleichbar sind Firmenpleiten wie die bei Wiederhold in Obersulm. Hier sind die Interessenvertreter der Beschäftigten meist völlig machtlos. Selbst wenn Sozialpläne verabschiedet werden, besteht in der Regel nur geringe Hoffnung darauf, daß nennenswerte Geldbeträge übrig bleiben. Und die Zahl der Konkurs- und Vergleichsanträge steigt 1993 um etwa ein Drittel. Zwei Drittel der Verfahren in der Region Franken werden mangels Masse abgelehnt.

Kurz vor dem Zusammenbruch steht im Krisenjahr '93 auch die 1914 gegründete Firma Kupfer-Asbest-Co., die sich später Kaco nennt. Das Unternehmen hat acht Jahrzehnte lang Motorendichtungen hergestellt, anfangs

Kaco in Heilbronn: Interview mit Umschülerinnen

aus dünnem Kupferblech und einer Asbesteinlage. Die Materialien haben sich geändert, das hochgefährliche Asbest allerdings ließ man noch bis in die 80er Jahre beimischen. Im Januar muß Rainer Heinrich, der Chef des Dichtungswerkes, Vergleich anmelden. Er hatte zwar noch in moderne Anlagen investiert und integrierte Arbeitsabläufe eingeführt, doch dies kam zu spät.

Heinrichs Vater hatte den Betrieb wie ein Patriarch geführt. Jede Bestellung ging über seinen Tisch, selbst die kleinste Schraube. Die Durchlaufzeiten waren viel zu lang. Die Produktivität wurde immer schlechter. Grobe Managementfehler, der Preisdruck der Abnehmer und zuletzt der Einbruch der Autokonjunktur zwangen die Firma in die Knie. Rainer Heinrich kann den Anschlußkonkurs nur mit Hilfe von außen verhindern. Das Familienunternehmen gehört heute mehrheitlich dem brasilianischen Konzern Sabó.

Das Stammwerk in Heilbronn wird dennoch geschlossen werden. Ein Ende des Stellenabbaus ist nicht in Sicht. Horst Schütz, der Betriebsratsvorsitzende, fühlt sich deshalb manchmal "wie ein Sozialpfarrer, weil wir als Betriebsrat die Anlaufstation für die Belegschaft für die gekündigten Mitarbeiter sind". Schütz berichtet von "Schicksalen, die man in Worten gar nicht darstellen kann". Und auch Tränen seien "schon sehr viele geflossen". Wir erleben dies bei unseren Dreharbeiten für den Film "Eine Region lebt vom Auto". Das Schlimmste für den Betriebsrat: Viele der Entlassenen reden mit ihm nicht mehr, machen ihn zum Teil mitverantwortlich für das Debakel.

Nur eines konnten die Kaco-Betriebsräte zusammen mit der IG Metall erreichen. Zehn der entlassenen Frauen lassen sich in der Firma für zwei Jahre fortbilden. Das Arbeitsamt trägt die Kosten. Kaum der Rede wert, denn von den einst 1.300 Kaco-Arbeitsplätzen ist gerade die Hälfte übrig geblieben.

Zurück zur Konkurs-Firma Wiederhold: Der frühere Angestellte Dieter Roths will sich selbständig machen. Er ersteigert ein paar Maschinen, mietet eine Halle, die seither die zweite ortsansässige Konkursfirma genutzt hatte, und wird Kleinunternehmer. Sechs ehemalige Wiederhold-Leute finden bei ihm eine Anstellung. Sein Auftraggeber: frühere Wiederhold-Kunden. Und seine Abhängigkeit vom Auto? 90 Prozent der Teile gehen an die Zulieferindustrie. Es ist eben nicht leicht, von den alten Strukturen weg zu kommen. Roths stellt später zwei weitere frühere Kollegen ein. Die Auftragslage ist gut; der Kleinbetrieb leidet aber unter dem Preisdruck der Auftraggeber.

Für Obersulm ist die Firma Roths ein Tropfen auf den heißen Stein. Die Gemeinde leidet unter Pleiten, Entlassungen und dem starken Abbau von Arbeitsplätzen in den benachbarten Städten Neckarsulm und Heilbronn. Dies trifft auch die ortsansässigen Handwerker, die Einzelhändler, den Metzger oder den Bäcker. Jedes vierte Einzelhandelsunternehmen in der Region plant für 1994 Entlassungen. Metzgermeister Bernd Uhlmann aus Obersulm beispielsweise macht im ersten Krisenjahr etwa 20 Prozent weniger Umsatz. Statt 200 Mittagessen pro Tag liefert er an die umliegenden Firmen nur noch 50.

Obersulm steht für viele Städte. Der Rückgang ist überall zu spüren. Auch in den Kassen der Städte und Gemeinden. Seit 1993 regiert der Rotstift. Beispielsweise in Neckarsulm: In den guten Jahren hat die Stadt - ähnlich wie der Nachbar Heilbronn - nicht vorgesorgt, hat sie florierende Betriebe ohne Not mit einer extrem niedrigen Gewerbesteuer verwöhnt. Jetzt muß der Kämmerer dem schwer angeschlagenen Zulieferer Kolbenschmidt bereits bezahlte Gewerbesteuer in Millionenhöhe zurückerstatten.

Nicht mehr Audi - seit 1889 ist das Neckarsulmer Autowerk der größte Steuerzahler -, sondern der Asien-Konkurrent Hyundai (sprich "Jundei") zahlt jetzt den Löwenanteil in die Stadtkasse. Die Newcomer aus Südkorea - Werbeslogan: "Vor uns schwitzt die Konkurrenz" - organisieren von Neckarsulm aus seit Herbst 1991 ihren Deutschlandvertrieb.

Trotz Krise gehen sie mit einem Blitzstart in die Offensive. Während andere immer weniger motorisierte Blechkisten verkaufen - bei Audi verwendet man inzwischen auch Aluminium -, erobern die Koreaner innerhalb kürzester Zeit einen Marktanteil von 1,2 Prozent - Audi hat Anfang 1994 4,5 Prozent - und rangieren damit bereits vor Volvo, Skoda und Chrysler. Während die Neuzulassungen in Deutschland 1993 durchschnittlich um 19 Prozent zurückgehen, legt Hyundai um 14 Prozent zu. Und dies obwohl das Wachstumsfieber im Sommer 1993 wieder zurückgeht.

Der mit Abstand größte Autoproduzent Koreas bringt sogar das motorisierte und das unmotorisierte Zweirad wieder an die Sulm. Einen poppig bunten Motorroller will Chairman Chung Se Yung von der legendären Zweiradstadt aus vertreiben und Fahrräder. Für die NSU ist das Kapitel seit Anfang der 60er Jahre abgeschlossen. Weder vom Motorrad- noch vom Fahrradboom konnten die Neckarsulmer seither profitieren, ganz abgesehen von Marketingvorteilen, die inzwischen auch BMW entdeckt hat. Die Bayern haben deshalb in der früheren DDR ein Fahrradwerk gekauft.

Der Stadtkämmerer der Auto-Stadt Neckarsulm jedenfalls hofft auf einen weiteren Durchmarsch der Asiaten. Denn weder bei der VW-Tochter Audi noch bei der Kolbenschmidt AG (KS) - das Unternehmen ist inzwischen noch tiefer in die roten Zahlen gerutscht - dürfte sich in Sachen Gewerbesteuer derzeit etwas ändern. Die Obergurus der beiden Konzerne, der Österreicher Ferdinand Piëch und sein Landsmann Heinz Schimmelbusch, bis zu seinem Sturz Chef der KS-Mutter Metallgesellschaft, befinden sich

Kaco-Umschülerinnen bei der Unterweisung an einer Maschine

im Krisenjahr 1993 jedenfalls in starker Bedrängnis. Schimmelbusch lehnt deshalb im Interview für unserem Film eine besondere Verantwortung für die Region kategorisch ab. Ende des Jahres flieht der Mann, der über zwei Milliarden Mark in den Sand gesetzt hatte, in die USA.

Der Österreicher Piëch dagegen konnte sein Reich weiter ausbauen. Er beherrscht seit 1993 nicht nur Audi, sondern den gesamten VW-Konzern, den größten Fahrzeughersteller Europas. Und damit zählt er zu den mächtigsten Männern unserer Autogesellschaft. Bei Audi hat Piëch Anfang 1994 den Wiener Herbert Demel inthronisiert. Auch Otto Lindner, der neue Werkleiter in Neckarsulm, ist ein Landsmann. Die österreichische Linie bleibt damit gewahrt.

Zurück zur Stadtkasse von Neckarsulm: Die Gewerbesteuereinkünfte der Auto-Stadt haben sich von 1991 auf 1993 mehr als halbiert. Auch die Einnahmen aus der Lohn- und Einkommensteuer gingen zurück: eine Folge des rasanten Stellenabbaus bei Audi, Kolbenschmidt und Co. Die Pro-Kopf-Verschuldung der 23.500 Einwohner stieg auf 2.450 Mark. Die Stadt hebt deshalb den Gewerbesteuerhebesatz von 320 auf 340 Prozentpunkte an. Auch die Grundsteuer steigt.

Früher hätte dies vor allem Audi und Kolbenschmidt getroffen. Heute sind Klein- und Mittelbetriebe die größten Steuerzahler. Selbst der Handelsgigant Lidl & Schwarz mit Hauptsitz in Neckarsulm bringt dem Stadtsäckel nicht viel. Und Banken spielen kaum ein Rolle. Falls sie im Unterland überhaupt vertreten sind, haben sie ihren Sitz in Heilbronn und sind dort zum größten Steuerzahler aufgerückt. Denn Firmen, die wie AEG-Telefunken (heute Temic) rote Zahlen schreiben, überweisen schon lange keine Gewerbesteuer mehr.

Die "Käthchen- und Weinstadt"

Heilbronn, Frühjahr 1993, Mittelalterlicher Markt, eines der vielen Feste im Kalender der "Regionalhauptstadt" des württembergischen Franken: Die Unterländer feiern in historischem Gewande, und mit dabei sind der Oberbürgermeister und das "Käthchen". Heilbronn hat über Jahrzehnte hinweg versucht, sich als "Käthchen- und Weinstadt" einen Namen zu machen. Denn immerhin hatte Heinrich von Kleist mit seinem Schauspiel "Das Käthchen von Heilbronn" den Unterländern einen Platz in der Weltliteratur gesichert. Doch Kleist hätte Heilbronn wohl aus dem Titel seines Werkes gestrichen, hätte er gewußt, zu welch folkloristischem Spektakel seine literarische Frauenfigur verkommen würde.

OB Werner Weinmann stört das wenig, und weil ein Oberbürgermeister sich gelegentlich dem Volke zeigen muß, darf er beim mittelalterlichen Markt nicht fehlen. Schlußsatz der Ansprache an seine Untertanen: "Recht viel Freud euch allen. Saufet und freßet solang der Taler im Stadtsäckel reicht."

Doch der Stadtsäckel ist leer. Den Oberbürgermeister erreichen ständig neue Horrormeldungen. Der Rotstift regiert die "Feschtlesstadt". Weniger Geld für den Sport, für Kindergärten, für Schulen, Straßenbau oder das Stadtbad. Schöne Ideen wie der Bau einer Großveranstaltungshalle oder eines neuen Gebäudes für die rührige Volkshochschule landen im Archiv. Der Haushalt der Stadt muß immer wieder nach unten korrigiert werden. Heilbronn hat Schwierigkeiten bei der Schuldentilgung und der Zinszahlung. Erstmals kann die Mindestzuführrate vom Verwaltungs- zum Vermögenshaushalt nicht mehr erreicht werden. Es geht an die Substanz.

1994 bezahlen die Bürger wieder einmal höhere Gebühren und Tarife. Die im Jahr zuvor auch von OB Weinmann (CDU) geforderte Erhöhung der Gewerbe- und der Grundsteuer hatte der Gemeinderat mit den Stimmen des rechten Parteienspektrums, der CDU, der FDP, den Freien Wählern und den Republikanern, abgelehnt. Heilbronn soll Steueroase bleiben, koste es, was es wolle. Selbst das Regierungspräsidium kritisiert die "vergleichsweise niedrigen Hebesätze". Die Prognosen: Die Pro-Kopf-Verschuldung - ohne Stadtwerke, Krankenhaus und Abfallwirtschaft - steigt von 800 Mark (1992) auf 3.500 Mark im Jahr 1997. Zum Jahresende 1997 wird der Schuldenberg auf 430 Millionen Mark anwachsen. Dazu kommen für die Stadtwerke, das Krankenhaus und die Abfallwirtschaft noch einmal 228 Millionen Mark.

Dabei lobten sich die Honoratioren noch 1991 bei der 1250-Jahrfeier als "Stadt mit einer gesunden Wirtschaft". Das Oberzentrum der Region sei ökonomischer und kultureller Mittelpunkt. Kritische Stimmen, wie ein Städtevergleich von Herbert Birkenfeld (Ulmer Geographische Hefte 8) wurden abgetan. Heilbronn schneidet darin besonders schlecht ab. Der Wissenschaftler sieht die Neckarstadt auf dem Weg in die Superprovinz. Noch vor dem Ausbruch der Krise prognostiziert er, daß die "Käthchen- und Weinstadt" zu den großen Verlierern in Baden-Württemberg gehören wird.

Kritisieren könnte man an Birkenfelds Studie, daß er Heilbronn/Neckarsulm nicht als Einheit behandelt hat. Schließlich sind die beiden ungleichen Städte inzwischen beinahe zusammengewachsen. Doch das statistische Material dafür dürfte nur schwer (oder gar nicht) zu finden sein. Die Ergebnisse der Studie wären aber kaum besser gewesen. Denn sowohl beim Verkehr als auch bei der Raum- und Stadtqualität unterscheidet sich Neckarsulm nur wenig von Heilbronn.

Bei der Beurteilung der Wirtschaftsstruktur hätte die Entwicklung bei Audi und Kolbenschmidt das Ergebnis ändern können. Aber kaum positiv. Auch die von der Stadt Heilbronn in Auftrag gegebene Prognos-Studie krankt an der gewünschten Beschränkung auf das Stadtgebiet. Ergebnis ei-

Mit Vollgas in die Krise

ner jahrzehntelangen Kirchturmpolitik der Honoratioren beider Städte und ihrer Oberbürgermeister.

Die Birkenfeld-Untersuchung gibt Heilbronn besonders schlechte Noten für die Wirtschaftsstruktur sowie die Raum- und Stadtqualität. Als Pluspunkt bei der Wirtschaftsstruktur werden lediglich die vergleichsweise niedrigen Löhne sowie die geringe Gewerbesteuer genannt. Birkenfeld warnt vor einem "überdurchschnittlichen Anteil rezessiver Branchen". Stark unterentwickelt seien Forschung und Entwicklung. Heilbronn, die "Hauptstadt des württembergischen Franken" hat lediglich eine Fachhochschule für Technik und Wirtschaft. Keine andere vergleichbare Stadt hat sich derart abhängen lassen. 1992 bestätigt das Prognos-Institut in seiner Studie diese Defizite. Ein Armutszeugnis für eine Stadt, die einst stolz auf ihre Forscher, Erfinder und Konstrukteure sein konnte. Sie hat schließlich kluge Köpfe wie Robert Mayer hervorgebracht, der das Gesetz von der Erhaltung der Energie formuliert hat. An der Erfindung des Automobils war der gebürtige Heilbronner Wilhelm Maybach maßgeblich beteiligt. Maybach ging als der "König der Konstrukteure" in die Geschichte ein. Zusammen mit Gottlieb Daimler hatte er den ersten "schnellaufenden Benzinmotor" der Welt gebaut.

Der Glanz der Vergangenheit ist verblaßt: Vor der Birkenfeld- und Prognos-Studie hatte dies bereits eine Untersuchung der IG Metall herausgefunden, die sich auf die gesamte Region bezieht. Danach haben auch die Industriebetriebe die Forschung und Entwicklung seit Jahren sträflich vernachlässigt. Während die NSU-Leute seit Ende der 50er Jahre immer wieder weltweit für Aufsehen sorgten, arbeiten bei Audi in Neckarsulm heute nur noch 540 Entwickler. Für den stellvertretenden Betriebsratsvorsitzenden Wolfgang Zimmermann eine Zahl, die auf keinen Fall unterschritten werden dürfe.

1957 wird auf dem Prüfstand der Forschungsabteilung in Neckarsulm der erste Drehkolbenmotor angeworfen. 1959 stellen die Neckarsulmer der Weltpresse den NSU/Wankelmotor vor. Eine "Revolution" in der Geschichte des Automobilbaus, jubelt die Motorpresse. Der Kurs der NSU-Aktie explodiert. Fünf Jahre später geht der NSU-Spider in Serie, das erste Auto der Welt mit einem NSU/Wankel-Kreiskolbenmotor. Die Verbindung zu Felix Wankel führt schließlich auch zum Bau des legendären "Ro 80".

Doch die Pionierzeiten im Unterland gehören längst der Vergangenheit an. Die Wissenschaftler des Basler Prognos-Instituts kritisieren nicht nur die Defizite im Bereich Forschung und Entwicklung, sondern auch das betuliche Käthchen-Image der Stadt Heilbronn. Es ist nicht gerade ein Aushängeschild für ansiedlungswillige Zukunftsbetriebe. Für Oberbürgermeister Manfred Weinmann kein Problem: "Es hat sich nun mal eingebürgert, daß das Käthchen und der Wein bedeutende Elemente der Kunst und des Genus-

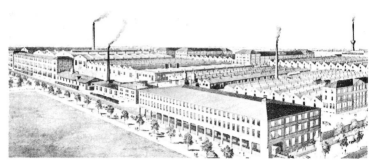

NSU: Anfang der 30er Jahre wird der Automobilbau eingestellt.

ses sind", sagt er im Interview für unseren Film. "Daß wir darüber hinaus auf dem technologischen Sektor große Anstrengungen unternommen haben, das ist selbstverständlich. Ich denke nur beispielsweise an die Errichtung eines Technologietransferzentrums und an die Bemühungen, die Fachhochschule auszuweiten. Wir haben auch über 100 Millionen in den letzten Jahren in unser Berufsschulwesen investiert, um auf diese Weise die Voraussetzungen für attraktive Industrieansiedlungen zu haben."

Pure Schönfärberei. Ein Beispiel: Seit 1984 fördert das Land Baden-Württemberg den Aufbau von Technologiezentren. Zehn Städte haben dafür Geld bekommen. Von Stuttgart über Konstanz, Offenburg bis St. Georgen im Schwarzwald reicht die Liste. Auch Heilbronn hatte einen Projektvorschlag eingereicht, dem das Wirtschaftsministerium positiv gegenüberstand. Doch dann verschwanden die Pläne plötzlich in den Schubladen des Rathauses.

Noch im Frühjahr 1993 zeichnet man in der "Käthchenstadt" ein rosiges Bild über die Situation der Stadtfinanzen. Von wegen Krisenregion heißt es bei der Stadt wie bei der Wirtschaft. Die IHK übt sich im Gesundbeten. Die Abhängigkeit vom Fahrzeugbau wird heruntergespielt. Heute tun die meisten Verantwortlichen in Politik und Wirtschaft so, als sei das Unterland vom Kollaps überrascht worden, als hätte niemand vor der ungesunden Wirtschaftsstruktur gewarnt. Doch wohl kaum ist eine Krise besser vorhergesagt worden.

Die Region stand schon mehrmals vor dem Abgrund: Mitte der 20er Jahre hätte die Karl Schmidt GmbH, heute Kolbenschmidt, beinahe Konkurs anmelden müssen. Die Belegschaft wird von knapp 600 auf 90 Mitarbeiter reduziert. 1928, schon ein Jahr vor dem "Schwarzen Freitag", der die Weltwirtschaftskrise einleiten sollte, stehen die NSU-Werke mit damals 4.000 Beschäftigten kurz vor dem Bankrott. Die 7.000 Einwohner zählende Stadt, die im 19. Jahrhundert noch vom Weinbau lebte, befürchtet den Ruin.

Mit Vollgas in die Krise

Retter in der Not ist neben einem Bankenkonsortium der italienische Konkurrent Fiat, der Aktien im Wert von fünf Millionen Reichsmark übernimmt. Neben der Dresdner Bank ist damit Fiat der größte Aktionär der NSU AG. Neckarsulm meldet 1930 einen Rückgang der verbliebenen Motorradproduktion um 28 Prozent und im Folgejahr um nochmals 40 Prozent. Folge: Kurzarbeit, Massenentlassungen und schließlich die völlige Einstellung des Automobilbaus im Unterland. Dies kann auch Fiat nicht verhindern.

Der Konzern aus Turin übernimmt zusammen mit der Dresdner Bank 1929 das neue NSU-Zweigwerk in Heilbronn, das dann unter "NSU-Automobil AG" firmiert, und versucht es nach der Stillegung der NSU-Automobil-Produktion Anfang '32 mit einer Lizenzfertigung. Dies scheitert aber bereits nach kurzer Zeit. Fiat stellt die Produktion ein und entläßt alle Beschäftigten. Die Dresdener Bank und Fiat teilen sich nun die Heilbronner und die Neckarsulmer Gesellschaft. Die Anteile in Neckarsulm gehen ganz an die Privatbank.

Fiat läßt später in Heilbronn eigene Wagen montieren. Bis Anfang der 70er Jahre fertigt man am Neckar verschiedene Fiat-Typen. Höhepunkt ist das Jahr 1971 mit 15.000 montierten Fahrzeugen. Doch dann folgt der jähe Absturz. Anfang '73 läßt Fiat die Montage in Heilbronn einstellen. Seitdem organisieren die Italiener von der Neckarstadt aus nur noch den Deutschland-Vertrieb.

Fiat hat 1929 das Heilbronner NSU-Werk übernommen

Große Schwierigkeiten treten bei der NSU auch nach dem Zweiten Weltkrieg immer wieder auf: Zunächst die Zweiradkrise in der zweiten Hälfte der 50er Jahre. Den Erfolgen mit "Quickly", "Max", "Fox" oder "Lambretta" sind Grenzen gesetzt. 1966/67 wird die Region von der Rezession überrascht. Der NSU-Vorstand reagiert mit Kurzarbeit und Entlassungen. Und 1970 warnt die Stuttgarter Zeitung vor der "Last der Tradition" der Heilbronner Firmen. Viele der alt eingesessenen Betriebe in dem einst größten Industrieplatz Württembergs seien unflexibel geworden.

Mitte der 70er Jahre will VW die württembergischen Werke von Audi/NSU schließen. Die Arbeiter und Angestellten nehmen unter Führung des damaligen örtlichen IG-Metall-Chefs Klaus Zwickel den Kampf mit dem gefürchteten Goliath in Wolfsburg auf. Die Hälfte der Arbeitsplätze können gesichert werden. Gleichzeitig kämpft Telefunken in Heilbronn mit der "Halbleiterkrise". Der Umsatz sinkt um fast ein Viertel. Die Zahl der Beschäftigten geht um ein Viertel auf unter 2.000 zurück. Dennoch: Telefunken bleibt Heilbronn und Audi Neckarsulm erhalten. Doch allein die Stadt Heilbronn hat nun innerhalb von sechs Jahren knapp 8.000 Arbeitsplätze verloren.

Trotzdem herrscht wieder Ruhe im Audi-Land. Die Sorgen von gestern überrollt der Erfolg von morgen. Vergessen ist auch die umweltpolitische Diskussion, die die Ölkrise, die Studien des "Club of Rome" und das Sonntagsfahrverbot in den 70er Jahren ausgelöst hatten. Das Auto wird wieder größter Arbeitsplatzbeschaffer im Unterland.

Die "Wirtschaftsförderer" der IHK sowie der Städte und Kreise sind zufrieden. An ihre alten Schwüre, die einseitige Abhängigkeit abzubauen, erinnern sie sich nur noch selten. Strukturpolitik und Standort-Marketing bleiben Fremdwörter. 1980 beteiligt sich die Region Franken an der Hannover Messe - mit einem langweiligen Stand. Kaum jemand bemerkt, daß es dabei um Heilbronn und die benachbarten Kreise geht, denn Franken bringen Außenstehende bestenfalls mit Bayern in Verbindung.

1993 tritt die Region in Hannover mit einem neuen "Marketing-Signet" auf. Es soll der Beginn eines "groß angelegten Werbefeldzuges" sein. Der Slogan: "Jede Menge Perspektiven - Wirtschaftsregion Heilbronn, Hohenlohe, Main-Tauber, Schwäbisch Hall". Ein Zungenbrecher, für den die IHK und die Kommunen bei einer Frankfurter Werbeagentur viel Geld bezahlt haben. Statt der versprochenen "Perspektiven" wird "jede Menge" Trollinger kredenzt. Heilbronn zählt schließlich zu den größten deutschen Weinbaugemeinden. Und nicht mit High- oder Öko-tech-Vertretern, sondern mit Weinkönigin Grit I. läßt sich IHK-Präsident Otto Christ ablichten. Abschreckend für junge Wirtschaftstalente, die einen neuen Standort suchen.

Gute Ideen für eine zielgruppenorientierte Werbekampagne gehen im Gerangel der beteiligten Bürgermeister und Landräte sowie der IHK und der

Handwerkskammer unter. Nicht einmal im Krisenjahr 1993 schafft man einen nennenswerten Durchbruch. Kläglich wirkt der Hinweis auf erste Anzeigen in der "Frankfurter Allgemeinen Zeitung" und im "Capital". Zwar kürzen die Honoratioren 1994 den Zungenbrecher-Slogan, aber bieder bleiben die Anzeigen dennoch. So wirbt Heilbronn jetzt mit der Zukunftsperspektive "Am Anfang war das Salz". Soll aus der "Käthchen und Weinstadt" also wieder die alte "Salzstadt" werden? Peinlich schon deshalb, weil das 170 Jahre alte Soda-Werke gerade dicht macht und die Südwestdeutsche Salzwerke AG (SWS) den Abbau in Kochendorf 1994 kurz vor dem hundertsten Geburtstag einstellt. Statt dessen will man dort Giftmüll lagern: Ein lukratives Geschäft, das die drohende Pleite abgewendet hat, kommentiert Thomas Dorn in der Heilbronner Stimme.

Und wie hat sich das Unterland in den 80er Jahren auf die absehbare Strukturkrise vorbereitet? Das Amt für Stadtentwicklung und Stadtforschung in Heilbronn veröffentlicht dazu im Rezessionsjahr 1982 eine beängstigende Bilanz: Seit 1970 ging die Zahl der in der Heilbronner Industrie beschäftigten Personen um knapp 30 Prozent auf 19.700 zurück. Dies kann der wachsende Dienstleistungssektor bei weitem nicht auffangen. Das Amt rechnet für Heilbronn wenigstens mittelfristig mit einem hohen Sockel an Dauerarbeitslosigkeit.

Die Erschließung des Industriegebiets "Böllinger Höfe" Ende der 70er Jahre kommt zu spät. Die große Zeit der Industrieansiedlungen ist vorbei. Und das alte Industriegebiet am Neckar läßt die Stadt seit Jahren verkommen. Aus dem ältesten und größten zusammenhängenden Industriegebiet Württembergs wird ein Symbol des Niedergangs.

Warnungen mißachtet

1985 nennt Götz Meidinger in seinem Buch über "Die Entwicklung der Heilbronner Industrie" erschreckende Perspektiven: "Bei etwas steigender Arbeitsplatzzahl im Dienstleistungssektor wird auch weiterhin im wesentlichen der produzierende Sektor von Arbeitsplatzverlusten betroffen sein." Etwa 8.500 bis 9.000 neue Stellen müßten geschaffen werden, um Vollbeschäftigung zu erreichen. Meidinger: "Will die Stadt Heilbronn als Oberzentrum eines bedeutenden Wirtschaftsraumes bis zum Jahr 1990 auch ihre herausragende Arbeitsplatzzentralität erhalten, so müssen bis dahin - um eine Vollbeschäftigungssituation zu erreichen - etwa 8.500 bis 9.000 zusätzliche Arbeitsplätze geschaffen werden." Die Verkürzung der Arbeitszeit sei dabei nicht berücksichtigt.

1984 hatte die IG Metall nach einem siebenwöchigen Arbeitskampf tatsächlich den Durchbruch erreicht. Ohne die schrittweise Einführung der 35-Stunden-Woche seit Mitte der 80er Jahre müßten heute im Unterland immerhin 11.500 Männer und Frauen zusätzlich stempeln gehen. So eine Berechnung der Gewerkschaften.

Als Meidinger seine Prognosen veröffentlicht, hat Klaus Zwickel bereits Karriere gemacht. Der "Retter von Audi/NSU in Neckarsulm" ist Bevollmächtigter in Stuttgart, der größten und einflußreichsten Verwaltungsstelle der Metall-Gewerkschaft. Die Auseinandersetzung 1974/75 hat ihm zu hohem Ansehen verholfen. Sie prägt ihn bis heute.

In Stuttgart befürchtet Zwickel Mitte der 80er Jahre Schlimmes, denn die Region ist ähnlich abhängig vom Fahrzeugbau wie der Raum Heilbronn/ Neckarsulm. Allerdings wäre mit dem Stuttgarter Raum eines der größten Industriegebiete Europas betroffen. Zudem sagen Wissenschaftler Anfang und Mitte der 80er Jahre immer wieder Überkapazitäten im Fahrzeugbau voraus. Zwickel beauftragt deshalb das Institut für Medienforschung und Urbanistik (IMU) in München mit einer Strukturanalyse. Die Hans-Böckler-Stiftung, das Land Baden-Württemberg und die Stadt Stuttgart - letztere mit einem eher symbolischen Betrag - unterstützen das Projekt finanziell.

Ralf Konstanzer, Zwickels Nachfolger im Neckarsulmer IGM-Büro, kümmert sich nicht mehr um die Strukturpolitik. Auch in der Ortsverwaltung der Metaller ist dies kein Thema. Erst nach dem Wechsel zu Frank Stroh entdeckt die Gewerkschaft im Unterland das Thema wieder. Stroh läßt zusammen mit zwei Nachbarverwaltungsstellen Ende der 80er Jahre die Region Franken untersuchen. Die Ergebnisse der beiden Untersuchungen ähneln sich in einem wesentlichen Punkt. Beide Gebiete sind extrem abhängig vom Maschinenbau, der Elektroindustrie sowie vom Fahrzeugbau, der aus weit mehr besteht als den Firmen Audi, Mercedes und Porsche.

Das IMU prognostiziert (für Stuttgart und den Kreis Böblingen) für Ende der 90er Jahre einen Abbau von 33.000 Stellen, allein 23.000 im Fahrzeugbau. Nicht berücksichtigt sind dabei konjunkturelle Einflüsse. Doch die Wirklichkeit überholt die Gutachter. Die Region verliert 1992 und 1993 in der Elektro- und Metallindustrie 34.000 Stellen.

Der Vereinigungsboom hatte die vorhergesagte Entwicklung zunächst ins Gegenteil verkehrt: Er wirkt wie ein gigantisches Konjunkturprogramm. Die Wirtschaft blendet sich selbst und läßt sich blenden - von Politikern, die einen riesigen Ostmarkt ("blühende Landschaften") versprechen. Warnende Stimmen können dabei nur stören. So ist es nicht verwunderlich, daß die IMU-Leute heftige Prügel einstecken müssen. Das Gutachten würde "einseitige Trends hochrechnen", meckert der damalige baden-württembergische Wirtschaftsminister Martin Herzog (CDU). Die Politik des Landes trage dazu bei, den Strukturwandel auch in Branchen wie dem Straßenfahrzeugbau und der Elektrotechnik zu bewältigen "und die befürchteten Folgen nicht entstehen zu lassen".

Die Wirtschaft wirft den IMU-Experten Schwarzmalerei vor. Daimler-Sprecher Matthias Kleinert erklärt, man habe die Weichen "für eine langfristige Sicherung und Neuschaffung von Arbeitsplätzen" gestellt. Ähnlich äußert sich Berthold Leibinger für die Industrie- und Handelskammer Stuttgart. Die Alternativen der IMU-Studie werden von den meisten verantwortlichen Politikern und Spitzenmanagern belächelt. Nur die damaligen Oppositionsparteien, SPD und Grüne, fordern Konsequenzen. Der heutige Wirtschaftsminister Dieter Spöri (SPD) warnt vor einem "Liverpool der 90er Jahre". Der Vergleich hat Geschichte und zwar im Unterland, denn in den Boomjahren der beiden Industriestädte lobte sich Heilbronn gern selbst als "Schwäbisch Liverpool".

Nicht so heftig ist die Reaktion auf die "Strukturanalyse des Arbeitsmarktes in der Region Franken". Die IG Metall Heilbronn/Neckarsulm, Schwäbisch Hall und Tauberbischofsheim hatten damit die Sozialökonomin Ulrike Zenke beauftragt. Die Studie problematisiert zum erstenmal die gängigen Statistiken, in denen Zulieferer meist nur Erstausstatter sind, die beispielsweise Motorblöcke, Glasscheiben oder Polster liefern. Doch viele Werkzeug- und Maschinenhersteller arbeiten ebenfalls für die Kfz-Branche.

Die Autoindustrie im Unterland, so die Einschätzung der Wissenschaftlerin, beschäftigt inklusive Zulieferern weit über die Hälfte aller Arbeiter

Arbeitsamt in Heilbronn, 1993: Auch Facharbeiter müssen stempeln gehen

und Angestellten. Selbst das Heilbronner Sodawerk hat etwas mit dem Auto zu tun, denn Soda wird zur Herstellung von Fensterscheiben benötigt und die wiederum braucht die Autoindustrie - pro Wagen sieben Kilogramm.

Differenziertere statistische Angaben zum Thema Zulieferer gibt es für die Region nicht. Ulrike Zenke versucht deshalb, sich über eine Befragung von Zulieferbetrieben dem Thema anzunähern; sie beschränkt sich dabei auf Firmen der Metall- und Elektroindustrie. Beispiel Temic Telefunken Microelectronic GmbH: Das einstige AEG-Telefunken-Werk fertigt Microchips. Das Unternehmen, das über die AEG und DASA zum Daimler-Konzern gehört, liefert aber über 40 Prozent an Kfz-Ausrüster. Schließlich kommen Antiblockier-Systeme (ABS) und Sichheitsluftsäcke (Airbag) nicht ohne Mikroelektronik aus.

Zweites Beispiel: Die Firma Läpple. Die Werkzeugbaufirma kam 1950 von Weinsberg nach Heilbronn und hat ihre Belegschaft inzwischen beinahe vervierfacht. Läpple baut vor allem Maschinen für die Herstellung von Karosserieteilen und fertigt Preßteile für die Kfz-Industrie. Genauso abhängig von den Autobauern sind viele andere kleine und große Maschinen- und Werkzeugbauer.

Ulrike Zenke erwartet 1991 für die kommenden Jahren "einige unliebsame Überraschungen" auf dem Arbeitsmarkt. Im Gegensatz zur IMU-Studie nennt sie keine Zahlen, sagt aber vor allem im Bereich der an- und ungelernten Beschäftigten ein Anwachsen der Arbeitslosigkeit voraus. Die Studie wendet sich gegen "die traditionelle Industrieansiedlungspolitik, die nur auf Quantität setze und soziale und ökologisch Erfordernisse kaum gelten läßt". Statt dessen müsse man an den bestehenden Betrieben ansetzen. Die Sozialökonomin fordert für die Region "Innovationen, die es ermöglichen, neue ressourcenschonende Produktionsverfahren und neue Produkte zu entwikkeln". Dies sei aber nur möglich, wenn die großen Defizite schnell behoben werden. Beispielsweise im Bereich Forschung und Entwicklung.

Ulrike Zenke schlägt die Einrichtung eines "Strukturbeirats" vor, in dem unter anderen die Gewerkschaften, die Unternehmerverbände, die Kommunen, die IHK und das Arbeitsamt zusammenarbeiten könnten. Dies ist für das Unterland etwas neues, denn Wirtschaft und Kommunen halten die Gewerkschaft seither von den Entscheidungsprozessen fern.

Des weiteren hält die Sozialökonomin eine "Qualifizierungsoffensive" für erforderlich. Bedarf bestehe vor allem für an- und ungelernte Arbeiterinnen und Arbeiter, denn traditionelle Ausbildungsträger wie die IHK böten diesen Gruppen kaum etwas an. Deshalb eröffnet die IG Metall im Sommer 1993 ein Büro für Qualifizierungsberatung, das finanziell knapp zur Hälfte von der Landesregierung getragen wird.

Die Vorarbeiten dafür gehen noch zurück auf die Zeit der CDU-Alleinregierung. Hermann Mühlbeyer, der Staatssekretär im Arbeits- und

Sozialministerium, hatte sich für den Standort seines Wahlkreises eingesetzt. Gleichzeitig fördert das Land Projekte der IHK, der Handwerkskammer sowie der Rationalisierungskommission der deutschen Wirtschaft in Stuttgart und Villingen-Schwenningen. Doch die Beratungsstellen kommen zu spät. Wirtschaft und Arbeitsamt greifen im Krisenjahr '93 zum Rotstift. Die Mittel für dringend erforderliche Fortbildung fließen nur noch spärlich. Auch die beste Beratung kann dagegen nicht ankommen.

Audi wiegelt ab

Die Reaktionen auf das Zenke-Gutachten: Die IHK und der Verband der Metallindustrie warnen vor Schwarzmalerei. Auch Audi wiegelt ab. Der Grad der Abhängigkeit von der Automobilindustrie sei "nicht übermäßig groß", heißt es in einer Stellungnahme. "Vor dem Hintergrund dieser teilweise doch abweichenden Auswertung" sei verständlich, daß Audi "auch die vier großen Problemfelder Beschäftigungsstruktur, Zulieferstruktur, Arbeitslosigkeit und Weiterbildungsangebot in der dargestellten Form nicht uneingeschränkt übernehmen würde".

Audi verweist auf die neuen Betriebe im Landkreis Heilbronn, bei denen der Maschinenbau dominiere. Dies zeige, "daß die Neuansiedlungen die Abhängigkeit vom Fahrzeugbau bereits verringert haben". Auch die Umsätze im Maschinenbau und in der Elektrotechnik seien stärker gestiegen als im Fahrzeugbau. Wunschträume, denn viele dieser Maschinenbauer und die Elektrobranche sind von Audi und den zahlreichen Zulieferern abhängig. Ulrike Zenkes Studie hatte Recht. Die Entwicklung hat sie allerdings bereits 1993 überholt.

Für die IG Metall ist die Studie der Ausgangspunkt für ein vielfältiges Engagement im Bereich regionaler Strukturpolitik. Dabei unterscheiden sich die Unterländer von manch anderer Verwaltungsstelle im wirtschaftlich verwöhnten Süden - eine Ausnahme ist beispielsweise Nürnberg. Die IG Metall im Raum Heilbronn stößt Diskussionen an, wie man es eher von innovativen Wirtschaftspolitikern der IHK, der Kommunen sowie von Spitzenmanagern und Unternehmern erwartet hätte.

Obwohl es wirtschaftlich 1990 und 1991 stetig bergauf geht und obwohl die Industrie täglich über den zunehmenden Facharbeitermangel jammert, versucht IGM-Chef Frank Stroh die Verantwortlichen in die Pflicht zu nehmen. Die Strukturanalyse soll nicht in den Schubladen verstauben. Über eine Reihe von Konferenzen und eine geschickte Pressearbeit bestimmt die IG Metall zeitweise die Themen der Debatte.

Die wichtigsten Ereignisse in Stichworten: Podiumsdiskussion zur Strukturanalyse, Konferenz zum Thema Krise der Automobilzulieferer, Tagung über die Zukunft der Halbleiterindustrie, Qualifizierungsmesse, Forum

"Zukunft der Automobilindustrie", gemeinsames Seminar mit der Regionalgruppe des Verbandes der Metallindustrie (VMI) über Personalentwicklung. Die Tagungen sind zum Teil mit hochkarätigen Experten besetzt, aber vor allem mit Entscheidungsträgern aus der Region. Immer sind Vertreter der Wirtschaft mit dabei. IG-Metall-Bevollmächtigter Stroh ist mit den Ergebnissen nicht zufrieden. Bei Audi wird zwar 1992 immer noch kräftig in die Hände gespuckt. Doch der Schein trügt. Da sich in der Politik und Wirtschaft nichts tut, rufen die IG Metall und der DGB im Oktober zu einer Demonstration nach Heilbronn. Die Gewerkschafter protestieren gegen den zunehmenden Sozialabbau in Bonn und für eine zukunftsorientierte Industrie- und Strukturpolitik in ihrer Region. Doch Stroh und seine Mitstreiterinnen und Mitstreiter sind enttäuscht über die vergleichsweise geringe Beteiligung. Auch in den eigenen Reihen hätte man noch nicht begriffen, was dem Unterland bevorsteht.

Die kommende Krise deutet sich bereits an, aber kaum jemand will es wahrhaben. Die Arbeitslosigkeit ist innerhalb eines Jahres von 3,6 auf fünf Prozent gestiegen. Doch nicht einmal aus Krisenbetrieben wie dem Automobilzulieferer Kaco kommt eine größere Zahl von Beschäftigten zur Protest-Kundgebung.

Die Gewerkschaften im Unterland geben Anfang der 90er Jahre ihre zumindest bei der IG Metall in Baden-Württemberg seit Jahrzehnten gepflegte Zurückhaltung im Bereich der Politik auf. Immer wieder spricht man mit den Fraktionen verschiedener Städte, des Kreises und des Regionalverbandes. Und erstmals bewerben sich innerhalb der SPD wieder Gewerkschafter, die sich seither kaum in ihrer Partei engagiert haben, für diverse Mandate vom Gemeinderat bis zum Bundestag.

Während Frank Stroh und sein Vorgänger Ralf Konstanzer zu den Wahlkreisabgeordneten früher eher ein distanziertes Verhältnis hatten, trifft sich Stroh jetzt häufiger mit Dieter Spöri, dem stellvertretenden Regierungschef und Wirtschaftsminister der großen Koalition in Stuttgart. Er besucht den SPD-Minister zusammen mit Betriebsräten, mit Vertretern der IHK oder Heilbronns OB Weinmann. In Boom-Zeiten wäre letzteres undenkbar gewesen.

Immer wieder warnt der Metaller den Genossen Minister vor den Folgen der Krise. Zitat aus einer Unterredung im Sommer 1993: "Du kannst anschauen, welche Branche du willst. Uns beutelt es rundum. Und wenn wir nicht wirklich versuchen, hier in dem Bereich Ersatzarbeitsplätze eine Diskussion voran zu bringen und gemeinsam zu Ergebnissen kommen, dann denk ich, kannst du das Wirtschaftssystem der Katz geben." Die Gewerkschaft denkt langfristig. IG-Metall-Chef Stroh fordert Alternativarbeitsplätze. Denn auch nach der Rezession werde die Region Schwierigkeiten haben, falls die Abhängigkeit vom Automobil erhalten bleibt.

Wirtschaftsminister Spöri möchte die Automobilproduktion wieder ankurbeln: "Ich bin ganz entschieden für eine Investitionszulage und zwar zeitlich befristet. Und zwar mit dem Ziel, Investitionen vorzuziehen." Kapazitätserweiterungen seien derzeit nicht möglich. "Aber Modernisierungsinvestitionen, Ersatzbeschaffung für Pkws usw. Wir brauchen jetzt wieder Druck im Pkw-Bereich, weil da der ganze Zulieferbereich hinten dranhängt", sagt Spöri den Metallern in seinem Stuttgarter Büro. So könne man zumindest aus dem konjunkturellen Loch herauskommen. Aber dafür sei Bonn zuständig. Die Kohl-Regierung solle sich an der Politik des früheren Bundeskanzlers Helmut Schmidt orientieren.

Gratwanderung für Betriebsräte

Die IG Metall wird für die Wirtschaft immer wichtiger. Ohne die Gewerkschaft und die Betriebsräte geht in vielen Krisenbetrieben nichts mehr. Man ist zu bisher kaum denkbaren Zugeständnissen bereit, will dafür aber auch Konzepte für die Zukunft sehen. Eine Gratwanderung für die Interessenvertreter der abhängig Beschäftigten, denn viele Menschen bleiben auf der Strecke. Enttäuschung und Unmut könnten auch die Gewerkschaften treffen. So marschierte eine ehemalige Kaco-Arbeiterin mit einem Schild bei der Oktober-Demonstration der Gewerkschaften mit, um IG Metall und Betriebsrat für ihre Entlassung verantwortlich zu machen.

Manager und Unternehmer bedienen sich seit Beginn der Krise zunehmend der guten Kontakte der IG Metall zu Dieter Spöri, der die Betriebe mit Hilfe des Staates vor dem Ruin retten soll. Ein Novum für Bundesländer und Industrie-Lenker, die lange Zeit unter schwarzen Regierungen schwarze Zahlen schrieben. Der wirtschaftliche Niedergang bringt auch die Unterländer IHK näher an die Gewerkschaften.

Die IG Metall braucht keinen "Strukturrat" mehr zu fordern. Sie sitzt seit 1993 im von der IHK "moderierten" Arbeitskreis Wirtschaftsförderung, der nach der Audi-Krise 1975 gegründet nichts Nennenswertes zustande gebracht hat. Die Gewerkschaft macht auch mit bei der "Arbeitsgruppe Strukturveränderungen". Im Sommer laden IHK, IG Metall und Fachhochschule zu einer Auto-Recycling-Konferenz. Eine Idee von Frank Stroh. Er hatte das Thema bei der Protestkundgebung 1992 zum ersten Mal in die Debatte geworfen.

Die Unterländer IG Metall setzt auf die Umwelttechnologie. Damit decken sich die Gewerkschaftsvorstellungen zum Teil mit denen des Prognos-Instituts. Die Gutachter Konrad Roesler und Toni F. Schlegel schlagen vor, Heilbronn zu einem "modernen, umweltorientierten Industriestandort" weiterzuentwickeln. Auch in der Stadtverwaltung haben die Krise und die Gutachten zugutterletzt zu einem vorsichtigen Umdenken geführt. Erster Bürgermeister Werner Grau will sich mit dem Image der "Käthchen- und Weinstadt" nicht mehr begnügen. Heilbronn könne "seine Chance als bedeutendes Zentrum für Umwelttechnologie bekommen", greift Grau 1994 Ideen der IG Metall und der Prognos-Experten auf.

Die größten Märkte der 90er Jahre, so die Prognos-Studie, werden nicht im Bereich der klassischen Technologien der Abwasserbehandlung und der Abfallverbrennung liegen, sondern im Recycling und der Altlastensanierung. Auf diesem Gebiet sei Deutschland im internationalen Vergleich, besonders mit den USA, unterentwickelt. Der Nachholbedarf in den neuen Bundesländern, Umweltabgaben, Rücknahmepflichten oder Entsorgungspfand würden die Nachfrage nach Umwelttechnologien in den nächsten Jahren drastisch erhöhen.

Das Besondere bei der Umwelttechnologie liege in der Vernetzung verschiedener Technologien. Interessant sei die Sparte vor allem für die Meß- und Regeltechnik, die Energietechnik, die Biotechnologie, die Mikrowellentechnik, die Plasmatechnik und die Photovoltaik. Ähnlich ist die Aufzählung der IG Metall. Doch wird man in Deutschland die Chance wahrnehmen, bevor die Japaner wieder den gesamten Markt erobert haben?

Kurzfristig jedenfalls ist kein Licht am Ende des Tunnels in Sicht. Der Unterländer IG-Metall-Chef Frank Stroh hat deshalb dort Rat gesucht, wo die Gewerkschaften bereits seit 1991 mit Massenarbeitslosigkeit zu kämpfen haben, in den neuen Bundesländern. "Vielleicht können uns die Erfahrungen mit Beschäftigungsgesellschaften und andere Modelle weiterhelfen", hofft Stroh.

Auch mittel- und langfristig gibt es kaum Perspektiven, solange die gesellschaftlichen und wirtschaftlichen Rahmenbedingungen nicht stimmen. Wenig Hoffnung für die ehemaligen Arbeiter der Obersulmer Pleitefirma Wiederhold, wenig Hoffnung für die früheren Kali-Chemie-Werker, die entlassenen Kaco-Frauen und die vielen anderen Menschen, die unsere Gesellschaft beim Arbeits- oder Sozialamt "entsorgt".

Auch wenn nach dem Ende der derzeitigen konjunkturellen Talfahrt viele der verbliebenen Betriebe wieder schwarze Zahlen schreiben sollten, wird ein "Arbeitslosensockel" von rund sechs Millionen Menschen übrig bleiben, die einen Job suchen - Jugendliche, Alleinstehende, Väter und Mütter. Und im Stadt- und Landkreis Heilbronn werden weiterhin über 20.000 Arbeitsplätze fehlen. Die Produktivität der Industriebetriebe wird um bis zu 30 Prozent zugenommen haben. Die Massenkaufkraft wird einen in der Geschichte der BRD einmaligen Rückgang erlebt haben. Und Baden-Württemberg und das Unterland werden sich weiterhin mit ihrer einseitigen Wirtschaftsstruktur herumschlagen.

Hermann G. Abmayr

Der Krösus der Region: ein Krisenbetrieb

Schon mehrmals standen die Autobauer in Neckarsulm vor dem Aus

Neckarsulm, März 1994: Tausende Audianer haben den Arbeitsplatz verlassen und marschieren am Marktplatz vorbei in Richtung Autobahn. Es ist derselbe Weg, den sie vor 19 Jahren schon einmal gingen. Auch damals lief Theo Schirmer in der ersten Reihe, ein bulliger Elektriker im "Blauen Anton", der drei Jahre zuvor erstmals in den Betriebsrat gewählt worden war. 1994 ist er Vorsitzender, die alte Arbeitskleidung hängt längst im Kleiderschrank. Der 52jährige trägt eine dunkle Jacke und einen schwarzen Pullover. Er hat Falten im Gesicht bekommen; aus dem kämpferischen Blick der

Demonstration der Audianer anläßlich der Tarifrunde 1994

Später baute man nur noch Autos: NSU-Fahrradeinspeicherei 1961

70er Jahre ist ein sorgenvoller geworden, denn Audi, der Krösus der Region, ist ein Krisenbetrieb.

1994 machen die Audianer aber bereits vor der Autobahn halt. Sie treffen sich am Ortsausgang von Neckarsulm mit Metallern aus Heilbronn, die zu Fuß oder in Bussen angekommen sind. Großkundgebung im zweiten Krisenjahr der 90er Jahre. Tarifauseinandersetzung. Schirmer weicht gleich zu Beginn seiner Rede vom Manuskript ab. Er muß seine Gedanken an die Krise von Audi-NSU - so hieß das Werk damals - loswerden. "Schon einmal sind wir hier marschiert", erinnert er ohne jedes Pathos. "Damals ging es um die Existenz des Werkes Neckarsulm."

Theo Schirmer wird den Kampf nie vergessen. Er kam 1961 vom zweitgrößten Betrieb der Region, der Kolbenschmidt AG, zu Audi, wo neben Fahr- und Motorrädern seit vier Jahren auch wieder Autos gebaut werden. Schirmer montiert ein Jahr lang den "Prinz". Mit dem legendären Kleinwagen hatte die NSU nach über 30 Jahren ihr Comeback auf dem Automobilmarkt gefeiert. Denn seit der Weltwirtschaftskrise baute die Firma keine vierrädrigen Fortbewegungsmittel mehr. Aber nach nicht einmal 20 Jahren steht die Region wieder am Rande des Abgrunds. Die erste große Auto-Krise nach den Wirtschaftswunderjahren erwischt die Manager kalt.

Der Krösus der Region: ein Krisenbetrieb

1974: Die Auto-Halden wachsen und wachsen. Die Audi-NSU-Mutter VW gerät ins Schlingern, fährt Verluste in Höhe von 800 Millionen Mark ein. Die Konzernspitze um Rudolf Leiding, der bald von Toni Schmücker abgelöst werden wird, will überflüssige Produktionskapazitäten abbauen. Es trifft das jüngste Glied, die Auto-Bauer in Neckarsulm (mit den Werksteilen Heilbronn und Neuenstein). Die Volkswagen AG hatte es sich erst 1969 einverleibt - ohne die Zweiradproduktion, die nach 77 Jahren Anfang der 60er Jahre eingestellt worden war.

1973 ist für Audi-NSU ein "Spitzenjahrgang", vergleichbar mit 1992, zumindest bei der Entwicklung des Absatzes. Der Audi 80 läuft so gut, daß VW einspringen muß. Die Personalabteilungen suchen Arbeitskräfte. Audi-NSU-Abgesandte fahren Anfang der 70er Jahre mit Bussen in die Türkei, um Leute anzuwerben. So kann man noch einmal 2.700 Menschen einstellen. Firmenrekord: 34.000 Beschäftigte stehen auf den Lohn- und Gehaltslisten, 27.000 in Ingolstadt, 13.000 in Neckarsulm. Und noch im Herbst prophezeit Vorstandsvorsitzender Werner P. Schmidt für 1974 "einen weiteren Bedarf an Mitarbeitern".

Das erinnert an Ferdinand Piëch. Auch er gibt Audi ein Jahr vor der Krise noch einmal Stoff. Trotz verschiedener Warnungen in der Vorstandsetage und seitens des Betriebsrats läßt der selbstherrliche Audi-Boß 1992 Sonderschichten und Überstunden fahren und treibt die Produktion auf ungeahnte Höhen. Dabei gab es bereits im August einen Auftragseinbruch, und im September forderte der Betriebsrat Kurzarbeit. Trotz Umsatzrekord muß Piëch einen drastischen Einbruch beim Gewinn hinnehmen.

Dennoch läßt sich der Porsche-Enkel unbekümmert bei der Hauptversammlung und in den Medien feiern. "Audi meldet Rekordzahlen", heißt es. "Mehr als 450.000 Fahrzeuge liefen im letzten Jahr vom Band", meldet die Landesschau. "Im ersten Halbjahr 1992 erzielte das Unternehmen ein Umsatzplus von 20%. Auf der Hauptversammlung in Neckarsulm gab es daher nur strahlende Gesichter."

Ferdinand Piëch will so schnell wie möglich die Führung von Volkswagen übernehmen. Deshalb muß sich der Milliardär mit dem Ehrendoktortitel gegenüber den Anteilseignern als der beste Nachfolger des angeschlagenen VW-Bosses Carl Hahn empfehlen. Der Audi-Chef befürchtet, daß sich Niedersachsens Ministerpräsident Gerhard Schröder (SPD) und IG-Metall-Chef Franz Steinkühler - das Land Niedersachsen hat zusammen mit den Beschäftigten-Vertretern die Mehrheit im Aufsichtsrat - für den Querdenker Daniel Goeudevert entscheiden könnten, den Hahn bereits nach Wolfsburg geholt hatte.

Zurück ins Krisenjahr 1974: In der ersten Jahreshälfte gibt es Gerüchte über Massenentlassungen. VW und Audi weisen sie strikt zurück. Der damalige Audi-NSU-Personalchef und spätere Vorstandsvorsitzende Wolfgang

R. Habbel versichert der Belegschaft, daß "nach wie vor in Neckarsulm in der Größenordnung wie bisher" Autos gebaut werden.

Doch 1974 sinkt die Produktion bei Audi um 24 Prozent; 92.000 Fahrzeuge stehen auf Halde. Hans-Joachim Werner und Siegfried Hörmann haben in ihrem Buch "Fritz Böhm - Streiter für Arbeit und Recht" errechnet, daß die überzähligen Audis "Tag für Tag allein einen Zinsaufwand von 100.000 Mark verschlingen".

Der "dicke Hammer" für Neckarsulm sollte erst im zweiten Krisenjahr kommen, die geplante Schließung. Aus dem Gerücht wird bitterer Ernst. Anfang des Jahres wird eine Studie bekannt, wonach VW die Standorte Neckarsulm, Hannover, Braunschweig, Salzgitter und Emden schließen will. Der Vertreter der Bundesregierung im VW-Aufsichtsrat verkündet, die Stillegung von Neckarsulm sei besiegelt. Wolfsburg dementiert abermals.

Klaus Zwickel, heute IG-Metall-Chef in Frankfurt, erinnert gern an den Kampf um den Erhalt von Audi-NSU in Neckarsulm im Jahre 74/75. "Spätestens diese erste Automobilkrise hat in den Belegschaften und in der IG Metall den Blick geschärft, vom Glauben der Unendlichkeit der Automobilentwicklung Abschied zu nehmen und sich gründlich mit strukturpolitischen Fragen auseinanderzusetzen", erklärt er im Herbst 1992 bei einer Kundgebung in Heilbronn.

Zunächst ist 1975 aber auch der IG Metall das Hemd näher als der Rock. Es gilt, die von VW verordnete Werksschließung zu verhindern. Und ohne Klaus Zwickel, das belegt eine Studie von Egon Endres, hätte die Region heute vermutlich kein Automobilwerk mehr, wäre aus dem Unterland schwäbisches Ödland geworden. Der Industriesoziologe hatte Zugang zu internen Papieren bei VW und Audi, beim Betriebsrat und bei der IG Metall. In seinem Buch "Macht und Solidarität" beschreibt er aufschlußreich die Rolle der damals beteiligten Personen und die wirtschaftlichen und politischen Hintergründe.

Zwickel kann 1975 weder auf den Betriebsrat in Neckarsulm und Ingolstadt - sie waren zudem untereinander verfeindet - noch auf die anderen VW-Betriebsräte bauen. Auch die IG Metall-Spitze unter Eugen Loderer verhält sich eher abwartend. Zwickels großes Vorbild, der langjährige IG-Metall-Bezirksleiter Willi Bleicher, gibt dem jungen Ortsbevollmächtigten keine Chance: "Wenn sich das Kapital entschlossen hat, den Betrieb zu schließen, und dies bereits öffentlich angekündigt wurde", sagt Bleicher, "werden die nichts mehr zurücknehmen." (Zitiert nach Hermann G. Abmayr, "Wir brauchen kein Denkmal - Willi Bleicher, der Arbeiterführer und seine Erben".)

Dennoch versucht Zwickel das Unmögliche. Seine Bündnispartner sind Franz Steinkühler, der damalige Bezirksleiter in Baden-Württemberg und Neckarsulms Oberbürgermeister Erhard Klotz. Bei Audi/NSU kann der Be-

1975: 7000 Audianer marschieren zuletzt von Neckarsulm nach Heilbronn

vollmächtigte auf die Funktionäre des kleinen Heilbronner Werks und den jungen Vertrauensleutekörper der IG Metall in Neckarsulm zählen. Auch Theo Schirmer gehört damals zu den Aktivisten. Das Verhältnis zwischen den kämpferischen, aber unerfahrenen Vertrauensleuten und dem abwartenden Betriebsratsvorsitzenden Karl Walz ist äußerst gespannt.

In der Auseinandersetzung beweist Zwickel seine taktischen Fähigkeiten. Es gelingt ihm, den Betriebsrat zumindest teilweise in die Aktionen einzubeziehen. Doch ohne die Audi-NSU-Beschäftigten wäre auch Zwickel auf einsamem Posten geblieben. Auch die Angestellten setzen sich zur Wehr. Anfang April beispielsweise lösen 250 Gehaltsempfänger durch eine spontane Arbeitsniederlegung einen Massenstreik aus. Man droht mit einem "Marsch nach Wolfsburg".

Aktionswochen, Großkundgebungen, Umzüge. Zuletzt verließen am 18. April 7.000 empörte Audi-Werker den Betrieb. An ihrer Spitze Klaus Zwickel. Theo Schirmer erinnert sich daran, daß der Weg und der Zielpunkt des Zuges zunächst nicht feststanden. Doch bald sind die Demonstranten auf der Bundesstraße und marschieren weiter Richtung Heilbronn. Klaus Zwickel hatte bereits zuvor verkündet, daß die Kollegen des dortigen Werks die Arbeit niedergelegt hatten. Immer wieder fordert die Menge "Wir wollen Arbeit". "Noch bei der nahegelegenen Autobahnunterführung war unklar, ob es nicht zu einer Besetzung der Autobahn kommen würde", faßt Autor Egon Endres die explosive Stimmung dieses Tages zusammen.

Mit dem 15 Kilometer langen Zug, der fast vier Stunden dauert, erlebt die Region die größte Demonstration der Nachkriegsgeschichte. Der Protest lohnt sich. Das Auto bleibt Neckarsulm erhalten. Trotzdem wird die Hälfte der Arbeitsplätze geopfert. Die beiden kleinen Werke werden geschlossen beziehungsweise verkauft.

Es herrscht wieder Ruhe im Audi-Land. Das Quattrozeitalter beginnt. "Fortschritt durch Technik": 1980 wird der Audi "quattro" mit permanentem Alleradantrieb präsentiert. Zwischen 1976 und '82 hat sich die Produktion in Neckarsulm verdreifacht. Zehn Jahre später wurden sechsmal so viel Blechkisten zusammengebaut: 154.000 Audis verlassen Neckarsulm. Werksrekord ein Jahr vor dem Kollaps 1993.

Die goldenen 80er Jahre: Das Audi-Land boomt. Immer mehr Menschen im Unterland arbeiten für den Fahrzeugbau - jeder dritte direkt und noch einmal etwa jeder dritte indirekt; genaue Zahlen gibt es nicht. Und 1992 erlebt die Produktionsschlacht unter Ferdinand Piëch ihren Höhepunkt. Der Alleinherrscher aus Österreich treibt den Umsatz um neun Prozent in die Höhe.

Krisenstimmung: Piëch hinterläßt 120.000 unverkaufte Audis

Ergebnis: Piëch hinterläßt seinem Nachfolger Franz-Josef Kortüm 120.000 unverkaufte Fahrzeuge. Und diesen Autoberg kann der ehemalige Leiter einer Mercedes-Vertretung in Bonn nur teilweise abbauen. 1993 wird zum schwarzen Jahr: Audi schreibt mit 148 Millionen Mark Verlust (vor Steuern) tiefrote Zahlen. Der Umsatz geht um ein Viertel auf 12,6 Milliarden zurück, die Produktion wird um ein Drittel (auf 341.000 Fahrzeuge) heruntergefahren. Kein anderes deutsches Autowerk erlebt einen derart starken Einbruch. Der Marktanteil verringert sich von 5,7 auf 5,3 Prozent. Audi verliert somit mehr als die anderen Hersteller in Deutschland. In den ersten drei Monaten des Jahres 1994 fällt die Vier-Ringe-Marke sogar auf 4,5 Prozent.

Wie 1993 schickt der Audi-Vorstand die Beschäftigten auch 1974 nach Hause: 59 Tage Kurzarbeit. 19 Jahre später im Jahr Eins nach Piëch: 56 Tage in Neckarsulm, 54 in Ingolstadt. Im Neckarsulmer Werksbereich werden im ersten Krisenjahr der 70er Jahre ein Fünftel der Arbeitsplätze geopfert, in Ingolstadt 13 Prozent, bei VW 11,5. Im Jahr 1993, dem ersten Krisenjahr der 90er Jahre, streicht Franz-Josef Kortüm in Ingolstadt und Neckarsulm gegenüber dem Vorjahr über elf Prozent der Stellen. Weitere 1.000 werden 1994 folgen. Damit ist Audi neben Porsche auch beim Stellenabbau Spitzenreiter. Die Zahl der Beschäftigten geht von 27.000 (Ingolstadt) und 11.000 (Neckarsulm) im Boomjahr 1991 auf 23.200 bzw. 9.400 Ende 1993 zurück. Audi hat so seit 1987 die Belegschaft von knapp 40.000 auf knapp 33.000 Beschäftigte verringert. Tendenz fallend.

Ohne Verkürzung der Arbeitszeit würde bald jeder vierte Arbeitsplatz verloren sein. Doch entsprechende Forderungen von IG Metall und Betriebsrat lehnt die Firmenspitze zunächst ab. Vorstandsvorsitzender Franz-Josef Kortüm, vor kurzem noch ein Nobody unter Deutschlands Managern, befürchtet dennoch nicht als Jobkiller in die Geschichte der Firma einzugehen: "Nein", antwortet er auf die Frage des unseres Teams, "wir tun dies bei aller Schwierigkeit der Aufgaben in großem Einvernehmen mit den Arbeitnehmervertretern. Wir wissen, daß wir unsere Wettbewerbsfähigkeit erhöhen müssen, weiter ausbauen müssen, und dies geht leider nicht ohne entsprechende Personalanpassung."

Wenn der Absatz weiter zurückgeht, könnte das Werk Ingolstadt die Produktion ganz übernehmen und den Audi 100 dort bauen. Der Standort Neckarsulm ist in Gefahr. Wenn der neue Kompakt-Audi ("A3") nicht in Ingolstadt gebaut wird, droht dem Unterland eine schwerere Krise als in den 70er Jahre. Voraussetzung jedoch ist, daß sich der viel zu spät entwickelte Nachfolger des Audi 50 auf dem Markt durchsetzen kann.

Betriebsrat Schirmer warnt: "Ich glaube, viele haben noch nicht begriffen, daß es jetzt ans Eingemachte geht. Wir sagen schon seit Jahren, daß Audi ein Einsteigermodell braucht, um langfristig auf dem Markt existieren zu können. Jetzt endlich ist die Entscheidung im Vorstand gefallen." Doch nach der Plattform-Strategie von Konzernchef Ferdinand Piëch kann der neue Kleinwagen in allen Werken gebaut werden. Deshalb konkurrieren Audi Ingolstadt, VW Mosel, Skoda in der Tschechei und Seat in Spanien miteinander. Alle wollen den Kleinwagen mit den vier Ringen bauen.

Langfristig soll das Einsteiger-Fahrzeug bei Audi einen Produktionsanteil von 20 Prozent erreichen. Dies würde den Audianern fehlen, wenn andere zum Zuge kämen. Der neue Kleinwagen - er wird der unteren Mittelklasse zugerechnet - könnte die Kapazitäten in Ingolstadt auslasten. Der Audi 100 und der Nachfolger des "V 8", der Alu-Audi "A 8", würden dann weiter in Neckarsulm gebaut werden.

Und 20 Jahre zuvor? Ohne den in Ingolstadt entwickelten und produzierten Audi 50, der 1974 auf dem Markt erscheint, wäre der Niedergang der Firma noch rasanter verlaufen. Doch die Wolfsburger gönnen der süddeutschen Tochter den Kleinwagen nicht lange. Sie übernehmen ihn als "Polo". Beschäftigte und Betriebsräte sind stinksauer, denn nach der Einstellung der Produktion in Ingolstadt fehlt dieses Segment bei Audi.

Gesamtbetriebsratsvorsitzender Fritz Böhm und seine Nachfolger verlangen deshalb immer wieder den Bau eines Kleinwagens, da nur er als drittes Standbein Arbeitsplätze sichern könne. Doch dafür interessieren sich

Audi: Halde in Neckarsulm; Kameramann Georg Weiss

Wolfgang R. Habbel und Ferdinand Piëch nicht. Der ehrgeizige Technik-Freak will ganz hoch hinauf. Er will die "vier Ringe" neben dem "Stern aus Untertürkheim" im Himmel der Nobelmarken plazieren. Milliarden wird Audi im Laufe der Jahre für das Prestige-Objekt und die Entwicklung von Motoren und anderen Aggregaten investieren. Parallel zu VW pflegt Piëch in Ingolstadt seine viel zu teure High-Tech-Spielwiese. Der Konzern muß Parallelentwicklungen und deren Folgekosten finanzieren. VW-Chef Hahn läßt Piëch gewähren. Unter ihm selbst wäre dies heute nicht mehr denkbar.

Piëchs "V 8" fährt nur Verluste ein. Ein glatter Fehlstart. Und der zweite Versuch, in die Nobelklasse aufzusteigen, könnte um Jahre zu spät kommen, denn der Absatz der Luxusmodelle ist weltweit innerhalb von drei Jahren um etwa ein Viertel gesunken. Auch Mercedes hat mit seiner Dinosaurier-Klasse große Schwierigkeiten. Statt der geplanten 80.000 verkaufen die Stuttgarter jährlich nur 65.000 S-Klasse-Fahrzeuge.

Ob Piëch mit dem "A 8" den versprochenen "Quantensprung" in die Oberklasse schafft, werden die nächsten Jahre zeigen. Laut "Spiegel" jedenfalls droht der Luxusschlitten, dessen Karosserie ganz aus Aluminium besteht, zur größten Fehlinvestition bei Audi zu werden. Den derzeitigen Audi-Vorstandssprecher Herbert Demel läßt Piëch verkünden, daß man jährlich 20.000 "A 8" verkaufen wolle. Realisten in der Vorstandsetage gehen von 15.000 bis 16.000 aus. Die Arbeiter in Neckarsulm hören die hohen Zahlen gern, denn immerhin gäbe es ohne "A 8" 1.000 Jobs weniger. Von den Beschäftigten, die zum Teil bereits den "V 8" in Gruppenarbeit gefertigt hatten, wird das Äußerste verlangt. Grund: Die "revolutionäre" Alu-Technik hat ihre Tücken. IGM-Vertrauenskörper-Leiter Manfred Schott hofft jedenfalls "auf den schnellen Markterfolg" der neuen Nobel-Karosse.

Aber die Massenproduktion wird den Bestand der beiden Audi-Werke sichern können. Wieviele Arbeitsplätze angesichts einer weltweiten Überkapazität von sechs, nach anderen Berechnungen sogar zehn Millionen Fahrzeugen pro Jahr Ende der 90er Jahre übrig bleiben, weiß heute niemand. Tausende mußten schon gehen, beispielsweise Uwe Hering (Name geändert), der gut zwei Jahre lang bei Audi am Band gearbeitet hatte. Der Schichtarbeiter aus Neckarsulm bekam eine Abfindung von 15.000 Mark. Seit über einem Jahr bezieht er Arbeitslosengeld. Von der Abfindung ist gerade noch die Hälfte übrig. Die Familie hatte sich damit die spärlichen Zahlungen des Arbeitsamtes aufgebessert. Dies war vor allem seit den massiven Kürzungen Anfang 1994 nötig.

Etwa genauso lang wie der Schichtarbeiter Hering in Neckarsulm hat Franz-Josef Kortüm in der Ingolstädter Vorstandsetage gearbeitet. Ferdinand Piëch hatte den früheren Mercedes-Mann im Mai 1992 in den Vorstand geholt. Eine Blitzkarriere über den Chefsessel der Marketing-Abteilung zum Vorstandsvorsitzenden. Doch bereits im Mai 1993 wollte ihn Mentor Piëch wieder los haben. Den Aufsichtsrat hatte er bereits informiert. Der Plan scheiterte an Piëchs Wunsch-Nachfolger Wolfgang Reizle, Chef-Entwickler bei BMW, der in München blieb.

Da sich kaum mehr ein qualifizierter Manager auf einen Schleudersitz von Piëch setzen will, sucht der oberste VW-Lenker einen Mann aus dem eigenen Stall. Anfang 1993 ist die Uhr des Shooting stars endgültig abgelaufen. Piëch findet Kortüm mit drei Millionen Mark ab. Der glücklose Aufsteiger ist damit das vorläufig letzte prominente Opfer der Heuer-und-Feuer-Orgie des Wolfsburger Konzernchefs. In Ingolstadt überlebt nur Personalvorstand Andreas Schleef, ein Sozialdemokrat, der in Bayern gern Wirtschaftsminister werden will.

Zig Millionen Mark kosten Piëchs Personalentscheidungen den Konzern, denn den im internationalen Vergleich weit überbezahlten deutschen Managern wird der Abschied mit hohen Abfindungen und Renten versüßt. Kortüm beispielsweise kassiert nach Ablauf der vertraglich vereinbarten Dienstzeit 1997 lebenslänglich ein üppiges Ruhegeld.

Das Personal muß bluten

Die einstigen Bosse werden also niemals stempeln gehen. Die Einbußen, die ihre "lieben Mitarbeiter" von früher hinnehmen müssen, kennen sie nur vom Hörensagen. Dabei wird das böse Erwachen erst in den kommenden Monaten folgen. Ferdinand Piëch hatte den Ingolstädter Personalchef Andreas Schleef in die Pflicht genommen. Er forderte radikale Einsparungen beim Personal - nach dem VW-Modell.

Die Rechnung ist einfach: Audi beschäftigt Anfang 1994 etwa 3.500 Beschäftigte zuviel. Aufhebungsverträge und Kurzarbeit sind den Wolfsburgern zu teuer. Deshalb soll auch Audi die Arbeitszeit verkürzen. Ohne Lohnausgleich. Der Betriebsrat hatte zwar bereits 1993 eine Verkürzung um eine Stunde vorgeschlagen und sich dabei beim Lohnausgleich kompromißbereit gezeigt, doch damals lehnte Schleef ab.

Anfang 1994 will er die Arbeitszeit gleich um zehn Prozent kürzen. Der Betriebsrat fordert einen Lohnausgleich. Das VW-Modell kann in Süddeutschland nicht unverändert übernommen werden, argumentieren IG Metall und Beschäftigtenvertreter, denn bei VW ist das Lohnniveau viel höher. Doch die bestehenden Tarifverträge lassen die vom Audi-Vorstand vorgesehene Verkürzung der Arbeitszeit ohnehin nicht zu. Erst der Abschluß eines neuen Vertrags Mitte März bringt den Durchbruch. Erstmals kann die wöchentliche Arbeitszeit bis auf 30 Stunden verringert werden. Audi hatte dem Betriebsrat schon zuvor eine Verkürzung auf 32,4 Wochenstunden vorgeschlagen.

Andreas Schleef will im März 1994 keine Kurzarbeit mehr beantragen, obwohl dies noch vier Monate lang möglich wäre - bei sogenannter Strukturarbeitslosigkeit sogar noch länger. Audi spart damit Millionen-Beträge, denn jeder Kurzarbeiter hat Anspruch auf eine Aufzahlung aufs Arbeitslosengeld, so daß ihm 95 Prozent des Einkommens erhalten bleiben. Die Personalabteilung hatte den Betroffenen dafür in den 14 Kurzarbeitsmonaten rund 13 Millionen Mark überwiesen.

Weit höher ist die Ersparnis bei den Aufhebungsverträgen. Rund 200 Millionen Mark zahlt Audi 1993 den 4.000 Beschäftigten, die die Firma verlassen. Der Vorstand ist nicht bereit, 1994 noch einmal zig Millionen Mark für den "sozialverträglichen Abbau von Arbeitsplätzen" aufzubringen. Und von bestimmten, hoch qualifizierten Leutren will man sich ohnehin nicht trennen. Ganz abgesehen davon wollen viele Audianer ihren Arbeitsplatz nicht mehr für eine Abfindung verkaufen. Audi will 1994 die Zahl der Aufhebungsverträge um 75 Prozent auf 1.000 senken.

Für die Volkswagen-Tochter ist die Verkürzung der Arbeitszeit auf 32,4 Wochenstunden bis Ende 1995 ein gutes Geschäft. Man spart in 21 Monaten rund 440 Millionen Mark an Lohnkosten. Dazu kommen knapp 200 Millionen, die ansonsten für 3.500 Aufhebungsverträge und Kurzarbeit ausgegeben werden müßten. Die Arbeitszeiten schwanken nun zwischen 40 Stunden für die Führungskräfte, 36 Stunden für die seitherigen "40-Stünder" und 32,4 Stunden für den Rest der Belegschaft.

Positiver Effekt für die Beschäftigten und den Arbeitsmarkt: 3.500 Arbeitslose weniger. Negativer Effekt: Von dem ursprünglich geforderten Lohn- und Gehaltsausgleich blieb nichts übrig. Ein Teil der übertariflichen Leistungen wird seit April auf alle Monate des Jahres verteilt, so daß am Monatsende 94 Prozent des üblichen Entgelts aufs Konto überwiesen werden. Aufs Jahr gerechnet spart Audi damit zehn Prozent an Lohnkosten ein. Da auch Leistungen wie der Zusatzurlaub für langjährige Mitarbeiter und Geschenkpakete für Langzeitkranke gekürzt oder gestrichen werden, liegen die Einkommmenseinbußen für die davon nicht betroffenen Beschäftigten etwas unter zehn Prozent. Eine soziale Abfederung für untere oder mittlere Lohngruppen gibt es nicht. Dies sieht auch der neue Tarifvertrag nicht vor. Ob Hilfsarbeiter oder Führungskraft, alle müssen auf den gleichen Prozentsatz ihrer Bezüge verzichten.

Adolf Hochrein und Theo Schirmer, den beiden Betriebsratsvorsitzenden in Ingolstadt und Neckarsulm, ist die Entscheidung für die Betriebsvereinbarung nicht leicht gefallen. Beinahe wäre sie in letzter Minute noch am Veto des Betriebsrats gescheitert. Eines können die Interessenvertreter allerdings für sich verbuchen: Alle Auszubildenden werden in ein unbefristetes Arbeitsverhältnis übernommen. Der Tarifvertrag sieht nur eine befristete Übernahmepflicht vor. Audi-Chef Herbert Demel bedankt sich beim Betriebsrat bei der folgenden Betriebsversammlung für die "mit großem Weitblick" geführten Verhandlungen. Theo Schirmer hofft, "1996 für die Belegschaft wieder etwas herausholen zu können".

Für Audi ist die Verkürzung der Arbeitszeit nur der erste Teil eines gigantischen Kostensenkungsprogramms. Der zweite Teil folgt 1996. Um Ingolstadt als Produktionsstätte für den neuen Kleinwagen zu bekommen, hat der Betriebsrat 1993 einem Sparpakt von jährlich 150 Millionen Mark zugestimmt. Audi kürzt die übertariflichen Leistungen - 1993 waren es circa 450 Millionen Mark - um rund ein Drittel. Die Arbeitszeit soll 1996 wieder das Normalniveau erreichen, also dann 35 Wochenstunden betragen.

Sollte sich der kleine Audi aber am Markt nicht durchsetzen und sollte es weiter - und trotz Facelifting - Absatzschwierigkeiten beim Audi 80 und Audi 100 geben, sind diese Pläne vermutlich Makulatur. Die Markteinschätzung ist schwieriger denn je. Sie kann auch von der Entwicklung der Massenkaufkraft, des Benzinpreises und dem Umweltbewußtsein der Kunden abhängen. Ein seit der Ölkrise immer wieder angekündigtes Drei-Liter-Auto - die Pläne dafür verstauben längst in den Schubladen der Entwickler - könnte deshalb zum Renner werden.

Aber wer kommt damit als erster auf dem Markt? Ob Mercedes, VW oder Audi, die Konzernspitzen haben sich zusammen mit der Öl verarbeitenden Industrie seither erfolgreich gegen eine radikale Verbrauchssenkung gewehrt. Keine Regierung hat es gewagt, sich gegen die Auto-Lobbyisten zu stellen. In der jüngsten Diskussion über eine mögliche Erhöhung der Kraftstoffpreise machen die Konzern-Lenker gar die Umweltdiskussion für die Krise verantwortlich. Audi-Sprecher Herbert Demel bezeichnet die Forderung nach einem Drei-Liter-Auto als unehrlich. Denn das eigentliche Ziel sei nicht die Reduzierung des Verbrauchs, sondern die Erhöhung der Einnahmen, so zitiert ihn die "Welt am Sonntag" Anfang April.

Demels Vorgänger Kortüm äußerte sich dazu ein Jahr zuvor im Gespräch mit unserem Team noch etwas differenzierter. Er verwies auf die erfolgreichen Bemühungen von Aufi mit dem Turbodiesel-Direkteinspritzer (TDI), mit dem bald der angepeilte Drei-Liter-Verbrauch denkbar sei. Audi war dabei immerhin Vorreiter. Motorenentwickler Richard van Basshuysen hatte den sparsamen Direkteinspritzer bereits vor einigen Jahren zur Reife gebracht. Nachteil des Diesel: Die freigesetzten Rußpartikel erzeugen Krebs.

Doch geringerer Verbrauch, Umwelt- und Gesundheitsschutz haben in Zeiten der Krise auch bei so manchem Beschäftigtenvertreter nur noch eine zweitrangige Bedeutung. Obwohl die IG Metall spätestens seit 1990 eine sozialverträgliche Erhöhung der Benzinpreise befürwortet, plädiert einer der mächtigsten Betriebsratsfürsten seit kurzem wieder entschieden dagegen. Karl Feuerstein, dem Gesamtbetriebsratsvorsitzenden von Daimler-Benz, jedenfalls wären zwei Mark pro Liter Benzin zu viel. Dies würde weitere Arbeitsplätze kosten, erklärte er in der ARD-Sendung "Pro & Contra" kurz nach Ostern.

Technik für die Umwelt

Walter Riester, stellvertretender Vorsitzender der IG Metall und zuvor Bezirksleiter in Stuttgart, verlangt seit langem sparsame Autos. 1990 beklagte er in unserem Film "Aber der Wagen, der rollt" (ausgestrahlt in "Südwest 3" am 5. Februar 1991), keiner wolle der Vorreiter sein. Auch drei Jahre später bestätigt der Vordenker der IG Metall, daß die Entwicklung, zum Beispiel bei Audi, längst so weit sei. Doch bevor der Drei-Liter-Pkw komme, müßten sich die früheren Investitionen amortisiert haben, beklagt der stellvertretende Aufsichtsratsvorsitzende bei Audi. Auch der Audi-Slogan "Fortschritt durch Technik" gefällt ihm nicht. "Technik für die Umwelt" wäre ihm lieber. Doch da spielt Piëch nicht mit, der dem Umweltschutz bei Volkswagen ganz schnell den Vorstandsrang entzogen hatte.

Bei einem anderen Streitpunkt sind die Auto-Bosse den Gewerkschaften inzwischen näher gekommen, bei der Gruppenarbeit. Noch in den 70er Jahren als Machwerk linker Spinner abgetan, ist sie in vielen Betrieben mittlerweile eingezogen. Die Japaner hatten es vorgemacht. Inzwischen gehört Gruppenarbeit zur herrschenden Unternehmerphilosophie, auch wenn viele der völlig überstürzt eingeführten Modelle mit den ursprünglichen Ideen nicht mehr viel zu tun haben.

Umdenken benötigt Zeit und Geld. Dies hat ein Pilotprojekt in der Montagehalle des "V 8" in Neckarsulm gezeigt: Die Arbeiter mußten entsprechend qualifiziert werden; eine Psychologin begleitete den Modellversuch, um die Beteiligten in ihre neuen Rollen einzuführen, denn das alte Unternehmensprinzip von Befehl und Gehorsam paßt nicht zur Gruppenarbeit. Jede Woche trafen sich die Arbeiter zum Gruppengespräch während der Arbeitszeit: Den klassischen Meister gibt es nicht mehr. Die Werker übernehmen viele seiner Funktionen selbst. Sie sind für die Qualitätskontrolle genauso verantwortlich wie für die Urlaubsplanung.

Schon in der Ausbildung wird bei Audi heute Teamarbeit groß geschrieben. Fritz Hoffmann, der oberste Ausbildungsleiter in Neckarsulm, "will keine Einzelkämpfer mehr". Gern vergleicht er die moderne Industriearbeit mit dem Fußballspiel: Ohne die intelligente Zusammenarbeit der gesamten Mannschaft nütze auch die beste Einzelaktion nichts. Dies gelte auch für überkommene Hierarchien.

Ein Alleinherrscher wie Ferdinand Piëch allerdings paßt nicht in dieses Bild. Er kann nicht motivieren, und er ist weder team- noch kompromißfähig. Doch genau das verlangt man beispielsweise von den Gruppenführern.

Die Einführung der Gruppenarbeit benötigt Zeit und Geld: Pilotprojekt bei A

Noch in diesem Jahr soll die Gruppenarbeit bei Audi flächendeckend eingeführt werden. Jetzt soll alles ganz schnell gehen, darf weder Zeit noch Geld kosten. Und im Gegensatz zum Pilotprojekt bleibt die Fließfertigung erhalten. Und Dank steigender Produktivität sinkt die Zahl der Arbeitsplätze erneut.

Über die Anzahl der Arbeitsplätze bei Audi in Neckarsulm und Ingolstadt wird nicht zuletzt der Vertrieb entscheiden. VW-Chef Rudolf Leiding hatte ihn Mitte der 70er Jahre gegen den Widerstand der Audi-Spitze aufgelöst und bei VW integriert. Die Auseinandersetzung kostet den Betriebsrat in Ingolstadt viele Sympathien bei den Angestellten. Der Vorsitzende Fritz Böhm, der ein gutes Verhältnis zu Leiding hat, glaubt zunächst nicht an eine Zerschlagung und weist entsprechende Vorwürfe der DAG-Betriebsgruppe entschieden zurück. Der Plan wird dennoch verwirklicht. Die DAG erreicht bei der folgenden Betriebsratswahl 47 Prozent der Stimmen; die IG Metall verliert bei den Angestellten 10,5 Prozentpunkte.

In der Zwischenzeit hat sich das Rad wieder zugunsten der Audianer gedreht. Was Piëch in seinen fünf Amtsjahren als "Herr der vier Ringe" nicht geschafft hat, soll 1993 Nachfolger Kortüm erledigen, den Aufbau eines eigenen Vertriebs. Doch dem Marketing- und Vertriebsexperten bleibt bis zu seinem Rausschmiß nur wenig Zeit. Jetzt ist Herbert Demel am Zug. Doch Piëchs österreichischer Landsmann hat die Strategie wieder geändert. Er will sich von dem VW/Audi-Händlernetz doch nicht trennen, das seitherige System aber bis Ende 1995 so ändern, daß die Audi-Kunden nicht vom Polo- oder Golf-Image der Händler abgeschreckt werden. Ob und wie dies gelingt, ob es Arbeitsplätze sichert und wieviele, bleibt allerdings offen.

Stellen werden auch im Ingolstädter Motorenwerk wegfallen. Die neue Motorengeneration für den Audi 80 wird im ungarischen Györ produziert. Geschätzte Einsparung: 200 Millionen Mark. Ein Drittel davon soll in Deutschland zur Sicherung von Arbeitsplätzen eingesetzt werden. Dies hat Walter Riester mit Ferdinand Piëch vor der entscheidenden Aufsichtsratssitzung ausgehandelt. So stimmten die Beschäftigten-Vertreter der Verlagerung zu. Nur wie, wann und wo die rund 65 Millionen eingesetzt werden sollen, ist noch nicht entschieden.

Arbeitsplätze durch Recycling?

Der Audi-Betriebsrat hofft darauf, daß beim Wiederverwerten der fahrbaren Untersätze neue Jobs enstehen. Hinter den Kulissen hat längst der Kampf um die Wettbewerbsvorteile bei der Altauto-Verwertung begonnen. Fiat Deutschland - mit Sitz in Heilbronn - wagt 1993 einen vorsichtigen Vorstoß.

Sowohl bei Kolbenschmidt als auch bei Audi setzen die Betriebsräte im Interessenausgleich ein Bekenntnis zum Fahrzeugrecycling durch. Bei Audi heißt es beispielsweise: "Ferner soll versucht werden, in neuen Geschäftsfeldern wie zum Beispiel Altfahrzeug-Recycling Ersatzarbeitsplätze zu schaffen oder in der jeweiligen Region der Werke schaffen zu lassen."

In Europa werden jährlich etwa 14 Millionen Fahrzeuge stillgelegt. Neben Metall fallen Millionen von Tonnen an Plastik, Gummi, Glas und Elektronikschrott an. Nur die Metalle, 75 Prozent der Gesamtmasse, können eingeschmolzen und wiederverwertet werden. Der teilweise giftige Rest - 450.000 Tonnen Schredderrückstand pro Jahr - ist Sondermüll und muß entsorgt werden.

Seit 1990 verspricht Umweltminister Klaus Töpfer (CDU), die Automobilindustrie in die Pflicht zu nehmen und nach dem Verursacherprinzip die Rücknahmepflicht einzuführen. Doch dem Verband der deutschen Automobilindustrie (VDA) ist es bisher gelungen, selbst die laschen Töpfer-Vorschläge zu verhindern.

Die geplante Verordnung enthält keinerlei Zwang zur Müllvermeidung, kritisieren Frank Hoffmann und Theo Rombach in ihrem jüngst erschienen Buch "Die Recycling Lüge". Zudem beschränke sich Klaus Töpfer auf Fahrzeuge, die erst nach dem Inkrafttreten seiner Verordnung gefertigt werden. Auch das "Problemkind Kunststoff" werde viel zu schonend behandelt.

Hauptgrund für die Recycling-Lüge beim Auto: Pro Tonne Neuwagen fallen bei der Produktion der Rohstoffe bereits 25 Tonnen Abfall an. Es mache wenig Sinn, "ausgeklügelte Recyclinganlagen zu entwickeln, die sich auf vier Prozent des Mülls konzentrieren, nämlich das Auto selbst". Die Müll-Experten Rombach und Hoffmann plädieren deshalb dafür, die Lebensdauer der Blechkisten von zehn auf 18 bis 25 Jahre zu verlängern. Arbeitsplätze in der Automobilindustrie würden dann ersetzt durch solche in den Wartungsbetrieben. Theo Rombach: "Autos müßten ähnlich wie Flugzeuge regelmäßig strengen Checks unterworfen werden."

Neueste Entwicklung: VW und Audi wollen bis Ende 1997 zusammen mit Preussag ein flächendeckendes Verwertungsnetz für Altfahrzeuge aufbauen. Dabei ist an 80 bis 100 Demontagezentren gedacht, eines davon in Neckarsulm. Das bringt 20 bis 30 Stellen. Audi-Werkleiter Otto Lindner geht von maximal 40 aus.

Auch neue Zulieferer könnten der Region Jobs bringen. Am liebsten sähe man bei VW und Audi Systemzulieferer in der Nähe der Werke. Zwar herrschen bei Audi in Neckarsulm mit einer Fertigungstiefe von 22 bis 25 Prozent bereits japanische Verhältnisse, doch der Vorstand würde die Zulieferer auch in die Firma hereinholen und eigene Arbeit abgeben. Sie könnten dann dort ihre Komponenten selbst montieren. Hauptsache: Kosteneinsparung.

In Ingolstadt gibt es bereits konkrete Pläne. Ein französisches Unternehmen soll auf dem Audi-Gelände Vorbauten montieren, alles vom Stoßfänger über die Scheinwerfer bis zum Kühler. Audi bekommt dann das komplette "Frontend" und kann es mit den übrigen Teilen zusammenbauen. Ehemalige Audianer könnten sich - für weniger Entgelt - beim Zulieferer verdingen. Der stellvertretende Betriebsratsvorsitzende Wolfgang Förster legt aber Wert darauf, daß bei der eigentlichen Fahrzeugmontage keine Fremdfirmen-Beschäftigten arbeiten. Auch wenn dies in anderen Unternehmen bereits praktiziert werde, will die Interessenvertretung bei Audi verhindern, daß für gleiche Arbeit in derselben Halle unterschiedliche Löhne gezahlt werden.

Das System ist nicht neu. Bereits in den 80er Jahren hat Audi das innerbetriebliche Transportwesen an Fremdfirmen vergeben. Über Scheinwerkverträge, kritisierten IG Metall und Arbeitsamt damals. Fahnder der Bundesanstalt ermittelten wegen des Verdachtes auf illegale Leiharbeit. Die Verträge dürften heute wasserdicht sein. Die betroffenen Arbeiter zählen jedoch immer noch zur Randbelegschaft mit weit geringerem Einkommen als die Audianer. Meist fehlt ihnen der Schutz eines Tarifvertrags. Ohne Betriebsrat sind sie der Willkür ihrer Chefs ausgesetzt, die wieder ihre Aufträge von Audi-Leuten bekommen.

Mit der Ansiedlung von Zulieferern könnten zwar zusätzliche Arbeitsplätze im Raum Heilbronn/Neckarsulm entstehen. Doch die Region würde so ihre extreme Abhängigkeit von der Kfz-Produktion noch verstärken. "Bundes- oder europaweit würde so allerdings kein einziger neuer Arbeitsplatz geschaffen, denn was die Zulieferer an der einen Stelle auf-, müßten sie an den alten Standorten wieder abbauen", sagt Betriebsrat Schirmer, den auch "dieses gesellschaftspolitische Problem" umtreibt.

Otto Lindner, der neue Audi-Werkleiter in Neckarsulm, will sich auf eine bestimmte Strategie nicht festlegen lassen. Das dogmatische Schielen auf eine verringerte Fertigungstiefe ist ihm fremd. Lindner will optimieren und dies könnte auch zu einer Ausdehnung der Fertigung führen. Vor allem bei der Einführung neuer Modelle - in Neckarsulm gilt dies jetzt für die neue Generation des Audi 100 - müsse geprüft werden, ob die Teilelieferer ihre Kostenvorteile noch nachweisen können. Der Wettbewerb innerhalb des VW-Konzerns und mit den Zulieferern werde dann über die Zahl der Arbeitsplätze entscheiden.

Schwere Zeiten für den Betriebsrat. Theo Schirmer hält die derzeitige Krise für weit schlimmer als die Rezession Mitte der 70er Jahre. "Das große Wachstum ist vorbei", sagt er mit Blick auf die weltweiten Überkapazitäten. "Vor 20 Jahren hatten wir die Perspektive, daß es wieder aufwärts geht, doch was kommt heute, wo die gesamte Wirtschaft betroffen ist?"

Hermann G. Abmayr

Die Pioniere von einst und heute

Daimler setzt auf Chips und nicht auf Solarenergie

Ohne Pioniere wie Christian Schmidt wäre Neckarsulm möglicherweise heute noch ein Weingärtnerdorf. Und das schwäbische Unterland wäre ohne die unternehmungslustige Familie nie zur Automobilregion aufgestiegen. Audi hätte hier keine Produktionsstätte, Kolben würden in Stuttgart und anderswo produziert, nur nicht bei der Kolbenschmidt AG.

Und hundert Jahre später: Wo sind die Pioniere der 80er und 90er Jahre? Was werden kommende Generationen über das ausgehende Jahrtausend schreiben können? Große Hoffnung setzen Wirtschaftswissenschaftler und Zukunftsforscher beispielsweise auf die Solartechnologie und die Photovoltaik. Seit 20 Jahren arbeiten nahezu unbemerkt von der Öffentlichkeit Pioniere auf diesem Gebiet in Heilbronn. Wird die "Käthchen- und Weinstadt" also bald zur Solar-Stadt?

Neckarsulmer Fahrradwerke: 1955 ist die NSU AG der weltweit größte Zweiradhersteller

Begonnen hat das Solarzeitalter im Unterland mit einer Abteilung des Heilbronner AEG-Werks. Ohne ihre Solartechnik könnten wir nicht die Meteosat-Wetterkarte empfangen. Ohne die Heilbronner würden weder TV-SAT, noch Spacelab, noch der Nachrichtensatellit DFS Kopernikus arbeiten. Dabei hat die Zukunft der Solartechnik noch nicht einmal begonnen. Denn wer ernsthaft die drohende Klimakatastrophe verhindern will, wird ohne regenerative Energiequellen wie Sonnenstrahlen nicht auskommen. Arbeiten die Schmidts von heute also im Heilbronner Solar-Werk?

1886 jedenfalls hat Christian Schmidts Neckarsulmer Strickmaschinenfabrik einen zukunftsweisenden Beschluß gefaßt: Sie baut von nun an Hochräder. Die Neckarsulmer schätzten den Markt richtig ein. Die Zeit fürs Auto war noch nicht gekommen. NSU (gebildet aus NeckarSUlm) setzt deshalb auf das motorisierte Zweirad und die Stadt an der Sulm mausert sich zu einer großen deutschen Zweirad-Metropole, wird später (1955) mit einer Jahresproduktion von 343.000 Einheiten sogar der weltweit größte Hersteller. Die NSU AG hat zwar 1888 die Fahrgestelle für den ersten vierrädrigen Daimler, den "Stahlradwagen", gebaut. Und 1906 verlassen die ersten "Original Neckarsulmer Motorwagen" die Fabrik, doch eine nennenswerte Autoproduktion beginnt erst später.

Christian Schmidts Sohn Karl steigt 1909 bei der NSU AG aus. Der Erfinder, Tüftler und Entwickler (mit vielen eigenen Patenten) gründet die "Deutschen Ölfeuerungswerke". Das Auto läßt den viel gereisten Mann nicht los. Henry Ford hat dem motorisierten Vierrad in Amerika zum Durchbruch verholfen. Auch in Europa steht ein gigantischer Aufschwung bevor. Die Chance für Zulieferbetriebe, die Chance für Karl Schmidt, mit der Kolbenfertigung und neuen Entwicklungen Geschäfte zu machen.

Doch die kommenden Erfolge wird er nicht mehr als Eigentümer erleben. Widersprüchlich entwickelt sich der Kapitalismus. 1924, die Kolben-Firma steht kurz vor der Pleite, übernimmt die Metallgesellschaft (MG) die Karl Schmidt GmbH, die zusammen mit dem Stuttgarter Hersteller Mahle die größten Kolbenproduzenten Europas werden. 70 Jahre später muß die schwer angeschlagene MG ihre Kolbenschmidt-Aktien für rund 250 Millionen Mark an die US-amerikanische Dana-Gruppe verkaufen.

Die Amerikaner kommen

Die Schuld am Niedergang von Kolbenschmidt trägt neben dem langjährigen Vorstandsvorsitzenden Otto W. Asbeck vor allem die Muttergesellschaft. MG-Boß Heinz Schimmelbusch war zugleich Vorsitzender des Aufsichtsrats der Kolbenschmidt AG (KS). Genauso wie die MG-Aufsichtsräte ihn bis zum bitteren Ende nahezu unkontrolliert schalten und walten ließen, hatte Schimmelbusch seine Aufsichtspflicht vernachlässigt.

Die Gießerei in den 50er Jahren: Seit 1992 ist Kolbenschmidt ein Krisenbetrieb

1993 will der "Manager des Jahres" (Capital) noch retten, was zu retten ist. Bei einem Interview mit unserem Team schwärmt er vom Geschäft mit den Abfällen der Industriegesellschaft: "Sondermüll und Recycling: das ist ein Milliardenmarkt." Recht hat er, und dies gilt für die legalen, die halblegalen sowie die illegalen Geschäfte dieser Branche, denn schließlich will keiner die Exkremente unserer Autogesellschaft vor der eigenen Haustür haben. Der MG-Boß muß die schnelle Mark machen, koste es, was es wolle. Denn sein Firmenkonglomerat ist mehr als marode. Er versucht sein Glück bei der Spekulation mit Rohöl, dem Grundstoff unseres Wirtschaftssystems. Doch die MG verspielt von mal zu mal mehr Geld.

Da helfen dem Exil-Österreicher alte Freunde in Wien. Regelmäßig treffen sich hier zwölf millionenschwere und machtbesessene Exil-Österreicher mit Bundeskanzler Franz Vranitzky zum Frühstück. Zu Vranitzkys Berater-Club zählen VW-Boß Ferdinand Piëch, Hypo-Banker Hans Friedl oder Frank Stronach, einer der größten Pferdezüchter in Nordamerika und zugleich Chairman des kanadischen Autozulieferers Magna International.

Strohnach und "Schibu", wie Freunde Schimmelbusch nennen, verabreden einen Deal. Kolbenschmidt verkauft ihm den einzig aufstrebenden Firmenzweig, die boomende Airbag-Produktion, die eigens in die KS Automobil Sicherheitstechnik GmbH ausgegliedert wird. Stranach bekommt 60 Prozent der Anteile. Zugleich übernimmt seine in Ontario ansässige Firmengruppe 12,5 Prozent der MG-Anteile an Kolbenschmidt.

Tatsächlich war KS 1993 nicht mehr in der Lage, den zukunftsträchtigen Geschäftsbereich Lenkräder/Airbag voran zu bringen, denn dazu hätte kräftig investiert werden müssen. Für die MG wäre dies in normalen Zeiten kein Problem gewesen, die Frankfurter Aktiengesellschaft zählt immerhin zu den größten der BRD. Doch auch wenn es die Aufsichtsräte angeblich noch nicht wußten, stand das Firmenkonglomerat selbst vor der Pleite.

Das Debakel bei Kolbenschmidt hatte sich spätestens 1993 bei der Hauptversammlung (HV) angekündigt: Für Vorstandsvorsitzenden Heinrich Binder ein schwarzer Tag: "Das Geschäftsjahr 1991/92 war absolut unbefriedigend und das schlechteste in der Firmengeschichte", sagt der neue Chef. "Das Konzernergebnis hat sich nach einem Jahresüberschuß von neun Millionen D-Mark im Vorjahr auf einen Jahresfehlbetrag von 89,6 Millionen D-Mark drastisch verschlechtert." Ein Jahr später summiert sich der Verlust auf über 200 Millionen Mark.

Binders Vorgänger Asbeck sitzt bei der HV 1993 in der ersten Reihe. Er hatte das sinkende Schiff 1992 verlassen. Der Überflieger, der sich nie in Neckarsulm niederlassen wollte, fühlte sich vor allem in nahen und fernen Ländern wohl. Dort hat er die KS-Gruppe immer wieder mit weiteren Betrieben angereichert. Um das Stammwerk kümmerte er sich nicht. Der Zustand wurde immer schlimmer. Manche Maschine bekam bereits Museumswert. Doch Asbeck weigerte sich, im Unterland nennenswerte Beträge zu investieren. Verkrustete Strukturen, Fehlprognosen, überkommene Hierarchien und viel Leerlauf bei der Produktion bestimmten den Betriebsalltag. Folge: eine viel zu geringe Produktivität, Gewinneinbrüche.

Kein leichtes Erbe für Heinrich Binder. Er hat zudem mit enormen Absatzrückgängen und einem Preisverfall zu kämpfen. Der López-Effekt. Desinvestment heißt jetzt die Devise, abspecken und sich aufs Kerngeschäft konzentrieren. Doch Erfolge brauchen Zeit. Für die Kleinaktionäre bei der Hauptversammlung wenig Trost. Außer Spesen nichts gewesen. KS zahlt 1993 (und 1994) keine Dividende. Sparmaßnahmen auch beim Mittagessen: Die Aktionäre bekommen Sauerkraut mit Ripple.

Im Betrieb macht sich Angst breit. Früher beschäftigte KS in Neckarsulm einmal 3.400 Leute, Anfang 1994 sind es noch 2.400 (weltweit 7.600). "So viele wurden auf die Straße gesetzt, daß jetzt schon wieder Überstunden beantragt werden", beklagt Rolf Dollmann, der Betriebsratsvorsitzende. Die letzten Arbeiter und Angestellten sind noch nicht gegangen, und in der Chefetage liegen bereits neue Personalanforderungen vor.

Große Hoffnungen hatte der Vorstand auf die Aluminium-Technologie gesetzt, die er in die Aluminium-Technologie AG (ATAG) ausgliederte: Doch die Arbeiter werden nicht entsprechend qualifiziert, die Planung ist mangelhaft. Das Ergebnis: viel Ausschuß und Millionenverluste. KS-Übernehmer Southwood J. Morcott, der Chef der Dana-Gruppe, hat deshalb wenig Interesse an der ATAG.

Dana beschäftigt weltweit 35.000 Menschen. Das Unternehmen, das im Gegensatz zur MG frei ist von Großaktionären, hat seit 1936 keine operativen Verluste eingefahren. Die Dana-Gruppe ist in den USA der größte Zulieferer, der von den Automobilkonzernen unabhängig ist. Oberboß Morcott steht dem Vorstand und dem Aufsichtsrat vor.

Morcott setzt, wie fast alle Größen der Automobilindustrie, auf ein weiteres Wachstum der Kfz-Industrie. Für Neckarsulm hat der starke Mann, der in den Staaten gern "Woody" genannt wird, offenkundig große Pläne. Er kann sich vorstellen, vom Unterland aus den westeuropäischen, den osteuropäischen und den asiatischen Markt zu erobern. Neckarsulm könnte für Dana eine Weltmotorenzentrale werden. Jedenfalls ist KS mit Abstand Morcotts größtes Unternehmen in Europa. Das könnte Stellen sichern, doch die Abhängigkeit vom Automobilbau wird so nicht vermindert.

Heilbronner Solar-Pioniere

Neue Märkte und neue Produkte braucht das Unterland. Und damit kommen wir wieder zurück zu den Heilbronner Solar-Pionieren. Die verbliebenen Beschäftigten haben inzwischen fast jede Hoffnung aufgegeben. In den 80er Jahren kam der Solar-Betrieb zusammen mit dem übrigen AEG-Werk zu Daimler-Benz bzw. der Tochter Deutsche Aerospace, kurz DASA.

Edzard Reuter, der oberste Stern-Lenker in Stuttgart-Möhringen und DASA-Chef Jürgen Schrempp hatten sich aber nie für ihre Solar-Leute eingesetzt. Schrempp in seiner bekannten Großmannssucht: "Geschäftsfelder unter einer Milliarde Mark Umsatz interessieren mich nicht."

Inzwischen hat der "Dynamo" (DASA-Firmenjargon), der Reuters Nachfolge antreten soll, 50 Prozent seiner Solarwerke in Wedel und Heilbronn ausgerechnet an die skandalumwitterte RWE-Tochter Nukemden verscherbelt. Der Atom-Strom-AG Rheinisch-Westfälische Elektrizitätswerke (RWE) gehört zu den größten Stromerzeugern und Stromhändlern Europas. Sie hat seit 1955 Milliarden-Beträge in die Atomenergie gesteckt, die sich amortisieren müssen. Kritiker glauben deshalb, daß der Strom-Multi schon frühzeitig die Kontrolle über eine denkbare Solar- bzw. Fotovoltaik-Konkurrenz bekommen will.

Die Fotovoltaik-Produktion in Heilbronn wird Ende 1994 eingestellt. Übrig bleiben nur noch 30 Leute in der Entwicklung. Eine hoffnungsvolle Zukunftstechnologie wird dem Unterland damit verloren gehen, denn die Entwicklung hat kaum eine Chance, in dieser Form zu überleben. Daimler/RWE haben übrigens auch für den Heilbronner Schwesterbetrieb in Wedel bei Hamburg den Kahlschlag beschlossen. Die Belegschaft des dortigen Fotovoltaik-Werks wird um zwei Drittel auf 100 Leute reduziert.

Daimler setzt in Heilbronn dagegen auf etwas anderes - auf die Produktion von Mikrochips. Edzard Reuter hatte das einstige AEG-Telefunken-Werk 1986 mit der Übernahme der Mehrheit der Rest-AEG geschluckt. Die Telefunken GmbH hatte das Halbleiterwerk 1959 gegründet und bereits 1960 arbeiten dort 1.500 Leute, vorwiegend Frauen, für die Rundfunk- und Fernsehindustrie. Der Aufschwung des Zulieferbetriebs bekommt 1970/71 bei einem Beschäftigtenstand von 2.600 erstmals einen Knacks.

Die Japaner kommen und der Niedergang der deutschen Rundfunk- und Fernsehindustrie beginnt. Von wegen Pioniergeist, von wegen strategisches Denken! Mitte der 70er Jahre steckt das Werk in einer schweren Krise. 1978 kommt der AEG-Telefunken-Konzern in Schwierigkeiten, vier Jahre später meldet er Vergleich an. Nach einem Zwischenspiel mit den US-amerikanischen "United Technologies Corporation" (UTC) kommt der Heilbronner Betrieb dann zu Daimler-Benz.

Mitte 1992 vereint Edzard Reuter sämtliche Mikroelektronik-Bereiche der Daimler-Benz-Schwestern AEG und Deutsche Aerospace (DASA) in der Temic Telefunken Microelectronic GmbH. Gleich in den ersten sechs Monaten ihres Bestehens verliert Temic 38 Millionen Mark. Auch heute noch produziert man bei rund 2,5 Milliarden Umsatz gewaltige Verluste, 1993 fast 150 Millionen Mark.

Dennoch will Daimler Temic aus strategischen Gründen behalten. Damit läßt es sich in Heilbronn gut leben. So ist die Investitionsquote 1993 mit 13 Prozent doppelt so hoch wie in der übrigen Elektrobranche. Auch das Eigenkapital - 50 Prozent der Bilanzsumme - kann sich sehen lassen. Der Durchschnitt in der Metallindustrie liegt gerade bei der Hälfte.

Im Januar 1994 übernimmt wieder die AEG die industrielle Führerschaft bei Temic. AEG-Chef Ernst Georg Stöckl hat nun das Sagen über das weltweite Temic-Reich mit seinen rund 16.000 Beschäftigten. Seine Hauptbeschäftigung besteht allerdings in der Suche nach Partnern und "strategischen Allianzen".

Das Prognos-Institut sieht 1992 für die Branche zwar noch gute Wachstumschancen, "speziell in den Bereichen Telekom, Endlosgeräte, Entertainment und Regeln/Messen/Steuern." Dann schränken die Gutachter aber bereits ein, "daß nach neuesten Umfragen die negativen konjunkturellen Erwartungen überwiegen".

Temic-Chef Frank Dieter Maier - er ist zugleich Vorstandsmitglied der AEG - sieht im Kfz-Markt und der drahtlosen Kommunikation Wachstumschancen. Temic profitiert derzeit vom Airbag- und ABS-Boom. Beide kommen ohne Mikroelektronik nicht aus. Maier will den Anteil der Kfz-Zulieferung - derzeit rund 40 Prozent - dennoch weiter ausbauen. Der Umsatz soll von einer Milliarde Mark (1993) auf drei Milliarden 1998 steigen. Die hohe Abhängigkeit vom Auto könnte nach dem Boom böse Folgen haben.

Problem Nummer zwei: Niederwertige Produktlinien werden (und wurden bereits) in Billiglohnländer wie die Philippinen oder Mexiko ausgegliedert, so daß Arbeitsplätze in Heilbronn (und in anderen deutschen Werken) entfallen. Die Überlegenheit der Amerikaner und der Japaner bei der Fertigung von Microchips sowie die Konkurrenz in Deutschland selbst dürften Temic weiterhin zu schaffen machen. Bosch will beispielsweise 1996 in Reutlingen die Produktion von Sechs-Zoll-Silizium-Scheiben beginnen. Die beschichteten Silizium-Scheiben (Wafer) sind der Grundstoff für unsere Chip-Gesellschaft. Über 200 Millionen Mark hat die Zentrale auf der Schillerhöhe dafür zur Verfügung gestellt.

Das größte Problem für die Heilbronner sind die hausgemachten Schwierigkeiten im Bereich des Managements (viel Leerlauf, überkommene Strukturen) und der Fertigung. Erst langsam brechen in jüngster Zeit die alten Strukturen auf. Zwei Hierarchieebenen werden gestrichen. Neue Leute bringen frischen Wind. Und plötzlich hat man wieder die Fertigung entdeckt, die zum Teil veraltet und schlecht organisiert ist.

Im Heilbronner Zentralwerk arbeiten noch 1.800 Männer und Frauen. Eigentlich könnte man mehr produzieren, doch dafür fehlen die Kapazitäten. Temic fertigt immer noch Vier-Zoll-Scheiben. Bei der Herstellung der inzwischen gängigen sechs Zoll großen Wafer hatten die Unterländer wenig Glück. Andere Firmen arbeiten bereits mit Acht-Zoll-Wafer. Längst wollte man in Heilbronn die nahezu vollautomatische Produktion von Sechs-Zoll-Platten aufnehmen. Immer wieder mußte aber der Beginn verschoben werden.

Das Besondere an den neuen Heilbronner Scheiben sei die Bipolar-Technik, heißt es. Dabei zähle man weltweit zu den ersten Anbietern. Sitzen die Pioniere also bei Temic? Man wird sehen, doch Zweifel sind angebracht. Neue Arbeitsplätze wird die Sechs-Zoll-Fertigung nicht bringen, im Gegenteil. Viele der (unangenehmen) Reinraumjobs fallen weg.

Pionierleistung oder nicht: Die unternehmenslustige Familie Schmidt aus Neckarsulm hatte es vor hundert Jahren leichter. Die Rahmenbedingungen stimmten. Die Marktwirtschaft stand vor einem gigantischen Aufschwung. Heute ist sie für Pioniere offenkundig zur Fessel geworden und für Ökologen zum Alptraum. Die Solartechniker aus Heilbronn sind dafür sicher nur ein Beispiel.

Hermann G. Abmayr

Der Sieg der Biedermänner

Der weltweit erste Anti-Ozon-Versuch wird zur Provinzposse

Was für Stuttgart 1993 die Leichtathletik-Weltmeisterschaft war, hätte für Heilbronn der weltweit erste Anti-Ozon-Versuch werden können. Doch Begriffe wie Marketing und Public Relations (PR) scheinen in der "Käthchen- und Weinstadt" Fremdworte zu sein. Die Stuttgarter mußten ihr PR-Ereignis mit Millionenbeträgen bezahlen. Heilbronn sollte es umsonst bekommen. Mit dem Anti-Ozon-Versuch hätte man über die engen Grenzen hinaus für Aufmerksamkeit gesorgt und dabei auch noch das Prädikat "ökologisch aufgeschlossen" bekommen. Ein Jahr später stellt sich die Chance erneut, denn der Versuch mußte verschoben werden.

Doch das noch von Landesumweltminister Erwin Vetter zu Zeiten der CDU-Alleinregierung angedachte Projekt wird zur Provinzposse. Nachdem die Kritiker aus der Wirtschaft bereits im Vorjahr mit dem Gang vor den Kadi gedroht und die Republikaner im Gemeinderat gegen den Versuch gestimmt hatten, schließt sich 1994 auch die CDU der Front der Verweigerer an. Ausgelöst hatte das Debakel Ministerpräsident Erwin Teufel (CDU). Er stellte den von der Landesregierung 1993 beschlossenen Versuch bei einem Wahlkampfauftritt in Heilbronn völlig überraschend wieder zu Disposition. Für die örtliche CDU ein Signal dafür, schnell das Fähnchen zu wechseln. Zusammen mit der FDP, den Freien Wählern und den Republikanern stimmten die Christdemokraten nun gegen den Versuch. Auch ein kleiner Triumph für Alfred Dagenbach, den Heilbronner Fraktionschef und Landesgeschäftsführer der Reps.

Zur gleichen Zeit bemühen sich die Industrie- und Handelskammer (IHK) sowie die Kommunalpolitiker darum ihre Region national und international besser zu verkaufen. Man hat eine "Marketing-Offensive" gestartet. Aber statt sich zukunftsorientiert zum Beispiel mit der Bekämpfung von Ozon zu präsentieren, wirbt Heilbronn mit einem Symbol des vergangenen Jahrhundert, dem Salz. Herr Biedermeier läßt grüßen.

Beginnen wir von vorn: Sommer 1992, die Ozonwerte erreichen auch in Baden-Württemberg wieder Rekordmarken. An 20 Tagen müssen die Behörden die Bevölkerung im Unterland vor körperlichen Anstrengungen im Freien warnen. Die unsichtbare Gasattacke aus unseren Autos überschreitet den EG-Schwellenwert von 180 Mikrogramm pro Kubikmeter Luft (in der

Schweiz sind es 120 Mikrogramm). Am 8. August wird in Heilbronn der Höchstwert von 334 Mikrogramm (maximaler Halbstundenwert) gemessen.

In den alten Bundesländern hat sich die Ozonbelastung innerhalb von 15 Jahren verdoppelt. Während der vergangenen hundert Jahre hat sie sich verfünffacht. Auch die Konzentration im württembergischen Unterland ist kontinuierlich angestiegen. Die Werte für das Atemgift liegen über dem Landesdurchschnitt. Nicht zuletzt eine Folge der hohe Kfz-Dichte in einer der autoreichsten Regionen Deutschlands. Auf 1.000 Einwohner im Landkreis Heilbronn kommen rund 700 Fahrzeuge. Selbst im Krisenjahr 1993 stieg die Zahl der Kfz-Zulassungen um über drei Prozent. Aber auch die nahe Autobahn A 6 verpestet die Luft. Täglich fahren dort 83.000 Fahrzeuge, davon rund 20.000 Lastwagen. Auf der A 6 in Richtung Öhringen hat das Verkehrsaufkommen innerhalb von zwölf Jahren um 150 Prozent zugenommen.

Auch der Katalysator hat an der schlechten Luft nichts geändert. Im Unterland besitzen Anfang 1993 im übrigen nur 63 Prozent der Fahrzeuge einen geregelten Kat. In Berlin (West) beispielsweise sind es 58, in Essen 57 Prozent. Etwa jeder zehnte Kat ist defekt. Und bei den meist kurzen Wegen innerhalb von Heilbronn und Neckarsulm entwickelt der Kat erst gar nicht seine Wirkung. Ohnehin ist in Deutschland die Hälfte aller Pkw-Fahrten kürzer als sechs Kilometer. Ohne den Katalysator allerdings gäbe es noch mehr Schadstoffe. Trotz unserer von der Automobilindustrie immer wieder gelobten modernen Abgastechniken hat der Ausstoß von Stickoxiden - einer Vorläufersubstanz des Ozons - von 1985 bis 1991 um 80 Prozent zugenommen. Die Bundesregierung wollte ihn von 1985 bis 1995 um 80 Prozent reduzieren.

Ob im Unterland oder anderswo: Der "Sommersmog" macht die Menschen krank. Viele Kinder leiden darunter, bekommen rote Augen oder Atemnot. Ausgerechnet beim schönsten Wetter sollen sie zu Hause bleiben. Immer wieder suchen verunsicherte Eltern daher Rat beim Kinderarzt. Die Folgen von hohen Ozonkonzentrationen: Augenbrennen, Kopfweh, gereizte Schleimhäute; die Atemwege können erkranken; Schwindelgefühle treten auf; und bei längerer Einwirkung: Lungenschäden. In Los Angeles sind die Ozonwerte an Sonnentagen schon so hoch, daß Studien eine um vier Prozent erhöhte Todesrate festgestellt haben. Besonders heimtückisch ist eine von hohen Ozonwerten ausgelöste Augenkrankheit, das "trockene Auge". Die extrem schmerzhafte Krankheit kann zum völligen Erblinden führen. Es hilft nur noch die Flucht in das ozonarme Nordskandinavien.

Eine Untersuchung des Gesundheitsministeriums in Baden-Württemberg hat ergeben, daß deutlich mehr Kinder in verkehrsreichen Ballungsräumen zu Störungen der Lungenfunktionen neigen als im ländlich geprägten Raum. Landesgesundheitsministerin Helga Solinger nennt in diesem Zusammenhang Asthma, Bronchitis und andere Lungenkrankheiten. Ob Ozon oder andere Umweltgifte, meistens wirken mehrere Stoffe zusammen. Einer der gefährlichsten: Benzol.

Während eine krebserregende Wirkung beim Ozon bisher zumindest nicht nachgewiesen ist, gibt es bei Benzol keinen Zweifel. Es gehört zu den sieben wichtigsten krebsverursachenden Stoffen. Unbedenkliche Werte gibt es nicht, denn bereits kleinste Mengen können die Entstehung eines tödlichen Geschwürs auslösen. Desweiteren wird Benzol verantwortlich gemacht für Kopfschmerzen und Sehstörungen. Kinder deren Nasen nur knapp über den Autokühler reichen, sind besonders gefährdet. Hier sind die Konzentrationen drei Mal so hoch wie an den üblichen Meßstationen, die auf einer Höhe von drei bis fünf Metern montiert sind.

Die Umweltministerkonferenz hat sich für Benzol auf einen "Ziel- und Orientierungswert" von 2,5 Millionstel Gramm verständigt. In der Heilbronner Innenstadt - die Messungen fanden 1993 am Wollhaus statt - wird die Luft im Jahresmittel mit 20 Mikrogramm Benzol pro Kubikmeter Luft verpestet, das Vierfache. Der Spitzenwert im Februar liegt bei 29 Mikrogramm. 92 Prozent des Krebsgiftes stammen von Autoabgasen.

Auch die Pflanzen leiden unter den unheilvollen Exkrementen der Autos und der Industrie. Für Dieter Teufel vom Umwelt- und Prognoseinstitut (UPI) in Heidelberg ist das Ozon mittlerweile zum wichtigsten Verursacher des Waldsterbens aufgestiegen. Zwei Drittel aller Bäume in Deutschland sind krank. In Baden-Württemberg stehen nach Thüringen, Hessen und Sachsen-Anhalt die meisten geschädigten Bäume.

Empfindliche Pflanzen wie Weizen, Kartoffeln und die im Unterland so beliebte Weinrebe sind besonders anfällig für hohe Ozonwerte. Schon befürchtet die Landwirtschaft, daß die heimtückische Sommerplage zu einer Minderung des Ertrags führt. Die Bundesforschungsanstalt für Landwirtschaft in Braunschweig hat beobachtet, daß Pflanzen unter stärkerem Ozoneinfluß früher altern. Die Anstalt hat in einer Versuchsreihe für Sommerweizen und Klee bei heutiger Ozonbelastung eine Ertragseinbuße von zehn bis 20 Prozent gemessen. Ozon ist zudem mit sieben bis zehn Prozent für den Treibhauseffekt verantwortlich.

Heilbronn gehört seit 1988 zu den Smoggebieten. Laut Smogverordnung könnte der Verkehr in der kalten Jahreszeit innerhalb kurzer Zeit gedrosselt werden. Bisher allerdings wurde in der Neckarstadt der Luftnotstand noch nie ausgerufen. Grund: Die Grenzwerte sind zum Teil viel zu hoch angesetzt.

Bundesumweltminister Klaus Töpfer kündigt zwar seit 1990 eine Sommersmogverordnung an, doch auch im Frühjahr 1993 gibt es noch nicht einmal einen Kabinettsentwurf. Den Ländern und den Kommunen sind die Hände gebunden; sie dürfen den Verkehr im Fall des Falles nicht beschränken.

Initiative aus Baden-Württemberg

Der Stuttgarter Umweltminister Harald B. Schäfer (SPD) möchte aus diesem Grund über eine Bundesratsinitiative die rechtlichen Voraussetzungen dafür schaffen, daß die Länder Ozonverordnungen erlassen können. Dies könnte durch eine Änderung des Bundesimmissionsschutzgesetzes geschehen, das nur die Bekämpfung von Wintersmog ("austauscharme Wetterlagen") vorsieht. Schäfer fordert von der Bundesregierung die Festlegung eines strengen Ozongrenzwerts, denn auch dazu sind die Länder nicht befugt.

Mit dem Anti-Ozon-Versuch in Heilbronn/Neckarsulm will der Umweltminister von Baden-Württemberg testen, ob bzw. inwieweit lokal begrenzte und zeitlich befristete Einschränkungen die Konzentration des Sommergiftes senken. Die Wirksamkeit solcher Maßnahmen ist in der Fachwelt umstritten, da derzeit nur Rechnungen für große Gebiete vorliegen. Außerdem erwartet Schäfer eine Antwort auf die Frage, welchen Anteil im konkreten Einzelfall die Industrie und welchen der Verkehr auf die Bildung des Reizgases haben. Der Minister will die Ergebnisse des Versuchs dann in die angestrebte Landesverordnung sowie eine Bundesratsinitiative einfließen lassen.

Nebenbei werden die Umweltpolitiker aller Länder wohl auch die Reaktionen der Bevölkerung auf Beschränkungen von Verkehr und Produktion studieren. Dieser Teil des Experiments taucht in keiner offiziellen Verlautbarung auf. Denn außer den Sonntagsfahrverboten in den 70er Jahren - eine Antwort auf die Ölkrise - gibt es keine Erfahrungswerte.

Im Sperrgebiet Heilbronn/Neckarsulm sollen während der Anti-Ozon-Tage nur Autos mit geregeltem Drei-Wege-Katalysator, schadstoffarme Dieselfahrzeuge oder Lastwagen der Euro-Normen A und B verkehren dürfen. Die täglich rund 300.000 Lkw- und Pkw-Fahrten in Heilbronn und Neckarsulm würden damit um etwa 60 Prozent reduziert. Auf der stark frequentierten Autobahn, die mitten durch die Testzone führt, gilt an diesen Tagen Tempo 60.

Der Umweltminister will aber auch ein Signal setzen. Mutig ist sein Versuch allemal. Mutig vor allem, weil er ausgerechnet in einer Region stattfindet, die vom Auto lebt, oder besser, in einer Region, die vom Auto gelebt hatte und heute Krisenregion ist. Muß der Umweltminister das ewige Totschlag-Argument der gefährdeten Arbeitsplätze befürchten? Die Stellungnahme der Gewerkschaften ist klar. Der damalige DGB-Chef Klaus Rücker befürwortet den Schäfer-Plan.

Für Rücker ist dies nicht einfach Rücksichtnahme gegenüber einem Parteifreund. Er hat sich schon vor dem Anti-Ozon-Experiment für eine Änderung der aufs Auto orientierten Verkehrspolitik im Unterland eingesetzt. Der DGB hatte sich an die Spitze dieser Bewegung gestellt. Rücker organisierte den Zusammenschluß aller Organisationen und Bürgerinitiativen im Stadt- und Landkreis Heilbronn, die sich mit dem Verkehr befassen. "Vereinigte Verkehrsinitiativen" (VVI) nennt man sich seitdem.

Die IG Metall steht ebenfalls hinter dem Schäfer-Experiment, auch wenn man zugibt, daß es bei einigen Mitgliedern Kritik gibt. Der damalige Bezirksleiter Walter Riester spricht sich generell für Tempobeschränkungen aus. Und wenn es der Umwelt diene, müsse man auch mit befristeten Fahrverboten leben. Gerade am Beispiel Ozon ließe sich die viel beschworene Verträglichkeit von Ökologie und Ökonomie beweisen, heißt es bei den Metallern. Dies gelte gerade für eine Autoregion wie Baden-Württemberg. Notwendig wäre es, das Land weltweit als Anti-Ozon-Pionier zu profilieren. Dazu sollten die technischen und forschungspolitischen Kompetenzen des Südweststaates genutzt werden. Die Gewerkschaft appelliert auch an die Industrie: "Ökologisch verträglichere Autos sind das Gebot und auch die Marktchance der Stunde." Die Pläne für entsprechende Sparmodelle lägen in den Schubladen der Hersteller.

Der Heilbronner DGB-Chef Rücker fordert die Landesregierung auf, neben dem Anti-Ozon-Versuch in Baden-Württemberg die hessische Ozonverordnung zu übernehmen. Zwar sind auch Joschka Fischer die Hände gebunden, doch der grüne Umweltminister aus Wiesbaden will bei hohen Konzentrationen der heimtückischen Sommerplage zumindest die Fahrgeschwindigkeit beschränken. Da diese Verordnung rechtlich auf wackeligen Füßen steht, sollen Verstöße nicht geahndet werden. Doch der Grenzwert ist mit 240 Mikrogramm pro Kubikmeter Luft so hoch, daß er nur an wenigen Tagen erreicht werden dürfte. Auch Fischer kann sich nicht über Bundesrecht hinwegsetzen.

Ein Horrorgedanken für die Auto-Lobby

Fischers Stuttgarter Kollege Schäfer setzt dagegen auf seinen Modellversuch: Fahrverbote und eine Einschränkung der Produktion für vier Tage im Raum Heilbronn/Neckarsulm: Ein Horrorgedanke für die Auto-Lobby vom ADAC bis zur IHK. Die Autofahrer-Partei - sie hat in Heilbronn ihr Bundesgeschäftsstelle - sieht darin einen "Verstoß gegen das Grundgesetz" und kündigt Klage an. Ähnlich die Stellungnahme der Republikaner.

Die Handwerkskammer meldet Kritik an, die IHK-Spitze ist außer sich. Präsident und Spediteur Otto Christ sieht bereits die Wirtschaft in Gefahr. Millionenverluste würden entstehen, warnt die Kammer, der die rund 25.000 Firmen der Region Franken angehören. Zudem würde das Image der Stadt Heilbronn unter dem Versuch leiden.

Landesumweltminister Schäfer läßt sich dadurch nicht beirren. Er möchte analog zur Wintersmogverordnung auch bei sommerlichen Hochdruckwetterlagen in den Verkehr und die Produktion eingreifen. Nur bei intensiver Sonneneinstrahlung bilden sich aus Stickoxiden (NO_x) und flüchtigen Kohlenwasserstoffen (VOC, englisch, steht für volatile organic compounds) Ozon. Da die Konzentration außerdem vom Wochentag und von der Tageszeit abhängt, muß sich der Versuch mindestens über vier Tage erstrek-

"Das habe ich so nicht gesagt." Audi-Chef Franz-Josef Kortüm beim Interview (1993)

ken, erklären die Experten des Ministeriums. Bereits im Vorjahr ließ man die Konzentrationen der Schadstoffe in der 20 mal 20 Kilometer großen Region detailliert messen, um ein zeitlich und räumlich hoch aufgelöstes Kataster zu erstellen.

Wie fast überall ist der Verkehr neben der Industrie im Unterland der größte Luftverschmutzer. Nicht nur fahrende Autos, sondern auch Tankstellen und abgestellte Kraftfahrzeuge setzen Schadstoffe frei. In Heilbronn und Neckarsulm gehen täglich beim Tanken zwischen 400 und 500 Kilogramm Kohlenwasserstoffe in die Luft. Ein Saugrüssel soll dies von Mitte 1995 an verhindern.

In einer bisher bundesweit einmaligen Studie hat der Chemiker Harald Knote errechnet, daß zwischen 35 und 40 Prozent der Kohlenwasserstoffe von abgestellten Autos stammen. Allein in Heilbronn verdunsten täglich 1,4 Tonnen. Aufs Jahr gerechnet stammten von den 1.800 Tonnen Kohlenwasserstoffen in der Heilbronner Luft rund 500 aus parkenden Autos. Eine Ausnahme sind lediglich Fahrzeuge mit geregeltem Katalysator. Der Verdunstungsfilter - von den Herstellern bisher nicht registriert - reduziert die Emission von Kohlenwasserstoffen um 90 Prozent.

Der Großraum Heilbronn hat sich zu einer Drehscheibe des (Straßen-) Güterverkehrs in Süddeutschland entwickelt. Ein Lastkraftwagen vergiftet die Luft pro Kilometer im Durchschnitt sieben mal mehr als ein Pkw. An Wochentagen blasen die verharmlosend Brummis genannten Giftschleudern im Raum Heilbronn pro Minute ein halbes Kilo krebserregender Rußpartikel in die Luft. Auch an den Stickoxid-Konzentrationen sind die Lastkraftwagen überproportional beteiligt. Obwohl an Werktagen nicht mehr Autos unterwegs sind weisen die Meßwerte über Heilbronn im Vergleich zum Sonntag die vierfache Menge aus. Dies hat die bisher weltweit präziseste Messung ergeben, die das Stuttgarter Umweltministerium 1993 in Auftrag gegeben hatte.

Die Industrie ist auch über die Produktion mitverantwortlich für die Bildung des Reizgases Ozon beziehungsweise deren Vorläufersubstanzen. Nach Berechnungen des Umweltministeriums produziert die gewerbliche Wirtschaft im Unterland 42 Prozent des Stickoxids und 30 Prozent der VOC. Die mit Abstand größte Dreckschleuder heißt Audi. Die völlig überalterte Lackiererei setzt jährlich 780 Tonnen Lösemittel frei, vor allem flüchtige Kohlenwasserstoffe. Der tägliche Ausstoß an VOC ist etwa genauso groß wie der der restlichen Industrie- und Gewerbeemittenten im Raum Heilbronn/Neckarsulm. Die Lackdämpfe sind kaum sichtbar. Bei Sonneneinstrahlung bildet sich daraus Ozon.

Der damalige Audi-Chef Franz-Josef Kortüm hält zwar nicht viel von dem Anti-Ozon-Versuch im Schwabenland, doch in seiner Ingolstädter Vorstandsetage rät man ihm mitzumachen. Kortüm im Interview mit unserem

Giftige Lösemittel für Arbeiter und Umwelt: Lackiererei bei Audi in Neckarsulm

Fernsehteam: "Man muß die Verursacher dieser Entwicklung genau sehen, und da ist es zu oberflächlich zu sagen, das sind die Autofahrer. Wir wissen, daß die Industrieemissionen ja einen wesentlichen Beitrag dazu leisten." Der Automanager wehrt sich dagegen, daß seine Klientel allein für die Umweltschäden verantwortlich gemacht wird. Recht hat er. Nur die Konsequenz hat er sich wohl nicht überlegt. Die Feststellung, daß auch Audi als Produzent verantwortlich für die hohen Ozonwerte sei, wehrt Kortüm ab: "Das habe ich so nicht gesagt."

Zu den Fakten: Bei einem Audi 100 muß eine Fläche von 90 Quadratmetern lackiert werden; dabei werden fünf Kilogramm Lösemittel freigesetzt. Im Durchschnitt belastet eine Metallic-Karosse die Luft in Neckarsulm mit 61 Gramm Lösemittel, Fahrzeuge in Uni-Farben mit 23 Gramm. Da die Uni-Farben nur 13 Prozent ausmachen, fallen sie kaum ins Gewicht. Solange der Gesetzgeber dies zuläßt, möchte Audi - wie die anderen Hersteller auch - auf die Metallic-Lacke nicht verzichten. Den wenigsten Kunden ist der Unterschied bekannt. Während Kortüm und seine Marketingstrategen Unsummen in die übliche Produktwerbung stecken, wird über den kleinen, aber feinen Unterschied in Sachen Lackierung kaum informiert.

Dem Betriebsrat und der IG Metall ist die Lackiererei schon lange ein Dorn im Auge. Die Interessenvertreter der Arbeiter und Angestellten wissen nicht nur was emittiert wird. Sie wissen auch, was über die Lungen der Arbeiter in der Lackiererei entsorgt wird. Ein gesellschaftspolitischer Skandal, den Gesundheitspolitiker, Berufsgenossenschaften, Gewerbeaufsichtsämter und Ärzte kaum zur Kenntnis nehmen. Denn ob mit oder ohne den dürftigen Atemschutz, die Risiken für die Gesundheit sind enorm, sie können tödliche Wirkung zeigen.

Audi ist kein Einzelfall. Die Lackierereien im Südweststaat, allen voran die von Mercedes-Benz, verpesten unsere Luft im Jahr mit über 800.000 Tonnen flüchtiger Kohlenwasserstoffe. Die Zahlen stammen aus dem Jahr 1988; sie dürften inzwischen weit höher liegen. Die Lackierereien von Audi und die von Mercedes in Sindelfingen gehören zu den derzeit schlimmsten in Deutschland.

Spätestens 1996 muß Audi in Neckarsulm den Lösemittelanteil von 56 (1993) auf 35 Gramm pro Quadratmeter Rohkarossen-Oberfläche gesenkt haben. Statt 780 Tonnen Lösemittel pro Jahr dürfen nach dem Neubau bei gleichen Vorgaben - Modelle, Stückzahl, Fertigungstechnik - nur noch 490 anfallen. Dies sieht ein Vertrag mit dem Landratsamt Heilbronn vor, der im Zusammenhang mit der Baugenehmigung für eine neue Lackiererei abgeschlossen wurde. Mit der alten Anlage und den alten Emissionswerten hätte Audi nicht mehr lange lackieren dürfen.

Die alte Lackiererei war aber auch aus Kostengründen nicht mehr haltbar. Mit dem Neubau sollen die Produktionsabläufe erheblich vereinfacht und damit billiger werden. Verzinkte Karossen können dann in derselben Anlage lackiert werden wie die neue Aluminium-Karosserie, die eine andere Vor- und Schlußbehandlung benötigt.

Rund 300 Millionen Mark hat die VW-Tochter für Investitionen in eine neue Lackiererei im Unterland deshalb verplant. Der 1988 angekündigte und dann immer wieder verschobene Bau soll laut Plan 1994 teilweise und 1995 ganz abgeschlossen sein. Nach dem neuesten Stand allerdings wird sich dies vermutlich noch einmal um knapp ein Jahr verzögern.

Da die neue Anlage zum Teil mit wasserverdünnbaren Füllern und Lakken arbeitet, wird die Umwelt weniger belastet. Zwar soll über ein Recyclingverfahren das Aufkommen an Lackschlämmen reduziert werden, doch es wird immer noch große Mengen an Sondermüll geben. Geschlossene Wasserkreisläufe verringern den Verbrauch von Frischwasser sowie den Ausstoß von Abwasser. Nachteil: Das neue Verfahren verbraucht mehr Energie, denn wasserlösliche Lacke trocknen langsamer.

Fortschritt durch Technik? Fehlanzeige: Denn in die Technik der Zukunft hat Audi nicht investiert. Sie heißt Pulvrierverfahren und wird schon seit Jahren erfolgreich angewandt, beispielsweise bei Fahrzeugen für die Bundeswehr. Der Lack wird dabei ohne Belastung von Luft und Wasser elektrostatisch aufgetragen. Doch weder Audi noch ein anderer Kfz-Hersteller wagt sich an die umweltfreundliche und für die menschliche Gesundheit unbedenkliche Technik. Auch Mercedes stellt in Sindelfingen zur Zeit (mit einem Kostenaufwand von einer Milliarde Mark) auf wasserlösliche Lacke um. Grund: Der Lack glänzt nicht so wie bei den herkömmlichen Methoden. Da sich die hohen Investitionen in die neue Lackiererei amortisieren müssen, wird das Pulvrierverfahren, wenn überhaupt, wohl frühestens in zehn Jahren eingeführt werden können.

Aber ohne den Druck des Gesetzgebers wird auch dies ein frommer Wunsch bleiben. Es sei denn ein Hersteller wagt den Sprung nach vorn und verspricht sich dadurch Konkurrenzvorteile. Die Fahrrad-Manufaktur in Bremen jedenfalls wirbt seit kurzem auf großflächigen Anzeigen mit dem Slogan "Der Lack ist ab". Die Firma verwendet nur noch Pulver und verspricht sich dadurch neue Käuferschichten.

Peinlich für die CDU

März 1993: Erstmals überschreiten die Ozonkonzentrationen in Heilbronn den Warnwert von 180 Millionstel Gramm pro Kubikmeter. Der "Sommersmog" verpestet damit schon die Frühjahrsluft. Neben den steigende Ozonkonzentrationen und erhöhten Krankheits- und Krebsraten verursachen die Fahrzeugabgase auch die immer näher rückende Klimakatastrophe. Gründe genug also für dauerhafte Einschränkungen, wie sie von Wissenschaftlern und Umweltschützern schon lange verlangt werden: Doch die Auto-Lobby stöhnt schon bei einem viertägigen Versuch.

Umweltminister Schäfer bekommt Anfang 1993 Schwierigkeiten mit dem Koalitionspartner. Die Christdemokraten im Landtag und in der Landesregierung melden erhebliche Bedenken an. Gleich mehrmals steht der Anti-Ozon-Versuch auf der Tagesordnung im Kabinett. Harald B. Schäfer muß seinen Ministerpräsidenten mehrmals an die Koalitionsabsprache erinnern, in der Maßnahmen für die Luftreinhaltung festgeschrieben sind. Erwin Teufel, den Chef der großen Koalition in Stuttgart, interessiert der Sommersmog nicht. Er argumentiert mit den Interessen der Wirtschaft.

Peinlich für die CDU-Leute, daß ihr eigener Mann, Schäfer-Vorgänger Erwin Vetter, das Experiment in Ansätzen bereits konzipiert hatte. Sein damaliger Staatssekretär Werner Baumhauer hatte sich auch schon die Zustimmung seines Parteifreundes Manfred Weinmann gesichert. So konnte der Heilbronner Oberbürgermeister keinen Rückzieher mehr machen.

Anders der CDU-Abgeordnete Hermann Mühlbeyer aus dem Wahlkreis 20 (Neckarsulm). Als langjähriger Staatssekretär im Ministerium für Arbeit und Gesundheit hatte man ihm zwar eine gewisse Sensibilität für das Problem zugetraut, doch der Unterländer setzt sich immer wieder als Wortführer der Gegner in Szene.

Ein weiterer CDU-Landtagsabgeordneter aus der unmittelbaren Nachbarschaft schaltet sich ein, Gerd Zimmermann. Der Bürgermeister der Kurstadt Bad Rappenau lebt im doppelten Sinne von gesunder Luft. Er engagiert sich seit Jahren an verschiedenen Stellen für die Luftkur- und Erholungsorte der Region. Und in Sachen Gesundheit mischt Zimmermann in allen möglichen Gremien mit. Er ist Verwaltungsratsvorsitzender der Kur- und Klinikverwaltung GmbH, der Schwärzbergklinik GmbH, der Salinenklinik GmbH, der Kurklinik GmbH sowie der Kurbau GmbH. Außerdem sitzt er dem ökumenischen Krankenpflegeverein in Bad Rappenau vor. Doch statt entschieden für den Anti-Ozon-Versuch einzutreten, gesellt sich Zimmermann zu den Kritikern.

Und noch zwei Auto-Lobbyisten schicken die Gegner in den Ring, die Landtagsabgeordneten Alfred Haas aus Emmendingen und Ulrich Müller aus Ravensburg. Der südbadische ADAC-Vorständler und begeisterte Motorsport-Anhänger Haas (CDU) ist zugleich stellvertretender Vorsitzender des Umweltausschusses im Stuttgarter Landtag. Müller ist hauptberuflich Geschäftsführer der IHK Bodensee-Oberschwaben; er sitzt für die CDU im Verkehrs- und im Umweltausschuß. Der Schäfer-Kritiker bringt seine Ablehnung auf die Formel: "Ein ungeeigneter Eingriff ist rechtswidrig." Zu der Gruppe gesellen sich außerdem die Abgeordneten Winfried Scheuermann aus Illingen und Karl Göbel aus Ulm. Umweltminister Schäfer ist sauer: "Ich habe es langsam satt, daß alle vom Umweltschutz reden, sich aber verdrücken wollen, wenn's konkret wird."

Landesverkehrsminister Hermann Schaufler, auch CDU, hatte von Anfang an Bedenken angemeldet. Er empört sich unter anderem darüber, daß sein Kabinettskollege Schäfer den Betrieb bei Audi und anderen großen Produktionsstätten während der Dauer des Versuchs drosseln will. Auch zum Fahrverbot steht Schaufler kritisch. Ein Rechtsgutachten soll nun klären, ob der Schäfer-Plan überhaupt zulässig ist. Schaufler geht davon aus, daß der Versuch damit vom Tisch ist. Die Gegner berufen sich nämlich auf ein Urteil des bayerischen Verwaltungsgerichtshofes, der in einer ähnlichen Frage gegen Beschränkungen des Verkehrs votiert habe. Neben der IHK und den Heilbronner Kaufleuten drohen die großen Einzelhandelskonzerne Tengelmann sowie Lidl & Schwarz mit rechtlichen Konsequenzen: Einstweilige Verfügungen und Schadensersatzdrohungen.

Der Umweltminister sieht sich einer Prozeßwelle ausgesetzt. Und mit Lidl & Schwarz oder Tengelmann hätte er einen potenten Gegner. Dieter Schwarz aus Neckarsulm und Erivan Haub, der reichste Mann Deutschlands, wollen sich nicht gerne von einem kleinen Landesminister ins Geschäft reden lassen. Der Handelsgigant Tengelmann - Jahresumsatz 1993 rund 24 Milliarden Mark - ist nach Metro, REWE, Edeka und Aldi die Nummer fünf unter den deutschen Lebensmittelhändlern. Weltweit setzt

Erivan Haubs Imperium 49 Milliarden Mark um. Über 199.000 Menschen arbeiten für ihn und seine Ketten. Die wichtigsten: Kaiser's, Gubi, Plus, Grosso, Magnet, Obi und LeDi. In Heilbronn - hier sind 900 Menschen beschäftigt - unterhält er zwei große Zentrallager, eines direkt in der Innenstadt. Sie beliefern einen Teil der Filialen in Baden-Württemberg.

Und warum ist ausgerechnet Tengelmann gegen den Schäfer-Plan? Schließlich haben die Zeitschrift "Capital" und die Umweltstiftung Erivan Haub zum "Ökomanager des Jahres 1990" ernannt. Und seit Jahren lobt Tengelmann sich selbst für das eigene Umweltmanagement. Haub läßt mit den Symboltieren Schildkröte und Frosch Werbekampagnen organisieren. Der Tengelmann-Boß soll im Juli den sogenannten "Umwelt-Oskar" entgegennehmen, den "Earth Day International Award". Klar, daß seine Manager in Heilbronn nach außen sehr vorsichtig taktieren. Wie heißt es so treffend in Haubs Stellungnahme zur Preisverleihung: "Umwelt schützen ist leicht gesagt, aber weit schwieriger getan, vor allem, wenn dabei wirtschaftliche Einbußen in Kauf genommen werden müssen."

Auich die Nummer acht auf dem deutschen Markt, die Lidl & Schwarz-Gruppe - Jahresumsatz 13,6 Milliarden Mark -, bleibt hart. Dieter Schwarz dirigiert seine Geschäfte von Neckarsulm aus. Unter den SB-Warenhaus- und Verbrauchermarktanbietern ist er nach Firmenangaben in Süddeutschland und in den neuen Bundesländern inzwischen der größte. Zu dem in den 30er Jahren als Südfrüchtehandel gegründeten Familienunternehmen gehören heute neben den Discount-Märkten der Handelshof, Kaufland, der Hauser Baumarkt, sowie C&C Rueff. 2.300 Menschen arbeiten für die Handelsgruppe allein im Unterland.

Über zwei Zentrallager und eine große Fleischfabrik in Neckarsulm verteilen die Lidl & Schwarz-Leute die Waren, die nicht direkt vom Produzenten in die Filialen geliefert werden. Mit dem riesigen Verbrauchermarkt Kaufland - 1.500 Quadratmeter - zieht man tausende Käufer und Autos aus der ganzen Region nach Neckarsulm. Warum sollen wir uns durch Anti-Ozon-Tage unser Geschäft vermiesen lassen, fragt man sich deshalb in der Chefetage.

Aufatmen beim Umweltministerium in der Stuttgarter Kernerstraße: Der Mannheimer Rechtswissenschaftler Wolf-Rüdiger Schenke hält den Versuch für rechtens. Der Weg ist damit frei. Die Opponenten aus der Wirtschaft feilschen jetzt vor allem um den Termin und um Ausnahmegenehmigungen. Trotzdem bleiben Firmen wie Tengelmann und Lidl & Schwarz bei ihrer Drohung, den Versuch gerichtlich stoppen zu lassen.

Da Umweltminister Schäfer keine Rechtsgrundlage dafür hat, der Industrie für den Versuchszeitraum den Ausstoß der Umweltgifte zu verbieten, ist er auf Freiwilligkeit angewiesen. Zwar wird der Versuch nicht begrüßt, aber die Betriebe möchten in der Öffentlichkeit nicht als Buhmann dastehen. Bei Audi und Kolbenschmidt wird ohnehin verkürzt gearbeitet. Die Industrie will den Versuch deshalb in die Kurzarbeitsphasen oder auf Brückentage legen, denn in dieser Zeit ruht die Produktion ohnehin. Andernfalls sagt die Werkleitung von Audi immerhin eine Reduzierung der Emissionen zu. Man will in der Lackiererei an den Versuchstagen die Metallic-Farben aus dem Programm nehmen.

Auch die Energieversorgung Schwaben (EVS) zieht mit. Über den 250 Meter hohen Schornstein setzt das weithin sichtbare EVS-Kraftwerk erhebliche Mengen an Stickoxiden frei. 1991 wurden 3.000 Tonnen gemessen, bei einer Messung an einem Sommertag 1993 setzte das Werk 4,1 Tonnen frei. Die EVS ist damit im Unterland nach dem Verkehr der größte NO_x-Emittent.

Die Brüggemann KG, die Solvay Alkali GmbH und Kolbenschmidt (KS) zeigen sich ebenfalls kooperativ. KS wäre am ersten Versuchstermin ohnehin nicht betroffen. Am Freitag nach Fronleichnam ist Betriebsurlaub angesagt. Diese fünf Betriebe gehören zusammen mit vier weiteren zu den größten Dreckschleudern der Region. Sie setzen nach einer Messung des Gewerbeaufsichtsamtes 85 Prozent aller Stickoxide und flüchtigen Kohlenwasserstoffe im Raum Heilbronn/Neckarsulm frei, knapp 24 Tonnen Stickoxide pro Tag und über sechs Tonnen Kohlenwasserstoffe (VOC). Die restlichen 15 Prozent verteilen sich auf weitere 184 Betriebe. 1991 produzierten die Unterländer Betriebe zusammen 18.000 Tonnen NO_x.

Die Einzelhändler sind auf Audi und die anderen Industriebetriebe sauer. Denn das Umweltministerium hat ihnen beim Feilschen um den günstigsten Termin nachgegeben. So soll der Versuch - vorausgesetzt das Wetter macht mit - vom Donnerstag, dem 10. (Fronleichnam), bis zum Sonntag, dem 13. Juni, stattfinden.

Die Kaufleute dagegen befürchten Millioneneinbußen, wenn der Anti-Ozon-Versuch an den verkaufsstarken Freitagen und Samstagen stattfindet. Sie plädierten für die Tage Sonntag bis Mittwoch, an denen sie gewöhnlich weniger Geschäft machen. Da sie damit nicht durchkommen, verlangen sie, daß die Landenschlußzeit im Sperrgebiet am Mittwoch vor dem Versuch auf 20.30 Uhr verlängert wird. Endlich ein Erfolgserlebnis. Auch das erste Juli-Wochenende wird von der Liste mit den möglichen Versuchsterminen gestrichen. Es sei nach Weihnachten das wichtigste Verkaufswochenende, argumentieren die Händler.

Und noch ein Zugeständnis für Handel und Gewerbe: Das "Nachtfenster" wird verlängert. Brummis können den Sperrbezirk von 24 bis fünf Uhr befahren. Auch leicht verderbliche Lebensmittel wie Molkereiprodukte, Backwaren, Obst und Gemüse dürfen transportiert werden. Eine ganze Reihe von Ausnahmegenehmigungen soll den Unterländern also das autofixierte Leben an den vier Versuchstagen erleichtern.

Zehntausende sollen an den Versuchstagen außerdem mit zusätzlichen Bussen und der Bahn befördert werden. Für den Einzelhandel rächt sich jetzt die Bevorzugung des motorisierten Individualverkehrs. Jahre lang hatten die Stadt Heilbronn und der Landkreis mit der Arbeitsgemeinschaft Heilbronner Kaufleute über eine Fahrpreisvergütung für öffentliche Verkehrsmittel verhandelt. In anderen Städten längst gängige Praxis, im Oberzentrum Heilbronn Fehlanzeige. Auch die enormen Defizite des ÖPNV werden deutlich. Es gibt keinen Tarifverbund. Und Regionalbusse dürfen Heilbronner Haltestellen nicht bedienen. Wegen des zu erwartenden Massenandrangs auf die Busse beschließen die Städte Heilbronn und Neckarsulm den Nulltarif für die Versuchstage. Denn das Ausstellen von Fahrscheinen würde die Fahrer völlig überfordern. Die Bahn verlangt nur den halben Preis; Kinder fahren im Zug umsonst.

Sternstunde für den ADFC

Jetzt plötzlich entdecken die Heilbronner Kaufleute, daß sie mit dem Anti-Ozon-Versuch sogar Werbung machen können. Kein Wort mehr vom Zeter und Mordio über angebliche Einbußen von 50 bis 70 Prozent. Clevere PR-Leute haben die Einzelhändler davon überzeugt, daß es auch anders geht. Zusammen mit dem Allgemeinen Deutschen Fahrradclub (ADFC) und der Allgemeinen Ortskrankenkasse (AOK) bereiten sie eine "Tour d'Ozon" vor. Das klingt so schön nach Urlaub und Frankreich. "Shopping per Rad" heißt die Devise. Und nach der Sternfahrt in die Heilbronner City erwartet die Drahtesel-Kundschaft ein buntes Programm. Historische Fahrräder und Elektromobile sollen präsentiert werden. Kunstradvorführungen sind geplant, Riksha-Fahrten, ein Geschicklichkeitsparcours, Verlosungen und eine Prämierung origineller Räder sowie eine Fahrradbörse.

Stefan Brandtner, der ADFC-Vorsitzende, erlebt eine Sternstunde. Nicht mehr der Millionenclub von "Frei Fahrt für frei Bürger" (ADAC) ist gefragt, sondern die kleine Konkurrenz, die sich mit zwei Rädern begnügt und auf die Kraft Benzin fressender Motoren verzichtet. Jeder Radfahrer wird einen "Tour d'Ozon"-Aufkleber bekommen, der beim Einkaufen mit 60 Pfennigen vergütet werden soll. Auch an Großeinkäufer ist gedacht. Sie bekommen ihre Waren frei Haus. Und Kaufland organisiert eine breit angelegte Kampagne, informiert die Haushalte über die eigene Kundenzeitschrift "Tip der Woche". Man wirbt für Bevorratungskäufe und lockt mit einer Verlosung. Hauptgewinn: Eine G-Kat-Plakette, an der ein fabrikneues Auto hängt.

Für Nachtschwärmer ist am autofreien Wochenende ebenfalls gesorgt. Ein Disco-Bus wird jeweils bis fünf Uhr in der Früh im Ein-Stunden-Takt Discotheken und Szene-Lokale anfahren. Fahrpreis: Eine Mark. Und neben dem Fahrrad, dem Bus oder der Bahn kann man tagsüber auf dem Neckar auch per Schiff ins Oberzentrum der Region gelangen - streßfrei, wie die Heilbronner Personenschiffahrt ankündigt. Eine Alternative zumindest für diejenigen, die in der Nähe einer Anlegestation leben.

Die Bürger im Unterland reagieren unterschiedlich auf das Anti-Ozon-Experiment. Umfrageergebnisse liegen nicht vor. Den größten Unmut verursacht die Plakettenpflicht für Fahrzeuge mit geregeltem Kat und schadstoffarmen Dieselmotoren. Nur mit dem orangen Smog- oder dem extra gefertigten gelb umrandeten Anti-Ozon-Aufkleber für Dieselfahrzeuge darf man ins Sperrgebiet fahren. Kosten: fünf Mark Verwaltungsgebühr.

Die Bürokratie ist mit der Ausgabe überfordert. Zunächst wollen die Stadt- und die Kreisverwaltung die Plaketten nur über die Kfz-Zulassungsstelle im Landratsamt ausgeben. Dabei hätte man von mehreren zehntausend Anfragen ausgehen müssen. Den Anti-Ozon-Aufkleber gibt es anfangs überhaupt nicht. Zwar arbeiten die zuständigen Beamten und Angestellten zum Teil bis 20 Uhr, doch der Ansturm ist kaum zu bewältigen. Immer wieder lange Schlangen. Die meisten Antragsteller kommen mit dem Pkw, verstopfen die Straßen und Parkplätze und verpesten damit die Luft.

Manchem Umweltschützer geht das Schäfer-Experiment nicht weit genug. Die Grünen im Landtag plädieren für überregionale Beschränkungen. Der Heilbronner Grünen-Stadtrat Reinhold Schmidt nennt die IHK wegen ihrer ablehnenden Haltung einen "Unsicherheitsfaktor in der Umweltvorsorge". Die Grünen im Kreis begrüßen zwar den Versuch, warnen aber vor zu vielen Ausnahmegenehmigungen. Grund: Für Lastwagen sind 2.600 erteilt worden, für Pkw knapp 4.000. Dies sind laut Umweltstaatssekretär Peter Reinelt allerdings nur 2,3 Prozent des üblichen Fahrzeugaufkommens.

Andere umweltbewegte Kritiker wiederum fragen, warum für Autos mit Kat eine Sonderregelung gilt. Der Katalysator sei im Kurzstreckenverkehr nahezu unwirksam; er sondere auch nach Erreichen der notwendigen Temperatur Giftstoffe ab wie Benzol, Platin-Cyanid-Partikel oder Blausäure. Das Öko-Institut in Freiburg hat eine gespaltene Meinung. Der Anti-Ozon-Versuch sei aus wissenschaftlicher Sicht überflüssig, die politische Wirkung dagegen sei "von unschätzbarem Wert". Der Bund für Natur und Umweltschutz (BUND) hat eine Informationskampagne gestartet und eine ganze Liste von Forderungen zur Verringerung der Schadstoffbelastung der Luft verkündet. Die Heilbronner Kreisgruppe verlangt eine bessere Informationspolitik.

Dienstag, 8. Juni 1993: Wie ein Lauffeuer verbreitet sich die Nachricht im Unterland. Der für die nächsten Tage geplante Modellversuch muß abgesagt werden. Das Wetteramt sagt Bewölkung, Schauer und Gewitter vorher. Ohne Sonne keine Ozonbildung und kein Grund für die Beschränkungen. Die in letzter Minute organisierten Begleitveranstaltungen sowie das zusätzliche Nahverkehrsangebot werden gestrichen. Und auch beim zweiten Termin fällt das Schäfer-Experiment ins Wasser. Die Wetterprognose war wieder ungünstig.

Jetzt wittern die Gegner erneut "Morgenluft". Die CDU-Landtagsfraktion will den Versuch endgültig kippen. Der CDU-Abgeordnete Mühlbeyer kritisiert, das Anti-Ozon-Projekt sei schlampig vorbereitet, bringe nichts, koste viel Geld und schade dem Image des Unterlandes. Mühlbeyer, der seit Jahren den sechsspurigen Ausbau der A 6 zwischen Walldorf, Heilbronn und Weinsberg fordert, legt sich dann plötzlich ein "grünes Mäntelchen" um. Er fordert "sinnvolle Konzepte zur Ozonminderung". Man solle nur noch Fahrzeuge mit niedrigem Benzinverbrauch und Katalysator bauen. Die Regierung müsse dies zur Auflage machen. Auf eine entsprechende Bundesratsinitiative wartet das Unterland noch heute.

Für Otto Christ und Horst Schmalz von der IHK hat die Region nach zwei Versuchsterminen endlich ihre Schuldigkeit getan. Die beiden Männer laden zur Vollversammlung nach Weinsberg. Die 47 Repräsentanten der Wirtschaft fordern das Aus für den geplanten Anti-Ozon-Versuch. Präsident Christ zur Begründung: "Durch einseitige Bevormundung kann viel Eigenverantwortung zerstört werden." Die Kammer wolle verhindern, daß der "Wirtschaftsraum zum Experimentierfeld eines Versuches gemacht wird". Der Versuch solle, wenn überhaupt, dann erst "nach weiterer wissenschaftlicher Absicherung" im kommenden Jahr abgehalten werden. Und auf jeden Fall müsse er dann in einem anderen Gebiet stattfinden.

Im übrigen droht die IHK erneut mit "bereits angekündigten Schadensersatzforderungen", da die Verkehrsbehinderung einem "enteignungsgleichen Eingriff" gleichkomme. Bei so viel Sozialismus auf eigenem Hoheitsgebiet sieht die Kammer nur noch einen Ausweg: Ein dringender Appell an Ministerpräsident Erwin Teufel.

Gesundheitsverachtende Prioritäten

Fahrzeugbauer und IHK-Mitglied Peter Dautel kann sich jetzt nicht mehr zurückhalten. Er wirft dem IHK-Geschäftsführer vor, "gesundheits- und menschenverachtende Prioritäten zu setzen". Die Kammer erwecke in der Öffentlichkeit den Eindruck, ein Organ zu sein, "das nur über fragwürdige Umsatzverluste jammert und kein Interesse an der Reduzierung der Schadstoffbelastung im Raum Heilbronn erkennen läßt". Durch "das Zerrbild des Umsatz- und gewinnsüchtigen Unternehmers" entstehe ein beträchtlicher Schaden. Müssen Sie oder einige Mitglieder der Vollversammlung, fragt Fabrikant Dautel IHK-Geschäftsführer Schmalz und Präsident Christ "zuerst einmal schwer erkranken, bevor Sie entsprechende Prioritäten in Ihrem Denken und Handeln setzen? Wir wissen doch um die krankmachenden Luftverhältnisse im Raum Heilbronn."

Im Interview mit unserem Team zitiert Peter Dautel den Bund für Umwelt- und Naturschutz: "Entscheidend ist, daß wir aus dem Problem, daß wir Fahrverbote überhaupt erteilen müssen, lernen und die Konsequenzen ziehen in bezug auf die Einführung von geregelten Drei-Wege-Katalysatoren und weiteren Maßnahmen zur Schadstoffreduzierung. Sonst würde das Wirklichkeit werden, was der BUND, der Bund für Umwelt- und Naturschutz, so plakativ gesagt hat: 'Wir sperren die Kinder ein und lassen die Autos fahren.' Mit einem solchen Zustand können wir alle nicht leben."

Fahrzeugbauer Peter Dautel ist spätestens seit seinem Engagement für den Anti-Ozon-Versuch bei den Auto-Lobbyisten im württembergischen Unterland verhaßt. Ausgerechnet einer der ihren hatte das Lager gewechselt. In der Emil Dautel GmbH werden Aufbauten für Lastkraftwagen gebaut und montiert. Ob Streudienstfahrzeuge, Kipper oder Ladebordwände, die Firma ist überall im Geschäft.

Peter Dautel denkt über den Tag hinaus. Obwohl seine Firma vom Straßenverkehr lebt, fordert Dautel eine Umkehr in der Verkehrspolitik. Umweltfreundlich müsse sie sein, "denn sonst sägen wir an unserem eigenen Ast", mahnt der Unternehmer. Und dabei hätten Wirtschaft und Politik bereits wertvolle Zeit ungenutzt verstreichen lassen. Dautel: "Wir könnten viel weiter sein." Das beginne bei den Abgasreinigungstechniken - insbesondere für Lkw und Busse - und ende bei der Verkehrspolitik. "Schadstoffreduzierungen, wie sie in Kalifornien geplant sind, sollten auch bei uns möglich sein."

Für Dautel ist eine gesunde Umwelt auch ein Standortfaktor für den Wirtschaftsraum Heilbronn/Neckarsulm: Mit miserabler Luft werde er unattraktiv für Gewerbeansiedlung. Hohe Ozonkonzentrationen erhöhten die Krankenrate in den Betrieben und damit die Kostenbelastung. Außerdem bezweifelt der Unternehmer, daß der Wirtschaft bei dem Anti-Ozon-Projekt Millionen-Verluste entstehen würden. Meist könne vor- oder nachgearbeitet werden. Wenn die Mitarbeiter Urlaub nähmen, würden ohnehin keine Kosten entstehen.

Nicht ganz so kritisch und nicht ganz so wortgewaltig äußern sich die Wirtschaftsjunioren, die Gruppe der Jungunternehmer innerhalb des IHK Heilbronn. Ohne auf die Haltung der IHK-Spitze ausdrücklich einzugehen, erklären sie ihre "grundsätzliche Zustimmung". Vorstand Dieter Sedlacek betont die "Bedeutung und die Notwendigkeit des Versuchs" sowie die Pilotfunktion für Deutschland. Ein Erfolg wäre es schon, "wenn Bürger, Verwaltungen und Wirtschaft in Zukunft aktuelle Verhaltensweisen selbstkritisch beurteilen und ein Umdenkungs- und Umlenkungsprozeß bewirkt wird."

In einer ausführlichen Stellungnahme melden die Wirtschafsjunioren aber Kritik an der unprofessionellen Art der Durchführung an. Die Vielzahl der Einschränkungen bzw. Ausnahmen würde die wissenschaftliche Verwertbarkeit stark beschneiden. "Unter realen Bedingungen werden in der Regel die Schulen nicht später anfangen, viele Betriebe nicht einen Brückentag einlegen und nicht außerordentliche, lange Verkaufstage genehmigt". Zudem befürchtet man für den Abend vor dem Versuch einen Verkehrsinfarkt, weil sich viele Menschen für die kommenden Tage mit Lebensmitteln eindecken wollen. In Anbetracht der langen Vorbereitungszeit hätten die Veranstalter "erstaunlich wenig Informationsarbeit geleistet und wenig Fingerspitzengefühl bewiesen". Dies hätte "zu Spekulationen und falschen Diskussionen" geführt.

August 1993: Für Mitte des Monats war ursprünglich der letzte Versuchstermin im verregneten Sommer 1993 geplant. Doch die Polizei spielte nicht mit. Die Stuttgarter hatten zahlreiche Beamte für die Weltmeisterschaft abgezogen. Das PR-Ereignis in der Landeshauptstadt sollte schließlich reibungslos ablaufen. Kein Chance mehr für Umweltminister Harald B. Schäfer und den Heilbronner Versuch. Der Termin muß auf Ende des Monats verschoben werden. Die WM macht das Rennen - auch beim Wetter. Die Zuschauer im Neckarstadion freuen sich über blauen Himmel und Sonnenschein. Und die Sportler der Welt setzen sich beim Wettkampf extremen Ozonkonzentrationen aus.

Ende August, letzter der fünf vorgesehenen Versuchstermine: Wieder wechselhafte Witterung, wieder versteckt sich die Sonne. Aber die Unterländer kommen endlich in den Genuß der bereits mehrfach verschobenen "Tour d'Ozon". Hauptattraktionen: Draisinen, Laufräder, die Anfang des 19. Jahrhunderts gebaut wurden, Hochräder aus der Zeit um 1870, alte NSU-Räder sowie Darbietungen von Kunstradfahrerinnen. Sie haben keine Probleme mit dem Ozon, denn ohne Sonne bleiben die Konzentrationen bescheiden. Körperliche Anstrengungen sind erlaubt.

Harald B. Schäfer gibt nicht auf. Der Ökominister will die Anti-Ozon-Tage ein Jahr später durchführen. Die Kosten des Anti-Ozon-Projekts in Baden-Württemberg: 720.000 Mark für das Jahr 1993. Nur 180.000 Mark davon seien unwiederbringlich verloren, sagt der Minister, da die Messungen und die Verkehrszählung von 1993 die Basis für den Versuch 1994 seien. Während der Umweltminister die Städte Heilbronn und Neckarsulm lobt, meldet er vorsichtige Kritik an der IHK an. Er hätte sich "eine konstruktivere Mitarbeit" gewünscht, sagt er, als ginge es um ein Projekt, bei dem äußerste diplomatische Zurückhaltung gefordert sei.

Die vom Bundeskabinett Mitte 1993 verabschiedete "Konzentrationswerteverordnung" hält Schäfer für einen Witz. Sie soll 1995 in Kraft treten. Das Wort Ozon taucht in dem Entwurf, der als "Sommersmogverordnung" verkauft wird, nicht auf, ganz abgesehen von angemessenen Grenzwerten für die Vorläufersubstanzen. Die Höchstwerte für die Umweltgifte NO_x,

Ruß und Benzol liegen nach Auffassung von BUND und Greenpeace vier bis fünf mal höher als unter Aspekten des Gesundheitsschutzes vertretbar. Beim Krebsverursacher Benzol zum Beispiel will die Bundesregierung 15 und später zehn Mikrogramm tolerieren. Zur Erinnerung: Die Umweltministerkonferenz hatte sich auf einen "Ziel- und Orientierungswert" von 2,5 verständigt.

Im März 1994 passiert eine leicht geänderte Fassung dieser Verordnung den Bundesrat. Kommentar des BUND: "Das sind die Werte der Automobilindustrie." Mit der Verordnung sind Harald B. Schäfer die Hände gebunden, unabhängig davon, ob der Anti-Ozon-Versuch 1994 stattfindet oder nicht. Und unabhängig davon, zu welchem Ergebnis er kommt. Schäfer fordert deshalb eine "echte Sommersmogverordnung", die strenge Grenzwerte für Ozon festlegt.

Ministerpräsident Teufel zieht wenige Wochen nach seinem Wahlkampfauftritt in Heilbronn seine Bedenken gegen das Schäfer-Experiment wieder zurück, das Kabinett gibt noch einmal grünes Licht. Im Heilbronner Gemeinderat dagegen wird erwogen, gegen den Anti-Ozon-Versuch zu klagen, denn der Umweltminister will ihn auf jeden Fall durchführen, sieht dabei das Verwaltungsrecht auf seiner Seite. Und natürlich droht die Autofahrer-Partei erneut mit Klage. Auch so kann eine Stadt von sich Reden machen. "Schildabronn" fiel Schäfer dazu ein. Die Schildbürger-Mehrheit in der "Käthchen- und Weinstadt" hat sich das Urteil redlich verdient.

Hermann G. Abmayr

Wenn die Entwicklungshilfe zu spät kommt:

Die verhängnisvolle Verkehrspolitik der Auto-Lobby im Unterland

Heilbronn ist nur wenig bekannt in deutschen Landen. Um so berühmter ist die Nachbarstadt Weinsberg oder besser das Weinsberger Kreuz. Keine Werbeagentur der Welt hätte Weinsberg so oft im Hörfunk plazieren können, denn nahezu täglich taucht der Name bei den Staumeldungen auf. Das Unterland hat sich längst zu einer Drehscheibe des Straßenverkehrs in Süddeutschland entwickelt. Heilbronn liegt im Schnittkreuz zweier wichtiger Nord-Süd- und Ost-West-Verkehrsachsen. Selbst Stuttgarter Betriebe weichen inzwischen auf Heilbronner Spediteure aus. Allein der Güterverkehr auf der A 6 hat sich hier innerhalb von zehn Jahren verdoppelt. Der einst bedeutende Heilbronner Hafen dagegen verliert ständig an Bedeutung.

Früher brachte der Neckarhafen der freien Reichsstadt Wohlstand und Ansehen. Kaiser Ludwig der Bayer gestattet den Heilbronnern im 14. Jahrhundert, den Neckar schiffbar zu machen. Bis zum Anfang des 19. Jahrhunderts müssen im Heilbronner Hafen sämtliche auf dem Neckar ankommenden Waren umgeladen und öffentlich zum Verkauf angeboten werden. Folge: Die Kaufleute erleben über mehrere Jahrhunderte hinweg einen Aufschwng. Im 18. Jahrhundert fiel beinahe der gesamte Kolonialwarenhandel nach Württemberg und in weite Teile Bayerns an die 60 Heilbronner Handelshäuser. Auch den Vieh- und Pferdehandel in Süddeutschland beherrschten die Reichsstädter. Das brachte der "Stadt der Krämerseelen" gigantische Reichtümer.

Anfang des 19. Jahrhundert erlebten die Kaufleute ihr großes Desaster. Europa hat sich seit der französischen Revolution geändert. 1803 wird die einst so stolze freie Reichsstadt Württemberg zugeschlagen. Sie verliert ihre Monopolstellung. Auf Alternativen hatte man sich nicht vorbereitet.

Mitte des 19. Jahrhunderts büßt Heilbronn seine Stellung als Güterumschlagplatz erneut ein. Grund: Die für Stuttgart und die obere Neckargegend bestimmten Waren werden bereits am Mannheimer Hafen auf die Bahn verladen. Die Neckardampfschiffahrtsgesellschaft verliert an Bedeutung und wird schließlich aufgelöst. Erst die Einführung der mit einer Dampfmaschine über Ketten getriebenen Schleppschiffahrt bringt wieder einen Aufschwung. Die Strecke von Mannheim nach Heilbronn kann damit in der Hälfte der Zeit zurückgelegt werden.

Seit den 20er Jahren des 19. Jahrhunderts wird der Neckar kanalisiert. 1958 weihen die Stuttgarter ihren Hafen ein, zehn Jahre später wird der Plochinger Hafen fertiggestellt. Damit ist der Neckar bis zum Rhein auf einer Strecke von 200 Kilometern schiffbar. Der Heilbronner Hafen ist heute der sechstgrößte deutsche Binnen- und der mit Abstand größte Neckarhafen. Doch während der Güterverkehr auf der Straße in den vergangenen Jahrzehnten ständig zugenommen hat, sind die Umschlagzahlen des Hafens von sechs Millionen Tonnen Anfang der 70er Jahre auf fünf Millionen (1993) gesunken. Die A 6 erreicht bereits heute Werte, die ursprünglich für das Jahr 2005 prognostiziert waren.

Nur noch rund 5.000 Schiffe werden dagegen Anfang der 90er Jahre in Heilbronn gelöscht oder geladen. Ein Trauerspiel, denn der Schiffsverkehr ist die umweltfreundlichste Lösung für den Gütertransport. Ein Lkw braucht über 400 Prozent mehr Treibstoff als ein Schiff. Das Verhältnis des Primärenergieverbrauchs je Tonnenkilometer Verkehrsleistung liegt bei 1 : 4,3. Zudem verursachen Schiffe vergleichsweise wenig Lärm.

Zehn bis elf Millionen Tonnen Frachtgut werden jährlich auf dem Neckar transportiert. Das entspricht 600.000 Lastwagenladungen. Massengüter wie Kohle, Baustoffe und Salz machen über 80 Prozent des Hafenumschlags in Heilbronn aus. Industrie und Gewerbe lassen den Wasserweg meist links liegen. Nicht einmal die Unterländer Treibstoffhändler nutzen die Möglichkeiten des Heilbronner Hafens. Sie holen Heizöl und Benzin lieber mit dem Lkw aus Karlsruhe. Katastrophale Aussichten, wenn man berücksichtigt, daß der Güterverkehr bis zum Jahr 2010 um 70 Prozent anschwellen wird.

Der Wasserweg wird zum Stiefkind

Der Heilbronner Hafen kann seine Kapazität noch um mindestens ein Drittel steigern. Mit Containerschiffen könnten auch hochwertige Produkte transportiert werden. Vor allem für die Fahrt zu den Häfen von Amsterdam, Rotterdam und Antwerpen. Doch nach IHK-Umfragen ist das Interesse im mittleren Neckarraum sowie in der Region Franken nicht besonders groß. Bei einem Containerdienst, der die Strecke dreimal pro Woche bedienen würde, könnten dennoch 1.250 Lkw-Fahrten eingespart werden.

Versuchsweise läßt man im Oktober 1993 jede Woche ein Containerschiff von Stuttgart aus starten. So wird beispielsweise Altpapier über den Neckar, den Rhein, den Rotterdamer Hafen und die hohe See nach Bombay verfrachtet. Der Zuspruch ist so gering, daß später nur noch alle vier Wochen ein Schiff ablegt. Im Februar 1994 wird das Experiment eingestellt. Bei den derzeitigen Kampftarifen auf der Straße - bis zu 60 Prozent billiger als im Vorjahr - und bei der Bahn können die Binnenschiffer nicht mithalten.

Die Bundeswasserstraßenverwaltung hätte für regelmäßige Containerfahrten in Aussicht gestellt, das nächtliche Bedienungsverbot für Schleusen aufzuheben. Während nämlich der Verkehr auf Straßen und Schienen tags und nachts rollt, müssen sich die Schiffe auf dem Neckar ab 22 Uhr zur Ruhe legen. Der Konkurrenznachteil könnte andernfalls nur aufgehoben werden, wenn der gesamte Güterverkehr - mit Ausnahme von verderblichen Waren - nachts ruhen würde.

Die Zukunft des Heilbronner Verkehrs muß in einer Verbindung von Wasserweg, Schiene und Straße bestehen. Dies haben die Verantwortlichen allerdings erst 20 Jahre zu spät erkannt. Man plant inzwischen in der Nähe des Bahnhofs ein Güterverteilzentrum. Das Land hat finanzielle Hilfe angeboten. Das Prognos-Institut schlägt vor, Heilbronn zu einem "umweltfreundlichen Logistikzentrum" auszubauen.

Und die Bahn? Heilbronn ist die einzige deutsche Großstadt ohne eigenen ICE-Anschluß. Der einst gefeierte Bahnhof ist heute ein "Hauptbahnhof" für Bummelzüge und - seit einem Jahr - für ein einziges Interregio-Zugpaar. Es befährt die Strecke Stuttgart - Emden und dies auch noch zu ungünstigen Zeiten. Gerade 15 Reisende steigen früh morgens zu, 24 abends aus. Eine Besserung ist nicht in Sicht. Der Bundestag sieht keinen "vordringlichen Bedarf" für die Mittelachse Schweiz - Stuttgart - Heilbronn - Würzburg - Erfurt.

Gerade dem Hafen und dem guten Eisenbahnanschluß hatte Heilbronn seinen wirtschaftlichen Aufschwung in der zweiten Hälfte des 19. Jahrhunderts zu verdanken. Kluge Köpfe dachten an die Zukunft. Das Heilbronner "Intelligenz-Blatt" beispielsweise hatte bereits Mitte der 30er Jahre einen Eisenbahnanschluß gefordert. Schon damals befürchteten Heilbronner Kaufleute und Fabrikanten, daß die Stadt durch eine Direktverbindung von Stuttgart nach Mannheim ihre ohnehin schon angeschlagene Stellung beim Verkehr in Württemberg verlieren könnte. 150 Jahre später ist es dann so weit. Heilbronn wird beim Personenverkehr endgültig vom überregionalen Eisenbahnnetz abgehängt. Die neue (ICE-)Trasse läßt das verschlafene Oberzentrum links liegen.

Inzwischen fährt die Dampflok nur noch für Nostalgiker. Viele Strecken sind stillgelegt. 1993 soll die Bahn auch aus dem Kochertal verbannt werden. Grund genug für die Freunde der Eisenbahn zur letzten historischen Fahrt einzuladen. Auch Mitglieder von Bürgerinitiativen sind dabei. Sie haben sich unter Federführung des Deutschen Gewerkschaftsbundes zu den Vereinigten Verkehrsinitiativen (VVI) zusammengeschlossen.

Sprecher Karl Frey: "Wir haben im Kreis Heilbronn noch einige Schienenstrecken, die im Moment wenig genutzt sind und die sich wesentlich besser nutzen ließen, so beispielsweise auch diese Strecke. Hier bestünde die Möglichkeit eine Stadtbahn bis nach Heilbronn zu führen, bis hinein in die Heilbronner Innenstadt." Und: "Man könnte direkt vor den Audi-Werkstoren und auch bei der Firma Kolbenschmidt zusätzliche Haltepunkte anlegen und damit diese Strecke vor allem für den Berufs- und Schülerverkehr interessant machen.

Doch aller Protest hilft nichts. Verkehrsminister Hermann Schaufler (CDU) und die Württembergische Eisenbahngesellschaft (WEG) haben es eilig. Sie wollen nicht einmal das Schienenverkehrsgutachten des Land- und Stadtkreises abwarten. Die Landesregierung in Stuttgart verfügt das Aus. Die WEG stellt den Betrieb zum 1. April ein. Die rotgelben Triebwagen haben ihre Schuldigkeit getan.

Beispiel zwei: Die Kraichgaustrecke zwischen Heilbronn und Eppingen soll "rationalisiert" werden. Seit 1985 kündigt die Bundesbahn dies an. Den Bahnhof von Gemmingen wollen die Staatsmanager von Bahnchef Heinz Dürr - früher Daimler-Benz - schließen. Auch hier werden die betroffenen Bürger nicht gefragt. Nicht einmal den Bürgermeister informiert die Stuttgarter Bundesbahndirektion, als sie im Oktober ihr Personal abzieht und die Gleisanlage abmontieren läßt. Nur noch der Hauptstrang bleibt. Damit können die Züge über 13 Kilometer hinweg nicht mehr ausweichen. Auch der Güterverkehr wird eingestellt. Die "Rationalisierung" kostet die Bahn rund eine Million Mark. Kommentar der Heilbronner Stimme: "Das paßt - wie die Faust aufs Auge." (Iris Baars-Werner)

Nachhilfe aus Karlsruhe

Doch plötzlich steht die Strecke, die einst große wirtschaftliche Bedeutung hatte, im Mittelpunkt des Interesses. Ein Mann aus Karlsruhe hat ihre Bedeutung entdeckt. Er heißt Dieter Ludwig und ist Multifunktionär in Sachen Schienenverkehr. Deutschlands innovativster Verkehrsmanager hat einen Zug erfunden, der die Gleise der Straßen- und der Bundesbahn gleichermaßen befahren kann. Er hat die Zahl der ÖPNV-Kunden in der Region Karlsruhe innerhalb von zehn Jahren verdoppelt. Zehn Jahre, die das Unterland mit automobilen Träumen verschlafen hat.

Jetzt zeigt der Entwicklungshelfer aus dem Badischen den Weg in eine andere Zukunft. Als Geschäftsführer der Karlsruher Albtalverkehrsgesellschaft bietet er die Verlängerung seiner regionalen Stadtbahnlinie von Karlsruhe über Bretten nach Eppingen und schließlich nach Heilbronn an. Ausgerechnet jene Strecke, die die Bundesbahn als unrentabel ausgemacht hatte.

Und wie sieht es im schwäbisch-fränkischen Oberzentrum selbst aus? "Spatzenschaukel" nennen die Heilbronner liebevoll die Straßenbahn. Ein mit Eichenlaub geschmückter Wagen fuhr im Mai 1897 zum erstenmal über die Kaiserstraße und die Allee zur damaligen Moltkekaserne. 30 Jahre später wird die Linie bis zum Trappensee verlängert.

Die Fliegerangriffe auf Heilbronn im Jahre 1944 hatten große Streckenteile und zahlreiche Fahrzeuge zerstört, aber schon Mitte 1946 waren wieder 80 Prozent der Vorkriegsstrecken befahrbar. 1951 beginnt die Umstellung auf elektrisch angetriebene Oberleitungsbusse. 1954 beschließt der Gemeinderat einstimmig das Aus für die "Spatzenschaukel". Die Straßenbahn sei zu teuer und das Bahnnetz behindere den übrigen Straßenverkehr, heißt es in der Ratssitzung.

Auch die von der Bevölkerung gewünschte Netzerweiterung lehnen die Volksvertreter ab. Die Tarife werden angehoben. Der Weg in die autogerechte Stadt hat begonnen. Der letzte O-Bus fährt 1960. Die Stadt verkauft die leisen und abgasfreien Fahrzeuge nach Portugal. Immer mehr Autos und Diesel getriebene Omnibusse bestimmen das Straßenbild. Heilbronn auf dem Weg ins Wirtschaftswunder.

Geblieben sind heute nur ein Modell und die Freunde der alten Bimmelbahn. Sie treffen sich in der "Gaststätte zur Spatzenschaukel" in der Heilbronner Austraße. "Schön wär's, wenn wir in Heilbronn wieder eine Straßenbahn hätten, um die Verkehrsprobleme vielleicht kleiner zu halten - Straßenbahn hat Vorfahrt", sagt Siegfried Häußer bei unseren Dreharbeiten im Frühjahr 1993. Er hatte das Modell der "Spatzenschaukel" gebaut.

Nicht einmal ein Jahr später sagt ein Gutachten genau das gleiche. Dieter Ludwigs Verkehrs-Consult Karlsruhe (VCK) hat im Auftrag von Landkreis und Stadt Heilbronn ein modernes Stadtbahnkonzept fürs schwäbische Unterland vorgelegt. Projektleiter Klaus J. Czuka schlägt ein rund 200 Kilometer langes Netz vor, das Stadt- und Landkreis Heilbronn, das Kraichgau sowie die angrenzenden Landkreise über die bestehenden Gleisverbindungen sowie über neue Strecken im 15- bzw. 30-Minuten-Takt verbindet.

Besonders wichtig, so Gutachter Czuka, sei dabei der Bau einer neuen innerstädtischen Linie in Heilbronn. Alte Strecken der "Spatzenschaukel" sollen wieder belebt werden. Und Heilbronn und Neckarsulm - die beiden Städte sind inzwischen beinahe zusammengewachsen - soll eine neue Gleistrasse durchs Industriegebiet verbinden.

Das Unterland steht vor einem großen Sprung, denn in Sachen ÖPNV ist es ein Entwicklungsland. Beispiel Bedienungsverbot: Die Fahrgäste dürfen in Heilbronn nicht in Kreisbusse einsteigen. Auch die Fahrkarten werden gegenseitig nicht anerkannt. Die Busbenutzer müssen beim Umsteigen zweimal bezahlen. Erst im Juli 1993 tritt ein Tarifverbund mit Neckarsulm in Kraft, eine Entscheidung, die in anderen Regionen schon vor 20 Jahren gefällt wurde. Der Verbund zwischen Stadt- und Landkreis steht immer noch aus.

Nach den Plänen der Karlsruher Gutachter sollen alle Strecken durch Heilbronn führen. Wie in alten Zeiten wird vor der Stadthalle "Harmonie" der zentrale Umsteigepunkt sein. In der Allee, heute eine innerstädtische Autobahn, wird die Stadtbahn Vorfahrt haben. Einst hatten die Stadtväter dort sogar die Fußgänger verbannt. Sie müssen seitdem die viel befahrene Straße unterirdisch passieren.

Die Strecke zwischen Eppingen und Öhringen, die Linie eins, könnte an die geplante Verlängerung der Stadtbahn (bzw. Regionalbahn) aus Karlsruhe anknüpfen. Ausgerechnet jene Strecke, die Heinz Dürrs Stuttgarter Abbruchkommando noch vor kurzem "rationalisiert" hat, bekommt nun eine zentrale Bedeutung. Auch die Kochertalstrecke soll wieder belebt werden, so wie es die "Vereinigten Verkehrsinitiativen" gefordert hatten. Die neue Linie fünf wird Heilbronn und Neckarsulm mit Harthausen verbinden.

Die Pendlerstadt Neckarsulm wird nach den Karlsruher Plänen endlich entlastet. Audi- oder Kolbenschmidt-Beschäftigte können im 15-Minuten-Takt mit sechs verschiedenen Bahnen ohne umzusteigen in die Autostadt fahren. Zwischen Heilbronn-Sülmtor und dem Bahnhof von Neckarsulm sind drei Haltestellen vorgesehen, weitere am Tor Eins von Audi und im Norden des Werksgeländes. Die Linie sechs zwischen Neckarsulm und Bietigheim-Bissingen bringt den Anschluß an das Stuttgarter S-Bahn-Netz.

Breite Zustimmung für Stadtbahnpläne

Rund 830 Millionen Mark wird der Bau des Stadtbahnprojektes kosten; dazu käme ein jährliches Betriebskostendefizit von 13 Millionen Mark. Das macht nach den Berechnungen der Verkehrsexperten aus Karlsruhe 49 Mark pro Einwohner und Jahr. Mit den neuen Stadtbahnen könnte die Zahl der Fahrgäste um rund 60 Prozent ansteigen. Fast alle stimmen dem VCK-Konzept im Grundsatz zu, die Verwaltungen, der Heilbronner Stadtrat und der Kreistag. Bereits 1997 könnte die Karlsruher Stadtbahn Heilbronn erreichen. Der Kreistag stimmt Mitte März 1994 zumindest für den ersten Bauabschnitt bis Eppingen.

Beobachter meinen, daß die Kehrtwendung nicht zuletzt ein Ergebnis der Bemühungen von zwei Kommunalpolitikern ist, die erst seit einiger Zeit im Amt sind, Landrat Klaus Czernuska und Heilbronns Erster Bürgermeister Werner Grau. Doch angesichts des drohenden Verkehrskollapses blieb kein anderer Ausweg. Das Auto wird nämlich mit dem Stadtbahnkonzept nicht überflüssig. Im Gegenteil: Die Karlsruher Verkehrsplaner gehen davon aus, daß die Stadtbahn lediglich die Hälfte des bis zum Jahr 2005 erwarteten Zuwachses an motorisiertem Individualverkehr auffangen wird. Die kühnste Variante der Experten war den Unterländern zu teuer. Sie würde zusammen mit einer 30 Kilometer langen Neubaustrecke 1,12 Milliarden

Mark kosten. Nur so könnte eine weitere Zunahme des Autoverkehrs verhindert werden.

So überrascht die Heilbronner, auch viele Aktivisten der "Vereinigten Verkehrsinitiativen", über die Entscheidung ihrer Volksvertreter sind, der ganz große Wurf ist damit also nicht geglückt. Er ist aber auch nicht verbaut. Denn das Karlsruher Konzept ist ausbaufähig. Die Gutachter hatten sich selbst für die kleinere Lösung ausgesprochen. Angesichts der finanziellen Lage und der Stimmung in der Region vermutlich der einzig gangbare Weg.

Zurück zur Bundesbahn. Für die Strecke Heilbronn - Mannheim ist seit Jahren der Pendolino im Gespräch. Über Mannheim will das Unterland Anschluß ans ICE-Netz bekommen. Der für die Deutschen in Neitec umgetaufte und leicht modernisierte Pendolino ist wie geschaffen für kurvenreiche Strecken. 1990 soll die Entscheidung fallen. Doch nichts geschieht. Statt dessen bekommen die Bayern den Zuschlag für eine Pendolino-Versuchsstrecke.

Erst drei Jahre später ist es auch im Unterland soweit. Der Landkreis, die Kommunen und das Land beteiligen sich an den Investitionen für den Kurvenkünstler aus Italien mit Millionenbeträgen. Für die Bahn ist auch dies noch kein Grund zur Eile. Bahnchef Heinz Dürr will abwarten, bis er eine größere Bestellung in Auftrag geben kann. Inzwischen verspricht die neue Bahn-AG, daß der Pendolino 1996 kommt.

Aber der Pendolino genügt der IHK nicht. Sie will der Wirtschaft Flügel geben. Seit Jahren fordert die Kammer den Bau eines Regionalflughafens. Sie verweist auf eine Exportquote von 30 Prozent, die man nur halten bzw. steigern könne, wenn es zumindest einen Zubringerdienst zu einem internationalen Flughafen gäbe. Kritikern erklärt die IHK beleidigt, keineswegs reisten "nur 'Privilegierte' und 'Topmanager' per Flugzeug".

Mit einer Stimme Mehrheit schließlich votiert der Regionalverband Franken im Sommer 1993 für die Suche nach einem geeigneten Platz für den eigenen Provinzflughafen. Die Gegner - Umweltschützer, Gewerkschaften, Sozialdemokraten und Grüne - sehen darin keine Notwendigkeit. Auch das von der Stadt Heilbronn in Auftrag gegebene Prognos-Gutachten über eine Wirtschaftsentwicklungskonzeption hält einen Regionalflugplatz nicht für erforderlich. Die Gutachter plädieren für "attraktive Verbindungen zu den Flughäfen Frankfurt und Stuttgart durch Schienennetz". Ein regionaler Flugplatz ist zudem ökologisch nicht zu verantworten. Man rechnet mit einem Flächenverbrauch von 60 bis 90 Hektar und weiterer Lärmbelästigung. Der Treibstoffverbrauch ist bei Kurzflügen besonders hoch, denn Start und Landung verschlingen das meiste Kerosin.

Und der Straßenverkehr? Das Unterland gehört zu den verkehrsreichsten Gebieten in Deutschland. Die Zulassungszahl für Fahrzeuge steigt im

Landkreis Heilbronn auch im Krisenjahr 1993 - um 3,3 Prozent auf 213.000. Nach Berechnungen der Kölner Forschungs- und Beratungsgesellschaft empirica Delasasse gehört Heilbronn zu den Städten mit der höchsten Verkehrsintensität.

Die Todesopfer, die der Straßenverkehr täglich fordert, vergißt unsere Autogesellschaft allzu gern. Auto-Lobbyisten freuen sich über "positive Trends", als sei es eine Selbstverständlichkeit, daß die Schlacht auf dem Asphalt 1993 allein im Stadt- und Landkreis Heilbronn 35 Tote und 1.931 Verletzte gefordert hat. In den vergangenen 20 Jahren mußten 1.427 Personen auf Unterländer Straßen ihr Leben lassen. Alle 13 Sekunden kracht es auf bundesdeutschen Auto-Pisten; alle 50 Minuten stirbt ein Mensch. "Lackierte Kampfhunde" nennen Kritiker deshalb das Automobil.

Das Unterland erntet jetzt die Früchte einer jahrzehntelangen Auto- und Straßen-Orgie. Beispiel Berufspendler. Die Zahl hat in der Region Franken in 17 Jahren um 75 Prozent zugenommen. 86 Prozent der Pendler kommen mit dem eigenen Pkw, deutlich mehr als im Landesdurchschnitt. Hauptanziehungspunkt: Das Oberzentrum Heilbronn und die Audi-Stadt Neckarsulm mit ihren 23.000 Einwohnern. 34.000 Menschen fahren täglich in die freie Kreisstadt, 17.000 in die Auto-Stadt. Das Ergebnis einer Jahrzehnte lang aufs Auto fixierten Verkehrspolitik.

Verantwortlich sind dafür neben den Kommunalpolitikern die Chefetagen der beiden großen Autofirmen Audi und KS. Auch die Beschäftigten und die Betriebsräte haben sich Jahre lang für mehr Parkplätze und bei Audi für ein großes Parkhaus auf dem Werksgelände stark gemacht. Millionenbeträge hat der Automobilkonzern dafür in Neckarsulm ausgegeben. Heute stehen den Audi-Werkern 4.200 Stellplätze zur Verfügung.

Für den ÖPNV hat die Chefetage dagegen kaum Geld aufgewandt. Zwar hat man sich im Frühjahr 1993 noch umweltbewußt gezeigt und einen Teil der wenigen Schichtbusse - es sind gerade 13 - für die Allgemeinheit geöffnet. Sogar an eine Verlängerung nach Heilbronn war gedacht. Der Busbahnhof am Tor sechs sollte ausgebaut werden. Später wollte Audi weitere Linien einbringen. Doch inzwischen streiten sich der Landkreis und die Werksleitung über die Kosten. Es geht nicht um Millionen, sondern um einen Zuschuß von 250.000 Mark. Wegen der extrem hohen Kurzarbeit 1993, dem Personalabbau und der Flexibilisierung der Arbeitszeit bei Audi ist die Zahl der ÖPNV-Nutzer zurückgegangen. So besteht die Gefahr, daß einige Busse bald gar nicht mehr fahren.

ÖPNV zum Nulltarif

Im benachbarten Schwäbisch Hall hat das größte örtliche Unternehmen, die gleichnamige Bausparkasse, schon 1990 umgedacht. Statt ein neues Parkhaus zu bauen, subventionierte man zusätzliche Buslinien und führte für die Beschäftigten den Nulltarif ein. Das ist billiger, entlastet die Straßen, nützt dem Ansehen, der Umwelt und den Mitarbeitern.

Erst die neue Stadtbahn im württembergischen Unterland kann den Pendlern, wie in Karlsruhe, eine echte Alternative bieten. Auch das Güterverteilzentrum und der neue Gleisanschluß bei Audi wird eine Entlastung der Straße bringen. Die Zukunft hat also bereits begonnen. Spät, sicher auch zu spät. Der Straßenverkehr jedenfalls wird weiter zunehmen. Und dafür werden die verantwortlichen Politiker getreu dem Motto "Wer Straßen sät, wird Verkehr ernten" Millionenbeträge an Steuergeldern einsetzen. Allein für die kommenden vier Jahre stehen dem Unterland für 23 Straßenbauprojekte knapp 350 Millionen Mark an Landes- und Bundesmitteln zur Verfügung. 50 Millionen Mark wollte der Kreis ursprünglich in sein rund 500 Kilometer langes Straßennetz investieren. Das Programm mußte um über 13 Millionen abgespeckt werden. Nur noch 26 Kilometer sollen bis 1997 ausgebaut werden.

Beispiel Neckarsulm: Nach der Ostumgehung sollen eine Süd- und eine Westtangente entstehen. Das heißt Neubau oder Verbreiterung auf drei und vier Spuren. Die Hauptzufahrt für Audi und Kolbenschmidt, die Gottlieb-Daimler-Straße, wird künftig vierspurig befahrbar sein. Der Landkreis zahlt dafür zehn Millionen Mark.

Im Raum Heilbronn soll - gegen den Protest der Anwohner - die Neckartalstraße ausgebaut werden. Weiter auf der Wunschliste des Kreises stehen fünf Projekte: die Ortsumfahrungen Offenau (B 27) und Ellhofen (B 39), die Erweiterung der B 27 zwischen Bad Friedrichshall und der Autobahnauffahrt in Neckarsulm sowie ein Neubau der B 313 zwischen der B 27 und der A 81 südlich von Heilbronn.

Stichwort Güterverkehr: Allein bei Audi in Neckarsulm fahren täglich 200 Lkw ein und aus. Grund: Audi hat, wie alle Hersteller, die Fertigungstiefe abgebaut, bezieht also immer mehr Teile von Zulieferern. Die Ingolstädter und Neckarsulmer werden auf diesem Gebiet im Laufe der 80er Jahre deutscher Meister.

Die vielen Lkw-Fahrten sind auch der Fluch von "just in time": So nennen die Strategen der großen Konzerne ihre Philosophie des "rollenden Lagers". Die Teile werden im Verbund mit VW europa- oder weltweit geordert und müssen exakt zur rechten Zeit am Montageband sein. Man spart Lagerkosten zu Lasten der Allgemeinheit und der Umwelt und kurbelt gleichzeitig die Produktion von Lastwagen an.

Die Zulieferbetriebe in der Region Franken, die nur kurze Wege zurücklegen müßten, profitieren bisher von ihrer Nähe zu Audi Neckarsulm übrigens kaum. Denn Fahrtkosten spielen nur eine geringe Rolle und die Neckarsulmer kaufen ohnehin über Wolfsburg und Ingolstadt ein. Grund: Größere Stückzahlen und damit günstigere Einkaufspreise. Die Talfahrt des Schienengüterverkehrs wurde mit dem in Japan erfundenen Just-in-time-System weiter beschleunigt. Für die Japaner ist es bereits wieder ein Ladenhüter. Toyota und Nissan beispielsweise arbeiten wieder mit ausreichend Puffer- und Lagerkapazität.

Audi läßt bisher 75 Prozent aller Transporte über die Straße abwickeln. Doch es geht auch anders. Die Verlagerung des Güterverkehrs auf die Schiene ist bereits beschlossene Sache. Die Logistik-Strategen bei Audi, VW, aber auch bei Ford oder Opel haben Anfang der 90er Jahre erkannt, daß aus "just in time" immer häufiger "just im Stau" wurde. Die Lkw-Geister, die sie riefen, drohten nun den Produktionsablauf zu stören. Ford hat sogar die Wasserstraße, den Rhein, wieder entdeckt, Audi die Eisenbahn. Nur einige Bleche werden seither bereits mit dem Schiff über den Heilbronner Hafen angeliefert. Audi will in den neuen "Gleisanschluß Nord" zusammen mit dem Land, das 3,5 Millionen zuschießt, rund 17 Millionen Mark investieren. Die Städte Neckarsulm und Bad Friedrichshall beteiligen sich mit 350.000 Mark.

Die Vier-Ringe-Manager wollen den Schienenanteil an der Transportkapazität von 35 (1993) auf 80 Prozent erhöhen. Pro Tag sollen dann statt 200 nur noch 80 Lkw das Werk passieren. Wenn alles klappt, können Mitte 1995 die ersten Züge ins Werksgelände rollen. Der Neckarsulmer Werkleiter Otto Lindner rechnet damit, daß dies mittelfristig die billigere Lösung ist. Bei den heutigen Preisen wäre es allerdings die teuerste Variante.

Die Straßen werden mit dem neuen Gleisanschluß entlastet, auch die nahe Autobahn. Ein erster Schritt in die richtige Richtung. Doch ob Auto-Lobbyisten, IHK, Wirtschaftsminister Dieter Spöri oder Heilbronns Oberbürgermeister Manfred Weinmann, alle verlangen den sechsspurigen Ausbau der A 6 zwischen Walldorfer und Weinsberger Kreuz und zum Teil darüber hinaus. Auch die Prognosgutachter Konrad Roesler und Toni F. Schlegel sind für den Ausbau, die Verbesserung der Bahnverbindung ist für sie allerdings "Priorität Nummer eins".

Bonn hat den Baubeginn für die A 6 dank leerer Kassen (Kosten: 135 Millionen Mark) aber nicht in den nächsten Fünfjahresplan aufgenommen. Frühestens ab dem Jahr 2001 werden die Gelder zugewiesen. Doch auch dies kann sich wieder ändern. Das gleiche könnte für die als "vordringlich" genannte Ortsumgehung Obersulm-Willsbach (B 39) gelten sowie die Ortsumgehung von Eppingen.

Winfried Wolf

Visionen damals, Alpträume heute, Alternative morgen

In Zeiten, in denen sich die Wirtschaft in der tiefsten Krise seit 1930-33 befindet, und mit Blick auf eine Region, die vom Auto weitgehend beherrscht wird, sich dem Thema "Auto-Verkehr-Umwelt" zu nähern, erfordert einigen Mut und erhebliche visionäre Vorstellungskraft. Dabei belegt die Geschichte, daß es eben der Visionen bedarf, um das Neue, mit dem die Gesellschaft schwanger geht, ans Licht der Welt zu bringen.

Über eine große visionäre Kraft verfügte beispielsweise ein gewisser Friedrich List. Dieser wurde im Revolutionsjahr 1789 im schwäbischen Reutlingen geboren, flüchtete aus der Enge der Kleinstaaterei in die Vereinigten Staaten von Amerika, wo er Kohle- und Eisenbahnindustrieller wurde, kehrte nach Deutschland zurück und formulierte 1833: "Der wohlfeile, schnelle, sichere und regelmäßige Transport von Personen und Gütern ist einer der mächtigsten Hebel des Nationalwohlstands und der Zivilisation." Er propagierte damit den Bau eines umfassenden Eisenbahnnetzes in Deutschland zwei Jahre bevor eine erste Eisenbahnkurzstrecke zwischen Nürnberg und Fürth bimmelte und derart bummelte, daß der alte Betrieb der Pferdebahn noch lange Zeit parallel und rentabel lief.

Die "Frankfurter Allgemeine Zeitung" hat zwar Friedrich List vor nicht langer Zeit einen Leitartikel gewidmet und ihn darin ausdrücklich als "Visionär" hervorgehoben. Doch herrscht heutzutage in den großbürgerlichen Kreisen das Gegenteil des Visionären, eine Vogel-Strauß- und Nach-uns-die-Sintflut-Haltung, vor. Daß es gerade auch heute einer Verkehrswende bedürfe und daß hierbei die Kraft des Visionären gefragt ist, kommt den List-Bewunderern im deutschen Großbürgertum gar nicht in den Sinn. (1)

Das sieht dort, wo die Frankfurter Allgemeinheit die Provinz vermutet, nicht anders aus. Als ich 1988 für Oberschwaben die verkehrspolitische Konzeption vorlegte, im Gebiet des mittleren Schussentals (Ravensburg-Weingarten-Baienfurt) das "Bähnle" wiedereinzuführen, und vorrechnete, daß dies nicht nur mehr Lebensqualität und radikal reduzierte Umweltbelastungen, sondern auch weniger Kosten als die geplante und inzwischen gebaute B30 neu mit sich bringe, überschrieb die "Schwäbische Zeitung" ihren Artikel mit: "Blauäugig oder realistisch?" (2)

Ein anderer Visionär verband seine verkehrspolitische Perspektive mit einer gesellschaftlichen:

Visionen damals, Alpträume heute, Alternative morgen 123

"Ob der Wunder dieser Zeit
fühl ich maßloses Vergnügen!
Nicht der Vogel nur kann fliegen,
auch der Mensch hat Flügel heut!

Längst flog die Idee voran,
hätten mehr uns eilen sollen,
aber sie zu überholen
sind wir jetzt schon drauf und dran.

Vorwärts! Uns hält nichts mehr auf!
Tausend Bahnen baut und Gleise,
daß die Welt ein Strom durchkreise
gleich der Adern Blutkreislauf!

Mögen so in jedes Land
neue Lebenssäfte fließen,
Geist und Wissen sich ergießen,
wie's die Erde nie gekannt.

Hätten längst nach Recht und Fug
solche Bahnen bauen müssen.
Eisen gäb's, hätt' man zerrissen alle Ketten
stets genug!"

Der dies schrieb war Sandor Petöfi, der große ungarische Nationaldichter. Das Gedicht ist allerdings 140 Jahre alt. (3)

Nun gibt es heute "genug Eisen", viel altes Eisen, gerade auch bei der Bahn. Weltweit existieren Stahlüberkapazitäten; in deutschen Landen sind ganze Stahlstandorte - etwa Rheinhausen, Eko-Stahl, Hennigsdorf, Maxhütte - bedroht. An Eisen und Stahl mangelte es also nicht, wenn eine Politik der Verkehrswende Schienenwege in das Zentrum stellen würde. Auch wurden in den Jahren 1989 und 1990 Ketten zerrissen: in der ehemaligen DDR. Das war ein erfreulicher Akt. Anzumerken ist jedoch: Dort wurden die sichtbaren Ketten eines poststalinistischen Systems zerrissen. Inzwischen sind die neuen Bundesländer wie die alten von den weniger sichtbaren Ketten und Zwängen der Marktwirtschaft und einer Autogesellschaft bestimmt. Es ist also offensichtlich erheblich komplizierter, als es sich Sandor Petöfi zusammenreimte und als Friedrich List erhoffte, um in eine menschliche Zug-kunft zu fahren.

Ich gestatte mir einen letzten Griff in mein Eisenbahn-Lyrik-Regal und bitte die Leserin und den Leser, den Worten des Frühsozialisten Constantin

Pecqueur das Ohr zu leihen: "Es ist ein und derselbe Zug, dieselbe Kraft, die Große und Kleine, Reiche und Arme, befördert. Daher werden die Eisenbahnen im allgemeinen als ein unermüdlicher Lehrmeister der Gleichheit und Brüderlichkeit wirken." (4)

Es erwies sich, daß Technik nicht neutral ist, daß Visionen, die sich allein auf eine neue - andere, auch "alternative" - Technik konzentrieren, leicht eine gegenteilige Tendenz zu Tage fördern. Nur gestreift sei, daß dieselbe deutsche Eisenbahn in extremer Form als Lehrmeister der Ungleichheit und Unmenschlichkeit wirkte, als sie vor einem halben Jahrhundert mit preußischer Pünktlichkeit Tag für Tag tausende Jüdinnen und Juden in Güterwagen in die Vernichtungslager transportierte und pro Fahrt und Gast von den jüdischen Gemeinden - und als es diese nicht mehr gab von der SS - Zweite-Klasse-Tarif verlangte und erhielt (Kinder fuhren gratis).

Und heute? Wurde die Bahn zum "Lehrmeister der Gleichheit und Brüderlichkeit"? Sicher, es gibt nicht mehr die vier Bahnklassen, mit denen bis Mitte des Jahrhunderts die Eisenbahn exakt die Klassenteilung der Gesellschaft widerspiegelte: Bauern, Arbeiter, Kleinbürger bzw. Bourgeois und Feudale.

Sicher: Der Übergang von der zweiten in die erste Klasse ist heute jederzeit - gegen Aufpreis - möglich. Ein solcher ist auch besuchsweise - und dann ohne Aufgeld - realisierbar, beispielsweise dann, wenn ein Zweitkläßler im Intercity telephonieren will und exakt ans andere Ende des Zuges, zum Telefon in der ersten Klasse sich durchkämpft. Spannender Höhepunkt: Er durchquert in der Mitte den Speisewagen, die Klassenschranke. Dieser war in den alten Speisewagenmodellen noch gefährlich egalitär. In den neuen ist selbiger jedoch bereits wieder in sich geteilt: in ein Zweitkläßler-"Bistro" und in das "Bordrestaurant", in welchem bereits das Preisniveau als Klassenscheide wirkt.

Apropos Klassenschranke: Hier hat mich ein Zitat aus einem angesehenen Wirtschaftsblatt daran erinnert, daß Constantin Pecqueurs Sätze, der Zug werde die Differenzen zwischen Arm und Reich abbauen, gerade in den Erstkläßler-Kreisen auf erhebliche Vorbehalte stößt. Als die Bahn ihre Rosa-Roten-Tarife ausweitete und auch die Tarife in der ersten Klasse zu bestimmten Zeiten erheblich reduzierte, klagte die "Wirtschaftswoche" wie folgt: "In letzter Zeit hört man vermehrt Klagen von Bahnreisenden, deren bislang einigermaßen exklusive erste Klasse immer mehr von rosaroten Billigfahrern besetzt wird." (5)

Ganz offensichtlich sind also bereits die Visionen, die aus der Verkehrsgeschichte zu beziehen sind, nicht mehr wirklichkeitstauglich. Auch wenn unzweifelhaft Träume manchmal notwendig sind, um Auswege aus der zerstörerischen Wirklichkeit zu finden, so sind es derzeit doch eher Alpträume, die uns verfolgen, wenn wir die Realität und die Perspektiven im

Verkehrssektor vor Augen haben. Versuchen wir also, uns diese Realitäten zu vergegenwärtigen. Für Constantin Pecqueur, Sandor Petöfi und Friedrich List mag noch gegolten haben, daß sich die Zukunft in erster Linie durch Vision erschließen ließ und daß es um eine radikale Verbesserung der Lebens- und Verkehrsumstände ging.

Heute spricht viel dafür, daß eine Verkehrswende erforderlich ist, weil die Verkehrswirklichkeit in einer radikalen Verschlechterung und in einer umfassenden Zerstörung aller Umwelt- und Lebensumstände zu enden droht. Unter diesen Umständen kann es vorteilhaft sein, sich zunächst diese alptraumartigen Realitäten vor Augen zu führen, um dann, gewissermaßen im zweiten Anlauf und vor diesem Hintergrund, zu versuchen, Visionen und machbare Utopien zu skizzieren.

Wenn die Aktualität und die Entwicklung ins Auge gefaßt wird, die bis Anfang des nächsten Jahrhunderts sich abzeichnet, dann befinden wir uns - entgegen des Geredes von "grüner Politik" und von einem "Vorrang der Schiene" usw. - am Vorabend der totalen Autogesellschaft. Es sind zusammengefaßt fünf Ebenen, auf denen dieser Alptraum konkretisiert werden kann.

1. "Größtmöglich anzunehmende Auto-Union" (GAU)

Wir sind heute weltweit und in diesem Land mit einer "Größtmöglich anzunehmenden Auto-Union" (GAU) konfrontiert. Diese betreibt Planwirtschaft mit dem erkennbaren Endpunkt: GAU - "Größtmöglich anzunehmender Unfall im Gesamtverkehrssystem" durch die Errichtung der totalen Autogesellschaft in den industriell hoch entwickelten Staaten und durch einen Motorisierungsschub in Osteuropa und der "Dritten Welt". All dies muß die Zerstörungen und Belastungen, die heute bereits als bedrohlich für die Existenz menschlichen Lebens auf dem Planeten Erde erscheinen, potenzieren.

Diese Union besteht aus den mächtigsten Konzernen der Welt. Nimmt man die Liste der wirtschaftlich größten Unternehmen der Welt, die jährlich von dem US-Wirtschaftsblatt "Fortune" veröffentlicht werden, dann ist die Gruppe derjenigen Unternehmen, die Öl fördern, Öl verarbeiten und Autos bauen, die mit Abstand größte. Nimmt man die weltweit zehn größten Konzerne, dann stellt diese Gruppe bereits sieben dieser zehn. Unter den 25 weltweit größten Industrieunternehmen zählen immer noch 15 zu dieser Kategorie. Unter den 50 größten Industriekonzernen sind es dann 24, die dieser Gruppe angehören. Ähnliches ergibt sich, wenn regionale (Nordamerika, EG/EU) oder nationale (Japan, BRD) Listen erstellt werden. (6)

Wir müssen nicht Anhänger der Theorie des staatsmonopolistischen Kapitalismus sein, es genügt sich an die bürgerliche Volkswirtschaftslehre zu halten, um zu erkennen, daß ein derartig überwältigendes Gewicht von zwei eng miteinander verflochtenen Industriezweigen sich in einer massiven Lobby niederschlagen muß und daß damit, so der Politikwissenschaftler Theodor Eschenburg, "die Herrschaftsansprüche dieser Wirtschaftsverbände zur Auflösung der ordnungs- und einigungsstiftenden Staatsgewalt führen kann". (7)

So unterhalten der Verband der Deutschen Autoindustrie (VDA), aber auch die großen Autokonzerne, hoch bezahlte Lobbyisten in Bonn. Für den Autohersteller Mercedes-Benz ist dies Manfred Raitsch; die Interessen des Gesamtkonzerns Daimler-Benz vertritt Alfons Pawelcyk, der ehemalige Hamburger Innensenator. 1991 konnte man in Erfahrung bringen, es sei Pawelcyks wichtigste Aufgabe, "vor allem die SPD-Politiker zu beackern, auf daß die nicht immer vom Rüstungskonzern sprechen, sondern vom Technologiekonzern." (8) Nun mag es ja im Frühjahr 1994 sein Auftrag gewesen sein, die SPD-Spitze zu "überzeugen", die Position von Geschwindigkeitsbeschränkungen aufzugeben. Wie auch immer: Scharping verzichtete bei der Präsentation des SPD-Parteiprogramms Mitte März 1994 völlig überraschend und in Widerspruch zu allen Parteitagsbeschlüssen auf jegliche Tempolimitforderung.

Wie diese Lobby-Politik konkret auf Ebene der parlamentarischen "Demokratie" abläuft, beschrieb der "Spiegel" 1992 wie folgt:

"Im Sitzungsaal 0.105 des Bonner Verkehrsministeriums gab es zufriedene Gesichter. Nach einer stunde Palaver über die zukünftigen Straßenbauprojekte meldete sich der Vertreter des ADAC. 'Mit Freude nehmen wir zur Kenntnis', sagte der ADAC-Mann Eckard Dyckerhoff, 'daß unsere Vorschläge berücksichtigt wurden.` Der Autofahrerlobbyist", so fährt "Der Spiegel" fort, "hat noch stark untertrieben: Der neue Generalverkehrsplan, der den Aus- und Neubau von knapp 11.600 Kilometern Bundesfernstraßen bis zum Jahr 2010 vorsieht, trägt die Handschrift des Automobilverbandes. Der Vergleich mit einer internen ADAC-Karte 'Vorschläge zum Fernstraßenbau', vom Oktober vorigen Jahres (1991) mit dem 'Entwurf des Bundesverkehrswegeplans 1992' zeigt weitgehende Übereinstimmung." (9)

Die "Größtmöglich anzunehmende Auto-Union" im Bundestag besteht aus CDU, CSU, FDP und der übergroßen Mehrheit der SPD; die Koalitionsgrundlage ist der eben zitierte Bundesverkehrswegeplan. Dieser wird seit den sechziger Jahren als eine Art Fünfjahresplan debattiert; auf Grundlage dieser Planungen wird jeweils der fortgesetzte Straßenbau beschlossen. Der letzte Bundesverkehrswegeplan wurde 1993 aufgestellt. Er geht für die alten Bundesländer von den folgenden Prämissen aus:
- Der Individual (Pkw-) Verkehr soll um weitere 30 Prozent anwachsen.
- Der Straßengüterverkehr wird sich verdoppeln. Dabei wird der Transitverkehr auf Straßen ein nochmals größeres Wachstum aufweisen.
- Mindestens verdoppeln soll sich auch der Binnenluftverkehr.

Auf Basis dieser Perspektiven wird die Infrastruktur ausgebaut. Jahr für Jahr sollen zwischen 120 und 150 neue Autobahnkilometer in deutsche Lande gefräst werden. Alle Straßen zusammengenommen - Gemeinde-, Kreis-, Land-, Bundesstraßen und Autobahnen - sind es 1000 Kilometer neue Straßen, die bis zum Jahr 2010 Jahr für Jahr allein in den alten Bundesländern gebaut werden sollen. Massiv ausgebaut werden die Airports, wo längst der traditionelle Binnenflugverkehr um einen Regionalflugverkehr ergänzt wird.

In dem Bundesverkehrswegeplan des Jahres 1985 war noch vorgesehen, daß die Zahl der westdeutschen Pkw im Jahr 2000 30 Millionen erreichen würde. Tatsächlich wurde hier eine Planübererfüllung erreicht. Bereits 1990 wurden in den alten Bundesländern mehr als 30 Millionen Pkw gezählt.

Wie dramatisch und widersprüchlich diese Entwicklung ist, zeigt ausgerechnet das Jahr der Autokrise 1993. In diesem Jahr kam es bekanntlich zu Absatzrückgängen von bis zu 20 Prozent. Doch die Zahl der Kfz stieg gesamtdeutsch netto - die Abmeldungen eingerechnet - nochmals um 2,5 Millionen, die Zahl der Pkw netto um 1,6 Millionen an. (10) Ein Ende der Autokrise hieße also, eine nochmals schnellere Steigerung der Zahl der Pkw- und Kfz, die auf die Straßen, die Menschen und die Natur losgelassen werden.

Selbst wenn wir die angeblich noch untermotorisierten Brüder und Schwestern in den neuen Bundesländern einbeziehen, dann kommt, statistisch gesehen, bereits heute auf jeden zweiten Mensch in der BRD ein Pkw. Oder: Die gesamte Bevölkerung - Greise, Säuglinge und Nichtdeutsche, die in diesem Land leben, eingerechnet - könnte bequem auf den Vordersitzen ihrer geliebten Autos Platz nehmen, um ihre Häuser und Wohnungen beispielsweise den Flüchtlingen zur Verfügung zu stellen.

Apropos internationaler Aspekt dieser Autogesellschaft: Derzeit gibt es weltweit 420 Millionen Pkw. Von diesen konzentrieren sich rund 320 Millionen auf die Regionen Nordamerika (USA und Kanada), Japan, Australien, Neuseeland und Westeuropa. In diesen Regionen leben gerade mal 18 Prozent der Menschheit. Dieses knappe Fünftel der Erdbevölkerung verfügt demnach über drei Viertel aller Pkw. Oder: Den 16 Millionen Einwohnerinnen und Einwohnern Nordrhein-Westfalens stehen mehr Pkw zur Verfügung als der einen Milliarde Menschen, die in Afrika leben (einschließlich des relativ hoch motorisierten Südafrikas).

Nimmt man diejenigen ernst, die behaupten, "der Mensch" werde erst "mit dem Automobil mobil" - und dieses "Menschenrecht" angeboten zu haben war weit wichtiger bei der Wiedervereinigung als der Lockruf mit den Bananen - dann läßt sich leicht ausrechnen, daß eine weltweit verallgemeinerte Automobilität zum umgehenden Kollaps des Ökosystems Erde führen würde. Wenn "nur" die Pkw-Dichte der DDR des Jahres 1989 international verallgemeinert werden würde, dann müßte bereits die Zahl der weltweit eingesetzten Pkw auf rund 850 Millionen Einheiten verdoppelt werden. Die Schadstoffemissionen würden sich ebenso verdoppeln wie die Zeit, die bis zum Versiegen der Erdölvorräte verbliebe, sich halbieren würde.

Das mag "theoretisch" klingen. Doch die Autoproduzenten sind längst dabei, die entsprechenden Kapazitäten aufzustellen: In der Ersten Welt soll der Autoverkehr intensiviert werden. Ein wichtiges Mittel dabei ist die Trennung der Funktionen des Pkw - es soll geben und es gibt z.T. bereits: Stadtautos, Familienautos, Geländeautos, Spaßautos usw. Vor allem die Kampagne für "ökologische" Stadtautos läuft darauf hinaus, eine Lawine des millionenfachen Kaufs von Zweitautos loszutreten.

Gleichzeitig werden die "neuen Märkte" in der ehemaligen "Zweiten" und in der "Dritten Welt" erschlossen und dort gewaltige neue Kapazitäten hochgezogen. Allein die Fertigungsstätten, die in nächsten fünf Jahren in Fernost (Südkorea, Malaysia, Vietnam, Indonesien, Taiwan) in Osteuropa (Ungarn, Polen, Slowakei, Tschechien) in den GUS-Staaten, in Südamerika und in Westeuropa (japanische "transplants") errichtet werden, erhöhen die bestehenden weltweiten Fertigungskapazitäten um ein Drittel. Wohlgemerkt: 1993/94 soll rund ein Fünftel der weltweit vorhandenen Kfz-Kapazität brach liegen, 20 Prozent Überkapazität bestehen.

Für das, was hier auf uns zukommt, hat Heinz Rosenbauer von der Christlich-Sozialen Union vor einer ADAC-Mitgliederversammlung die passende Ideologie geliefert: "Das Auto ist ein Instrument, mit dem jeder seine Identität verwirklichen kann. So gesehen sind wir Autofahrer eine riesige Freiheitsbewegung. Genaugenommen ist der ADAC schon immer eine große Umweltbewegung gewesen." (11)

Die gesamtdeutsche Komponente

Ganz in diesem Sinne ergibt sich daraus eine zweite Ebene, die den Alptraum totale Autogesellschaft konkretisiert: die gesamtdeutsche Komponente. Unausgesprochener Teil des Einigungsvertrages war es, binnen kürzester Zeit die Pkw-Dichte in der ehemaligen DDR auf West-Niveau zu heben, das heißt zu verdoppeln.Konkret wurden in der DDR Anfang 1990 vier Millionen Pkw gezählt. Das Land erreichte damals einen Motorisierungsgrad, der zwar halb so hoch wie in Westdeutschland, aber immerhin nur etwas niedriger als in Japan lag. Er entsprach auch weitgehend demjenigen, der in der BRD 1973 erreicht worden war.

Wir erinnern uns? Damals, im Jahr der "Ölkrise", hieß es, wir lebten in einer "Wohlstand- und Konsumgesellschaft". Damals erschien der "Spiegel" mit der Titelschlagzeile: "Jetzt wird das Auto aus den Städten verbannt." Damals gab es die autofreien Sonntage, die überraschenderweise von einem großen Teil der Bevölkerung begrüßt wurden. Damals hieß es, der Mobilitätssaft Rohöl sei absehbar endlich; es müßten Alternativen zur Autogesellschaft entwickelt und realisiert werden. Tatsächlich wurde seither die Zahl der westdeutschen Pkw verdoppelt.

Nun sollte 1989 die Zahl der ostdeutschen Pkw erneut verdoppelt werden. Dazu wurde mit dem 1:1-Umtausch DM zu Ostmark eine gewaltige kaufkräftige Nachfrage freigesetzt, die sich zu einem erheblichen Teil im Kauf von West-Pkw materialisierte. Eine Vereinigung Reichsbahn-Bundesbahn wurde bis 1994 hinausgeschoben und der Schienenverkehr noch mehr in Richtung Abstellgleis dirigiert.

1994 kann Vollzug gemeldet werden: Die Pkw-Dichte in den neuen Bundesländern liegt nur noch knapp unter West-Niveau. Natürlich kann hier der Straßenbau mit der individuellen Motorisierung nicht Schritt halten. Also verabschiedete der Bundestag Beschleunigungs- und Investitionsmaßnahme-Gesetze, mit denen die Kriterien für Umweltverträglichkeitsprüfungen, Bürgeranhörungen und dezentrale Einflußmöglichkeiten auf Planfeststellungsverfahren usw. reduziert werden und, wie die Technokraten im Bundesverkehrsministerium begeistert feststellen, die "Planungszeiten" im Straßenbau "halbiert" werden können. Verbände wie der Bund für Umwelt- und Naturschutz in Deutschland (BUND) und der Naturschutzbund kritisierten es als "Ermächtigungsgesetz gegen Mensch und Natur". Den Verkehrsminister nannten sie wahlweise einen "Autobahnstalinisten" oder einen "Autobahnfetischisten".

Die Mentalität, die in dieser Verkehrspolitik zum Ausdruck kommt, hat der damalige Verkehrsminister Günther Krause, einer aus dem Osten, der die Tendenzen des Westen mit am gelehrigsten in sich aufsog, auf den Punkt gebracht: "Es entspricht zwar dem Zeitgeist, daß niemand zusätzliche Verkehrsbelastungen haben will, aber wir werden noch mehr ertragen müssen. Es mag ja sein, daß sich der eine und andere Frosch ein neues Biotop suchen muß. Aber auch dabei werden wir behilflich sein." (12)

Der derzeitige Siegeszug der Autogesellschaft hat in Westdeutschland dazu beigetragen, grundlegende ökologische Positionen erneut zu Minderheitserkenntnissen zu reduzieren. Dies wurde auch dadurch ermöglicht, daß die gesamtdeutsche Automotorisierung zugleich als Teil einer ideologischen Offensive präsentiert wurde und wird: Hie die Überlegenheit der Westwaren-Gesellschaft, dort eine Gesellschaft, die sich das Etikett "Sozialismus" anklebte und die für schrottreif erklärt bzw. treuhänderisch schrottreif gemacht wird; hier die kraftstrotzende Macho-PS-Gesellschaft, dort das windige, mit Plaste und Elaste aus Schkopau notdürftig zusammengehaltene Trabiland.

So etwas schlägt sich beispielsweise auf den Seiten nieder, die jede angesehene Zeitung gratis für Autowerbung zur Verfügung stellt (Rubriken "Motor und Technik" etc.). Stellvertretend für viele sei ein Fahrbericht über ein neues Range-Rover-Modell aus der "Welt am Sonntag" angeführt: "Es war einer jener unschönen Momente im Leben eines Autofahrers, der Adrenalin unvermittelt und heftigst durch die Adern treibt: eine grüne Ampel, auf die ein Trabi zu tuckerte. Dahinter wurde der Range Rover beschleunigt, um die Ampel noch bei Grün passieren zu können. Da bremste der Trabi kurz, aber heftig und stand. Die fast 2000 Kilogramm Kampfgewicht des Range Rovers schoben sich beängstigend schnell auf das Plastikheck des Ostgefährts. Doch das servounterstützte Zweikreis-Bremssystem mit Scheibenbremsen an allen Rädern brachten den Wuchtigen aus Großbritannien noch rechtzeitig zum Stehen." (13)

Deutsche Bahn AG als Ersatzschiene im Totalstau

Der dritte Bestandteil dieser Alptraum-Vision betrifft die Eisenbahn im allgemeinen und die Deutsche Bahn AG im besonderen. Es muß ernsthaft befürchtet werden, daß die Bahn einen entscheidenden Beitrag zur Ergänzung dieser Autogesellschaft leistet und sich schlicht einfügt in die "Größtmöglich anzunehmende Auto-Union". Und daß am Ende dieses Jahrzehnts die Bahn als eine einigermaßen flächendeckendes Verkehrssystem verschwunden und als kleine feine Bahn vor allem für den Geschäftsreise- und Fernverkehr und als Güterbahn zur Überwindung der Engstellen im Straßenverkehr zurück bleiben wird.

Der "Südwestkurier", Ausgabe Tübingen, zitierte mich Anfang 1989 wie folgt: "Die letzten Hindernisse auf dem Weg in die totale Autogesellschaft werden in den neunziger Jahren ausgeräumt: etwa durch die Realisierung des von der Bundesregierung und der SPD-Opposition verabschiedeten Bundesverkehrswegeplans sowie durch den von Wolf für 1993 vorausgesagten Zusammenbruch der Deutschen Bundesbahn." Tatsächlich erlebte die Bundesbahn 1993 einen technischen K.o.; der Schuldenberg von 60 Milliarden Mark - Resultat von fünf Jahrzehnten verfehlter Bonner Verkehrspolitik - ließ einen weiteren Betrieb zu den bisherigen Bedingungen nicht zu. Die Privatisierung der Bahn, die am 10. Januar 1994 eingeleitet wurde, weist dabei jedoch keine neue Perspektive. Sie wird vielmehr den Schienenverkehr als ernsthafte Alternative zur Autogesellschaft auszuschalten.

Bei dieser Entwicklung handelt es sich in der Substanz um einen leicht lösbaren Dreisatz, der da lautet:
"Konzentration des Schienenverkehrs auf die Hochgeschwindigkeitsstrecken
 plus
Einfluß der großen Industrie auf die Bahn AG
 gleich
Schrumpfbahn für Bürokraten, Politiker, Manager und Fernreisende oder eine Bahn, die die Nische in der Marktnische sucht".

Visionen damals, Alpträume heute, Alternative morgen 131

Die Konzentration auf den Hochgeschwindigkeitsverkehr (ICE) ist heute unverkennbar. Geplante Neubaustrecken wie die von Köln nach Frankfurt am Main oder diejenige von München nach Berlin über Erfurt-Halle/Leipzig kosten die Bahn AG jede für sich soviel wie die Hälfte der Investitionssumme, die für ein Jahr zur Verfügung steht. Wer derartig für einzelne Strecken klotzt, die, wie im Fall Frankfurt am Main-Köln, gerade mal ein halbes Prozent der gesamten Gleislänge ausmachen, dem fehlen die Gelder im Regional- und Nahverkehr.

Gleichzeitig plant die Bahn AG, "Zug und Zug" die Intercity-Züge durch den ICE zu ersetzen. Das ist, gelinde gesagt, overdressing: Der ICE wurde für Neubaustrecken und Höchstgeschwindigkeit entwickelt. Wenn er nun auf normalen Strecken und mit Geschwindigkeiten eingesetzt wird, die auch vom Intercity gefahren werden können oder gar auf kurvenreichen Strecken, wo ein anderes bedeutend preiswerteres modernes Schienenfahrzeug schneller als der ICE fahren kann - so die Neigungstechnik-Züge Pendolino, Talgo Pendular und X2000 -, dann ist das eine Fehlplanung, für die sich als Erklärung lediglich der Einfluß der Bahnzuliefer-Industrie anbietet. Siehe unten. Der weit preiswertere Ausbau bestehender Strecken wird hingegen nur in geringem Umfang betrieben oder immer wieder zurückgestellt (wie im Frühjahr 1994 im Fall der Strecke Ruhrgebiet - Thüringen).

Dort wo Hochgeschwindigkeitsstrecken - irgendwann einmal - geplant sind, betreibt die Bahn AG oftmals keinen Ausbau und keine Optimierung der bestehenden Strecken. Grund: Man könnte sich sonst die berechtigte Frage stellen: Weshalb werden überhaupt die sündhaft teuren Neubaustrecken gebaut?

Dies läßt sich an der Verbindung Berlin-München illustrieren: Seit Sommer 1993 wird diese Verbindung im ICE-Verkehr angeboten. Tatsächlich fährt der ICE hier beachtlich schneller als die konkurrierende Intercity-Verbindung. Während es der ICE - bei der schnellsten Verbindung - in sieben Stunden und drei Minuten schafft, benötigt der Intercity acht Stunden und 30 Minuten. Nun haben wir es jedoch mit der grotesken Situation zu tun, daß der ICE auf eine Art Deutschland-Rundreise geschickt, von Berlin über Hannover, Göttingen und Würzburg geführt wird, und hier auf 928 Schienenkilometerlänge kommt. Die Direktverbindung über Leipzig und Probstzella, die der Intercity nutzt, beläuft sich jedoch nur auf 677 Kilometer.

Kürzere Strecke - längere Fahrtzeit: so die Logik der Bahn AG-Vorständler, die seit Januar 1994 ja keine Beamten, sondern moderne Manager sein wollen. Tatsächlich fuhr die Deutsche Reichsbahn im ersten Drittel dieses Jahrhunderts die Strecke Berlin-München auf der Direktverbindung über Leipzig und Probstzella in 6 Stunden und 44 Minuten, also rund 20 Minuten schneller als der Umweg-ICE sechzig Jahre später. (14)

Jetzt stelle man sich vor, die Direktverbindung Berlin-Leipzig-Probstzella-München würde umgehend optimal ausgebaut. Man nutzt die bestehenden Trassen und schlägt keine Neubaustrecke durch Natur und Städte. Auf der derart optimierten Verbindung würde ein italienischer Pendolino oder ein schwedischer X2000 eingesetzt. Beide Züge verfügen über die "gleisbogenabhängige Wagenkastensteuerung" und bringen es auf Reisegeschwindigkeiten von 130 km/h (und Spitzengeschwindigkeiten von mehr 250 km/h). Selbst unterstellt, es bleibe bei den 677 Schienenkilometern der Direktverbindung (und es komme durch eine solche Optimierung nicht zu der einen und anderen Verkürzung der Gesamtstrecke), selbst unterstellt, die so erzielte Reisegeschwindigkeit läge lediglich bei 120 km/h: Ein solcher "Neitech-Zug" würde dann die Strecke in 338 Minuten oder in fünf Stunden und 38 Minuten bewältigen; er wäre also um rund eineinhalb Stunden schneller als der aktuelle Dino-ICE, der über Hannover geleitet wird.

Keiner sage, das sei wegen des schlechten Zustands der Reichsbahn-Strecken nicht oder nicht so schnell zu realisieren. Im Deutschen Reich der 1870er Jahre wurden jährlich im Schnitt 1000 Schienenkilometer neu gebaut. Es wäre möglich gewesen, seit der Vereinigung, also in vier Jahren, das gesamte Netz bestehender Gleisanlagen der ehemaligen DDR-Reichsbahn dort, wo erforderlich, komplett zu erneuern. Das nicht getan zu haben und das nicht zu tun, ist Teil der Politik der "Größtmöglich anzunehmenden Auto-Union".

Die Konzentration auf die Hochgeschwindigkeitsstrecken der Bahn wird ergänzt um die Regionalisierung: Ab 1996 werden die Regionalstrecken aus der Bahn AG ausgegliedert und sollen von Ländern, Kreisen und Kommunen betrieben werden. Das wäre an sich eine diskutable Organisationsform, wenn die Rahmenbedingungen stimmen würden. In diesem Sektor fuhr die Bahn bisher, laut eigenen Angaben, die größten Verluste ein (Kostendeckung maximal 40 Prozent). Die finanzielle Ausstattung, die der Bund für eine gewisse Zeit den Ländern für diese Regionalbahnen gewährt, deckt etwas mehr als die Hälfte dessen ab, was die Länder ursprünglich forderten und als Minimum für die dringend erforderliche Modernisierung und die Aufrechterhaltung des Normalbetriebs ansahen. Entsprechend kommentierte Hamburgs Oberbürgermeister Henning Voscherau am 12. November 1993 den erzielten Regionalisierungskompromiß: "Jetzt geht die ganze Eisenbahn kaputt".

Die Privatisierung der Bahn in der Form, wie sie seit 1994 erfolgt, war seit Ende der achtziger Jahre eine der Hauptforderungen der deutschen Industrie, allen voran der deutschen Autoindustrie. Sie wurde von vornherein und vehement von Heinz Dürr vertreten, der bruchlos als Vorstandsvorsitzender der Daimler-Benz-Tochter AEG zum Chef der Bundesbahn und dann in Personalunion zum Chef der Reichsbahn avancierte. Die Arbeitsgruppe

"Unternehmensstruktur einer künftigen Deutschen Bahn" im Verkehrsforum Bahn e.V. legte bereits 1990 die Pläne für die Dreiteilung der Bahn (Personenverkehr AG, Güterverkehr AG, Fahrweg AG) vor, die seit Januar 1994 umgesetzt werden. Leiter der Arbeitsgruppe war Hellmuth Buddenberg, der stellvertretende Vorsitzende des Aufsichtsrats der Ölgesellschaft Deutsche BP AG. Andere Firmen, die Spitzenmanager in dieses Gremium entstand hatten, waren der größte deutsche Energie- und Ölkonzern Veba, VW, die Hersteller von Schienenfahrzeugen Siemens und Thyssen, das führende Speditionsunternehmen Schenker, alles Firmen, die zumindest in starkem Maß Interessen vertreten, die in Widerspruch zu einem optimalen und profitablen Bahnbetrieb stehen. (15)

Ein Teil dieser Lobby trifft sich dann im Aufsichtsrat der neu gegründeten Bahn AG wieder, wo Siemens (Hermann Franz) und Veba (Hermann Krämer) vertreten sind; der Aufsichtsratsvorsitzende der Deutschen Bahn AG, Günther Saßmannshausen, war zuvor Vorsitzender der Regierungskommission Bahn, die maßgeblich die Bahnprivatisierung vorangetrieben hatte. Es soll nicht verschwiegen werden, daß die Position des stellvertretenden Aufsichtsratsvorsitzenden an Rudi Schäfer, den Vorsitzenden der Gewerkschaft der Eisenbahner Deutschlands fiel, und daß dies der Dank dafür ist, daß die GdED ihre ursprüngliche, fundierte Kritik an der Bahnprivatisierung Mitte 1992 einstellte, obgleich die Auswirkung dieser BahnDeform massiv den Interessen der Beschäftigten zuwiderlaufen. (16)

Der Präsident des Bundesverbandes der Deutschen Industrie, Tyll Nekker äußerte Anfang 1994: "Als Aktiengesellschaft muß die Bahn konsequent nach dem ökonomischen Prinzip arbeiten." In der Realität heißt dies vor allem: Abbau von Kapazitäten; Rückzug der Bahn aus allen Bereichen. Während der mehrfach zitierte Bundesverkehrswegeplan auch einen - teilweise massiven - Anstieg des Bahnverkehrs unterstellte und hier - ich behaupte: nachweisbar bewußt - von falschen Annahmen ausging, um die Öffentlichkeit zu beruhigen, baut die Bahn im Vorgriff auf die Privatisierung Jahr für Jahr ihre Kapazitäten ab.

Allein 1992 wurde das Sitzplatzangebot von Bundesbahn und Reichsbahn um 76.261 Plätze oder um sechs Prozent gegenüber dem Vorjahr reduziert. Die Zahl der Güterwaggons wurde im gleichen Jahr sogar um 37.225 oder um zwölf Prozent abgebaut. (17) 1993 und 1994 setzt sich dieser Trend fort.

Es ist nur logisch, daß der Schienenverkehr auf wenige Marktsegmente reduziert werden wird - und zwar auf diejenigen, die auch in der Konzeption einer totalen Autogesellschaft Sinn machen: Intercity- und ICE-Verkehr, um die Staus auf den Autobahnen und die Überfüllung des Luftraums zu umgehen und auf besondere Formen und spezifische Strecken im Güterverkehr (Container- und Kombiverkehr; Nachtsprung-Strecken). Man hat den motorisierten Individualverkehr hochgepäppelt und zur vorherrschenden Verkehrsart gemacht und dafür ein Jahrhundert lang die Marktwirtschaft ganz oder weitgehend ausgeschaltet - angefangen vom Bau der Reichsautobahnen, die eine Tochter der Reichsbahn, der Reichsautobahngesellschaft, finanziert hat, bis zur aktuellen Situation, wo laut Umwelt und Prognose Institut in Heidelberg der Straßenverkehr seine Kosten erst decken würde, wenn ein Liter Kraftstoff rund fünf Mark kosten würde. Wenn bei diesen marktverzerrenden Rahmenbedingungen gesagt wird, ausgerechnet die Bahn müsse sich nackt und bloß "dem Markt" stellen, dann ist dies ebenso grotesk wie tödlich für das Schienenunternehmen.

So hat der "Spiegel" im März 1994 eine erste vernichtende Bilanz der Bahnprivatisierung gezogen und nachgewiesen, die Privatisierung der Bahn bringe den Steuerzahlenden keine Erleichterung; die vorgelegten Berechnungen seinen pure Bilanztricks. "Produktivität und Konkurrenzfähigkeit" der Bahn hätten sich "kaum verändert", gerade die "Bahn AG wird noch viele Jahre massive Ansprüche beim Fiskus geltend machen" - oder eben der Schienenverkehr mangels finanzieller Möglichkeiten massiv reduzieren. (Nr. 11/1994)

Derzeit werden die Uhren allerorten zurückgedreht. Diese Entwicklung illustriert auch der Fall einer bekannten deutschen Familie: Ernst Friesland hieß 1920 der Generalsekretär der KPD; er vertrat innerhalb der KPD eine ultralinke Position. Ende der zwanziger Jahre war Friesland unter seinen richtigen Namen Ernst Reuter in der Berliner Sozialdemokratie engagiert. In die Verkehrsgeschichte ging Reuter ein, als er 1929 die Kommunalisierung der zuvor privaten öffentlichen Verkehrsunternehmen betrieb und erster Vorstandsvorsitzender der Berliner Verkehrs- und Aktiengesellschaft (BVG) wurde. 1953 war Ernst Reuter als Berliner Oberbürgermeister maßgeblich an dem undemokratischen Zustandekommen eines Beschlusses beteiligt, mit welchem die Straßenbahn, die bis dahin einen Marktanteil von 55 Prozent am BVG-Verkehr hatte, zugunsten des Busverkehrs eingestellt wurde.

1992 wurde die Westberliner S-Bahn aus der BVG ausgegliedert. Im Dezember 1993 erklärt das Unternehmen Daimler Benz, an dessen Spitze Ernst Reuters Sohn Edzard steht, in dem Stuttgarter Unternehmen gebe es Erwägungen, "im Rahmen der Bahnreform und der angestrebten Privatisierung des öffentlichen Nahverkehrs" sich an der Berliner S-Bahn zu beteiligen. Dies biete sich für den Konzern als ein "zukunftsträchtiges Betätigungsfeld" nachgerade an, zumal bei einem solchen Engagement sich Daimler "eine Absatzhilfe für Busse, Schienenbau und Bahnen" erschließen würde. Eine tatsächlich aufschlußreiche Widerspiegelung von Links-Rechts-Positionsentwicklungen und von komunalpolitischen und privatwirtschaftlichen Vekehrskonzeptionen innerhalb einer Familie. (18)

Auto und Umwelt

Nun als vierter Bereich zu den ökologischen Folgen unserer Autogesellschaft: Bei allen Vergleichen zwischen dem schienengebundenen und dem Straßenverkehr ergibt sich: Der Straßenverkehr bringt bei vergleichbarer Leistung (je zurückgelegten Personen- oder Tonnenkilometer (19)) und bei durchschnittlich besetzten bzw. ausgelasteten Transportmitteln eine Mehrfachbelastung um den Faktor x: Die Schadstoffemissionen liegen 20mal höher, die Lärmbelastung ist drei bis fünf mal größer, es wird mindestens zehn Mal so viel Fläche zerstört usw. usf. Die Auswirkungen einer ganzen Reihe besonders giftiger Kfz-bedingter Emissionen - wie das stark krebserregende Benzol, das in besonderem Maß vom "umweltfreundlichen" bleifreien Sprit abgegeben wird - werden erst in jüngster Zeit ernsthaft untersucht und in breiterem Umfang öffentlich diskutiert.

Geschädigt werden durch diese hohen und stark steigenden Kfz-bedingten Schadstoffemissionen Umwelt, Gebäude und Menschen. Grundsätzlich ist in der Bundesrepublik Deutschland davon auszugehen, daß die Hälfte aller Schadstoffemissionen auf Kraftfahrzeuge zurückzuführen ist. In Städten erreicht dieser Anteil 70 und mehr Prozent.

Auch haben alle diejenigen unrecht gehabt, die Mitte der achtziger Jahre behaupteten, mit den neuen Bestimmungen zu sogenannten "abgasarmen Pkw" würden die Schadstoffemissionen sinken. Sie stiegen weiter von Jahr zu Jahr. Sie werden nach den hier genannten Zahlen der fortgesetzten Motorisierung im allgemeinen und derjenigen in den neuen Bundesländern im besonderen weiter wachsen. Da die Zahl der Diesel-Pkw und der Lkw-Verkehr selbst verdoppelt werden sollen, wird hierdurch in besonderem Maß die Emission von Stickoxiden gefördert, des Schadstoffes, der in erster Linie für das Waldsterben verantwortlich gemacht wird. Bis zum Jahr 2000 wird aus über 55 Millionen gesamtdeutschen Auspuffrohren dem Restwald der Todesstoß versetzt werden.

Der Kampf gegen das Waldsterben reduziert sich derzeit auf die Umbenennung der entsprechenden Bilanzen in "Waldschadensbericht" und "Waldzustandsbericht" und das Schönen dieser Statistiken. Deutlich allerdings geht aus den jüngsten offiziellen "Waldzustandsstatistiken" hervor, daß inzwischen auch die Eichen und Buchen vom massenhaften Sterben der Baumarten erfaßt sind. In einer Stadt wie Berlin durchqueren den Tiergarten, die fast vorbildlich zu nennende große grüne Lunge der Stadt, heute 200.000 Kfz pro Tag. 1993 kam eine im Auftrag des Berliner Senats erstellte Studie zu dem Ergebnis, daß schon drei Viertel aller Bäume im Tiergarten geschädigt sind. Doch der Kfz-Verkehr in den nächsten Jahren soll nochmals massiv gesteigert und Straßen- und Bahntunnel unter dieser grünen Lunge durchgeführt werden. Befürchtet wird unter diesen Bedingungen der "flächenhafte Ausfall der (zumeist gleichalten) geschädigten Bäume". (20)

Den Städten droht bereits heute der Verkehrskollaps. Die Gebäudeschäden nehmen explosionsartig zu; historische Gebäude wie der Kölner Dom sind zunehmend nur noch eingerüstet zu bestaunen. Auf dem Gebiet der ehemaligen DDR, wo ohnehin vielerorts die historische Bausubstanz stark angegriffen ist, werden die Schadstoffemissionen und deren Folgen als Vorwand genommen werden, um ganze Viertel mit der Abrißbirne autogerecht zu formen.

Die Dimension der Zerstörung, der wir uns gegenüber sehen, ist in Zahlen über die Zunahme von Pseudokrupp und von Krebserkrankungen, mit Vergleichen von Erkrankungen früher und heute oder solchen zwischen Stadt und Land nur unzureichend auszudrücken. Es erscheint beeindruckender, die Untergangs-Melodie zu zitieren, die sich, mit Rückgriffen auf die römische Geschichte und Mythologie, hierzu in der "Frankfurter Allgemeinen Zeitung" fand:

"Das Reiterstandbild des römischen Kaisers Mark Aurel, das bis 1981 rund 1.800 Jahre lang im Herzen Roms gestanden hatte, wird nach den Restaurierungsarbeiten nicht auf einen Sockel zurückkehren. Das kostbare Original soll in einem Palast wohlbehütet vor schädlichen Einflüssen aufgestellt werden, während eine Kopie auf den Sockel gestellt und damit der aggressiven römischen Luft ausgesetzt wird. Nach einer Legende geht Rom an dem Tag unter, an dem die Vergoldung der Statue verschwunden ist. Von der Originalvergoldung sind nur noch kleine Flächen erhalten." (21)

Auto und Alltag

Schließlich und fünftens kennt die Autogesellschaft auch eine Seite, die mit dem Alltagsleben von allen zu tun hat. Sie wirkt tief hinein in den privaten Bereich derjenigen, die in dieser Gesellschaft leben, mit oder ohne Führerschein.

Die Zahl der Staßenverkehrsopfer läßt sich weit besser vorhersagen als die Wachstumsraten des Bruttosozialprodukts, wobei diese Toten und noch mehr die Schwerverletzten das Bruttosozialprodukt steigern:
- Im Zeitraum 1995 bis 2005 wird es weitere 100.000 gesamtdeutsche Straßenverkehrstote geben. Eine Vergleichszahl: Im Vietnamkrieg sind 50.000 US-Amerikaner gefallen.
- Pro Jahr addieren sich die west- und ostdeutschen Straßenverkehrstoten auf 10.000. Das sind übrigens zehnmal soviel Menschen wie durch Mord- und Totschlag zur Strecke gebracht werden. Das letztere produziert den Stoff, der aus der Boulevardpresse trieft, das erstere stellt das trockene Brot des Lokalredakteurs dar.

- Jährlich werden rund 600.000 Männer, Frauen und Kinder im gesamtdeutschen Straßenverkehr verletzt, rund 100.000 davon schwer. Das heißt, im genannten Zehnjahreszeitraum werden eine Million Menschen durch den Straßenverkehr schwer verletzt und oft für ihr Leben gezeichnet.

Während die Straßenverkehrsopfer im Bewußtsein der Öffentlichkeit noch registriert werden, ist die Alltagsaggression weit weniger präsent. 1987 kam es in Los Angeles zur ersten öffentlich registrierten Autofahrer-Psychose. Damals schrieb "Time-Magazine": "No one has offered any clear diagnosis of that highway-madness - Niemand konnte bisher eine klare Diagnose für diesen Autobahn-Wahn liefern." Ein im Stau stehender Pkw-Fahrer hatte aus Frust mit seinem Colt seinen nebenan im Pkw und Stau festsitzenden Leidensgefährten getötet. In den kommenden zwei Wochen folgten zwei Dutzend Fahrer diesem Beispiel; es gab ein halbes Dutzend Tote, mehrere Verletzte und einen Boom beim Verkauf von kugelsicherem Autoglas. (22)

Ausdruck von Wildwest in God's and Marlboros own country? Mitnichten - the evil is always and everywhere, um die Erste Allgemeine Verunsicherung zu zitieren: Am 22. Februar 1990 lautete die Schlagzeile in "Bild": "Kampf um Parkplatz - Autofahrer erschossen." Am 5. Juli 1990 berichtete die "Frankfurter Allgemeine Zeitung": "Festgenommener gesteht Schüsse auf Kleinbus-Fahrer." Der Mann begründete seine Tat, ausgeführt mit einer Beretta-Pistole, damit, daß er sich "bei einem Überholmanöver von dem Kleinbusfahrer behindert fühlte." Von einem ähnlichen Fall wußte die "Neue Revue" zu berichten: "Mit seinem Kleinbus überholte Manfred König einen provozierend langsam fahrenden Mercedes 350 SE. Der setzte sich wieder vor den Kleinbus. König überholte abermals: Der überholte Mercedes-Fahrer durchlöcherte den Kleinbus mit Pistolenschüssen." (23)

Zwei andere Fallsammlungen brachte der "Stern" 1989 und 1990. Daraus ein Beispiel aus der Region, in der die Devise "heilix Blechle" und "No ned hudle" gilt: "Stuttgart: Ein Pkw-Fahrer, sauer vom ewigen Suchen, zerrt mit einem Abschleppseil einen Betonpoller aus dem Pflaster. Freier Parkplatz für freie Bürger." Aus München wird über den Krieg Auto gegen Radfahrer berichtet: Im Stadtteil Pasing "stellte ein 37jähriger seinen Opel Kadett auf der Fahrbahn quer, stoppte einen 19jährigen Radfahrer, der ihm in der Einbahnstraße in der falschen Richtung entgegenkam, und stach ihn nieder." Aggressionen im Autoverkehr, wie sie alltäglich sind, gelangen nur noch in die Medien, wenn sich Prominente ins Zeug legen. So als "Liebling Kreuzberg" aus dem Pkw stieg, einem anderen Fahrer "eine wischte" und deshalb verurteilt wurde. Der Pop-Experte beim Südwestfunk, Frank Laufenberg, prügelte auf einen Mietwagenfahrer ein, weil dieser es gewagt hatte, vor seiner Wohnungseinfahrt zu parken. Aufschlußreich auch der Fall eines 48jährigen Verkehrsrichters in Passau. Laut "Stern" "raste dieser mit seinem Pkw auf dem Bürgersteig hinter einem elfjährigen Jungen her. Das Kind konnte sich nur noch durch einen Sprung über den Zaun retten. Den Richter hatte der Lärm der spielenden Kinder gestört." (24)

Das sind zweifellos Szenen, die makaber wirken. Doch es geht um mehr: In diesen vielfältigen Formen der Alltagsaggression, die mit der Autogesellschaft verbunden sind, kommt die vielfältige Entfremdung der Menschen in dieser Ellbogen-Welt zum Ausdruck. Hier bietet das Auto eine ganz entscheidende Ersatzbefriedigung für Menschen, die produktiv im Arbeitsprozeß tätig sind, die aber nicht über die Produkte entscheiden dürfen, die sie herstellen. Wenn alle großen Entscheidungen in dieser Gesellschaft - ob der Jäger 90 bzw. der "Eurofighter" produziert oder ob etwas gegen den Treibhauseffekt unternommen wird, ob die Treuhand Bischofferode platt oder Bonn das Recht jedes Kindes auf einen Kindergartenplatz möglich machen - unter Ausschluß der großen Mehrheit der Bevölkerung fallen, dann wird dieser rechtlosen Mehrheit als Ersatz ein Auto für die "kleinen Freiheiten" und "großen Fluchten" zur Verfügung gestellt. Sie dürfen sich auf den Straßen "frei" bewegen, in Deutschland auf einer nach oben offenen Raserskala, bei Tempofreiheit.

Zurück zum Realismus, freie Fahrt nach Utopia

Kann man so naiv und so wenig realpolitisch sein, bei solchen Rahmenbedingungen noch Visionen und Utopien zu haben? Einer hatte solche Visionen, wobei er als Ausgangspunkt auch den bestehenden und drohenden Alptraum wählte: "Es droht das totale Chaos. Erforderlich sind riesige Investitionen in das öffentliche Verkehrssystem ... in einer Größenordnung vergleichbar jener, als das Schienennetz der Eisenbahnen gebaut wurde."

Der dies 1990 in einem "Spiegel"-Interview äußerte, heißt Pehr Gyllenhammar. Man könnte sagen, es habe sich hier um eine geschäftsschädigende Bemerkung gehandelt, denn Gyllenhammar war zu diesem Zeitpunkt Chef von Volvo, des größten schwedischen Autobauers.

Wenn Herr Gyllenhammar auf das Zeitalter des Eisenbahnbaus hinwies, dann erschließt sich uns hier noch ein anderer Zugang zu einer solchen Vision. Auf dem Höhepunkt des Eisenbahn-Zeitalters, um das Jahr 1910 herum, schrieb der große bürgerliche Nationalökonom Werner Sombart die folgenden Sätze:

"Diese Periode mündet in die Verästelung der Schienennetze und wird damit endigen, daß vor jedes Haus eine Eisenbahn führt. Dazu hilft vor allem die Entwicklung eines Sekundär-, Tertiär- usw. Bahnbaus, eines Systems von Schmalspurbahnen in einem Wort..." (25)

Herr Sombart hatte durchaus Realpolitik im Kopf, als er dies niederschrieb. Heute mag uns das unvorstellbar vorkommen, eine Gesellschaft, in der die Schiene im Transportsektor dominiert und Schienen - z.B. Straßenbahngleise - "vor jedes Haus" führen. Nun kannte aber Sombart nicht unsere Entwicklung, die der Zersiedelung, der endlosen, sich in die Landschaft fressende Eigenheim-Aneinanderreihung, der Produktion von künstlichem, von "verkehrtem Verkehr".

Dies wäre der erste von insgesamt vier Programmpunkten, die eine solche Vision umreißen.

Verkehr wird produziert.

Bei einem Großteil der Verkehrsleistungen handelt es sich keineswegs in erster Linie um ein Produkt menschlicher Bedürfnisse. Das leuchtet vor allem im Güterverkehr ein. Daß Produkte "just in time" geliefert und Lager abgebaut werden, ist allein aus einzelbetrieblicher Sicht sinnvoll. Gesamtgesellschaftlich gesehen werden dadurch bisher einzelbetriebliche Kosten auf die Gemeinschaft der Steuerzahlenden verlagert. Statt Lagerkosten bei einzelnen Unternehmen gibt es nun Subventions- und ökologische Kosten, welche der Gemeinschaft der Steuerzahlenden - und späteren Generationen - auferlegt werden. Beispiel: Der 150 Gramm leichte Südmilch-Joghurt-Becher, der nach einer Analyse des Wuppertal-Instituts für Klima, Umwelt und Energie 7.695 Kilometer an Transportwegen hinter sich hat (Erdbeeren aus Polen, dieselben verarbeitet in Aachen, Joghurt-Kulturen aus Niebüll, Milch und Zucker aus der Stuttgarter Region usw.). (26)

Nicht anders verhält es sich im Personenverkehr. Wenn sich die Verkehrsleistungen im westdeutschen Personenverkehr zwischen 1965 und 1990 - bei gleichbleibender Bevölkerungszahl - verdoppelt haben, dann hat dies wenig mit höherer Mobilität zu tun. Martin Wagner, ein in Vergessenheit geratener sozialdemokratischer Städteplaner (er war nach dem Ersten Weltkrieg Stadtbaurat von Groß-Berlin), schrieb 1954: "Das Verkehrsbedürfnis eines Großstädters westlicher Zivilisation beläuft sich pro Jahr und Nase auf etwa 1.000 Zielbewegungen, von denen 650 fußläufigen Charakter hätten, wenn sie vom Städtebauer richtig geplant worden wären."

Bei diesen 1.000 Zielbewegungen ist es im wesentlichen geblieben: Berufs-, Ausbildungs-, Einkaufs-, Freizeitwege und der Urlaubsverkehr addieren sich jeweils pro Jahr auf rund diese Zahl. Was sich geändert hat, ist nicht diese Zahl; es ist nicht das damit ausgedrückte Mobilitätsbedürfnis. Geändert haben sich vielmehr so gut wie in jedem einzelnen Fall die Entfernungen, um von A - dem Ausgangspunkt - nach B - dem Ort der Bedürfnisbefriedigung - zu kommen.

Diese Entfernungen haben sich jeweils vervielfacht: Wohnort und Arbeitsplatz sind nicht ein oder drei, sondern 30 und 100 Kilometer entfernt. Eingekauft wird nicht ein paar Straßen weiter bei Tante Emma, sondern auf der grünen Wiese. Kulturelle Möglichkeiten im Nahbereich werden zerstört, indem statt Kleinkultur und dem Kino um die Ecke Großprojekte wie ein "Starlight-Express" in Bochum subventioniert oder gigantische Kinocenters konzessioniert werden. Die einigermaßen dezentralen kommunalen Bademöglichkeiten gehen mit Schwimmopern und "Spaßbäder" kaputt. Erholung findet man nicht im Garten, auf dem Balkon oder in einer nahen Grünanlage. Für die Ausnahme des Englischen Gartens in München wurde errechnet, daß er an jedem Wochenende viele zehntausende Fahrten ins Grüne ersparen hilft. In der Regel werden im Freizeitverkehr jedoch heute je Fahrt 40 und mehr Kilometer zurückgelegt.

Als wenn er diese Art von Autogesellschaft geahnt hätte, schrieb Bertolt Brecht:

Die Schwärmerei für die Natur
kommt von der
Unbewohnbarkeit der Städte.

Die Entfernungen im Verkehr des Alltagsleben müssen also wieder radikal verkürzt werden. Die Zerstörung, die hier angerichtet wurde, muß durch eine mittelfristig angelegte Strukturpolitik rückgängig gemacht werden. Eine solche Politik muß die Städte wieder lebenswert machen und im ländlichen Bereich geschlossene Wohn-, Lebens- und Arbeitsbereiche schaffen. Einkaufs- und Erholungsmöglichkeiten müssen dort entstehen, wo die Menschen leben, und nicht dort, wo der Quadratmeterpreis aufgrund verzerrender Marktbedingungen am niedrigsten ist.

Kurz: Es handelt sich um eine Politik zur Schaffung kurzer Wege.

Förderung des nichtmotorisierten und des öffentlichen Nahverkehrs

Daran schließt sich logisch das zweite verkehrspolitische Ziel an: Verkehr muß in großem Umfang auf die klassischen Verkehrsträger - auf Füße und Pedale - zurückverlagert werden. Die beschriebene Strukturpolitik schafft die Voraussetzungen dafür, daß ein Großteil des Alltagsverkehrs so zurückgelegt wird - als Resultat des Lustprinzips. Heute gibt es bereits niederländische und skandinavische Städte, in denen 60 und mehr Prozent des Verkehrs - der Zielbewegungen - nichtmotorisiert abläuft. In der Bundesrepublik lag dieser Anteil 1989 bei unter 40 Prozent, in der DDR bei 1989 bei über 45 Prozent.

Drittens schließlich ist bei den motorisierten Verkehrsarten grundsätzlich der öffentliche Verkehr zu bevorzugen. Im Nahverkehr ist ein umfassender Ausbau des öffentlichen Verkehrssystems erforderlich. Der Verkehr, der nicht vermieden werden kann, der sich nicht auf Füße und Pedale zurückverlagern läßt, soll von einem effizienten, komfortablen und preisgünstigen öffentlichen Verkehrssystem übernommen werden. Selbst wenn dies rund um die Uhr - einschließlich preisgünstiger Nachttaxen - erfolgt, kostet das die Gesellschaft nur einen Bruchteil dessen, was sie derzeit für die Vorhaltung und Finanzierung eines 40-Millionen-Pkw-Heers zu entrichten hat - ganz zu schweigen von dem Blutzoll und den Folgekosten. Durch eine optimale Kombination des nichtmotorisierten und des öffentlichen Verkehrs (bike & ride; gesicherte Fahrradstellplätze an Bahnhöfen usw.) können nichtmotorisierter und öffentlicher Verkehr sich wechselseitig positiv beeinflussen und steigern.

In der Regel bietet ein Rückblick auf die Verkehrsgeschichte einer Stadt oder Region viele brauchbare Hinweise, was hier wie machbar ist. Wenn es in Berlin 1929 bei einer Bevölkerungszahl, die größer war als die heutige, lächerliche 30.000 Pkw, aber einen flächendeckenden öffentlichen Nahverkehr mit mehr als 1.000 Linienkilometer Straßenbahn gab, dann war dies zumindest ein guter Ansatzpunkt für eine vorbildliche großstädtische Mobilität auf Basis des öffentlichen Verkehrs, zumal das Nahverkehrsunternehmen BVG solange Gewinn einfuhr, wie sich der Bau unterirdischer Bahnen in Grenzen hielt. Umgekehrt sind die Menschen im heutigen Berlin, das an zwei Millionen Kfz erstickt, weniger mobil als 1929.

Grundsätzlich stellen am Ende des 20. Jahrhunderts die Verkehrsexperten fest, daß im öffentlichen Personennahverkehr bei Städten ab 40.000 Einwohnern der Einsatz von modernen Straßenbahnen die ökonomisch sinnvollste, ökologisch vertretbarste und für die Fahrgäste komfortabelste Form des Transports darstellt. Der Ausbau solcher Bahnen erklärt zu einem wesentlichen Teil die großen Erfolge, die der Nahverkehr in den Städten Freiburg und Karlsruhe hat.

Eine Politik der kurzen Wege, die Förderung des nichtmotorisierten Verkehrs und des öffentlichen Nahverkehrs mündet logisch in der Konzeption der autofreien Stadt. Auch das ist keine unrealistische Utopie: Im Sommer 1989 wurde in Bologna zumindest die Altstadt zur weitgehend autofreien Stadt. Während früher täglich rund 400.000 Pkw durch die norditalienische Stadt fuhren, waren es 1990 noch rund 40.000 - ein Zehntel. Die Menschen hatten sich einen wichtigen Teil ihres Lebens und viele Straßen zurückerobert.

Das beste Beispiel einer autofreien Stadt ist natürlich Venedig, wo die Natur der Automania im Weg stand. Alle Einwände, es handle sich hier um "besondere, anderswo nicht wiederholbare Rahmenbedingungen", halten der kritischen Analyse nicht stand: Der Anteil des Tourismus am venezianischen Bruttosozialprodukt ist nicht größer als bei der Stadt Heidelberg. Die Zahl der Pendler und Pendlerinnen ist so groß wie in vergleichbaren Städten. Die Stadt Venedig ist ein vergleichbar bedeutendes Ausbildungs- und universitäres Zentrum wie Freiburg oder Tübingen. Der Konzentration im Centro Storico, auf der Hauptinsel, stehen ebensoviele zu integrierende und Verkehr erzeugende Außenziele gegenüber wie bei "normalen Städten". Dies gilt insbesondere für das auf dem Festland liegende Industriegebiet Mestre.

Denkt man sich anstelle der venezianischen vaporetti, der Kanalbusboote, ein Straßenbahnnetz, dessen Linien sich vergleichbar gewunden den Stadtstrukturen anpassen wie z.B. der Canale Grande dieselben bestimmt, und die außenliegende Verkehrsinseln (wie die natürlichen Inseln Murano, Burano usw.) in das Verkehrsnetz integriert, dann hat man ein sinnvolles, modernes Nahverkehrssystem vor sich. Allerdings ist im Fall Venedig die Grundvoraussetzung die Verwirklichung unseres Programmpunktes Nr. 1: In Venedig sind die kleinräumigen Strukturen erhalten geblieben; die meisten Wege sind kurze. (27)

Flächenbahn

Der letzte - vierte - Programmpunkt meiner Vision lautet:

Der größte Teil des verbleibenden Personen- und Güterfernverkehrs kann perspektivisch auf die Schiene verlagert werden. Notwendig wäre der Ausbau des Schienenverkehrs als Flächenbahn. Unter diesen Bedingungen könnte der Binnenflugverkehr - auch der gesamtdeutsche - in kürzester Zeit komplett eingestellt und alle Startbahnen in Biotope oder Golfplätze verwandelt werden. Erforderlich wäre lediglich ein internationaler Airport.

Dies läßt sich ergänzend zu den vorausgegangenen Angaben zur Schienenverbindung Berlin-München leicht am Beispiel der weitesten innerdeutschen Schienenverbindung, derjenigen zwischen Hamburg und München, illustrieren. Der Intercity-Zug benötigte 1990 für die 820 Schienenkilometer knapp sieben Fahrplanstunden. Auch ohne Neubaustrecke kann einer der bereits beschriebenen Neigungstechnik-Züge eine solche Strecke in sechs Stunden bewältigen (z.B. mit Reisegeschwindigkeit 135 km/h)

Vergleichen wir diese sechs Fahrplanstunden mit der real existenten Flugzeit von Stadtmitte zu Stadtmitte. Diese beläuft sich mit S-Bahn ins Naturschutzgebiet Erdinger Moos zum Franz-Josef-Strauß-Airport, Check-in- und Check-out-Zeiten, Flugzeit, Bus- bzw. Taxifahrt von Hamburg-Fuhlsbüttel bis ins Zentrum auf rund vier Stunden. Unter diesen Bedingungen dürften sich bereits viele kühl rechnende Manager sagen: Die Bahnfahrt ist "rentabler": Die Zeitersparnis beim Flug wiegt nicht den Verlust an Komfort auf. Während im Flug die Reisezeit vielfach verlorene Zeit ist, trifft dies für die Bahnfahrt viel weniger zu. Erst recht würde eine solche Rechnung zugunsten der Bahn aufgehen, wenn im Flugverkehr Tarife verlangt würden, die die volkswirtschaftlichen Kosten wenigstens annähernd abdecken. Wenn dies für die weiteste innerdeutsche Flugverbindung gilt, dann gilt sie erst recht für die übrigen, weit kürzeren, Verbindungen. (28)

Voraussetzungen, Realismus, Utopie

Offensichtlich ist die Verwirklichung einer solchen alternativen Konzeption an einige entscheidende Voraussetzungen gebunden:
- Der Bahnverkehr müßte auf eine Weise organisiert und finanziell abgesichert sein, daß einerseits ein einheitlicher - möglichst übernationaler - Schienenverkehr existiert und zugleich eine optimale Einflußnahme auf dezentraler Ebene (durch Kommunen, Kreise, Länder, Fahrgastverbände usw.) möglich ist. Für 90 Prozent der Fahrgäste einer solchen Flächenbahn ist nicht der komfortable Taktverkehr zwischen großen Zentren entscheidend, sondern die Kundennähe und Komfortabilität des Gesamtsystems und die hohe "Netzgeschwindigkeit" (Taktverkehr im Nah-, Regional- und IC-Verkehr).
- Notwendig wären Sofortmaßnahmen wie Tempo 100 auf Autobahnen, 80 auf Land- und Bundesstraßen, 30 in Wohngebieten, Maßnahmen, für die seit langem Mehrheiten in der Bevölkerung vorliegen. Dies hat der BUND erst im März 1994 erneut dokumentiert.
- Erforderlich wären weitreichende Einschränkungen des Lkw-Verkehrs (zunächst nach Schweizer Vorbild: Maximalgesamtgewicht von 28 Tonnen je Lkw - in der EU sind es derzeit 40 bis 44 Tonnen; Nachtfahrverbot für Lkw).
- Anzustreben wäre ein Preis für den Straßenverkehr, der annähernd die gesamtgesellschaftlichen Kosten dieses Verkehrs deckt. Dies kann über die Kombination von massiv höheren Kraftstoffpreisen und Nahverkehrsabgaben erreicht werden. Dabei müßte für alle kontrollierbar sein, daß die entsprechenden Mehreinnahmen in einen konsequenten Umbau im Verkehrssektor fließen und nicht durch die Löcher des Staatshaushalts rinnen.

Vor allem wäre hierfür notwendig, daß die zitierte "Größtmöglich anzunehmende Autounion" gesprengt würde. Jede grundlegende Veränderung der Verkehrspolitik kann - und dies gilt für alle wichtigen gesellschaftlichen Probleme - nur von unten erfolgen.

Erforderlich wäre ein breites Bündnis, das sich dieses Ziel setzt, und das besteht aus
- den in diesem Bereich aktiven Bürgerinitiativen und Umweltverbänden,
- betrieblichen Gruppen, gerade auch in der Autoindustrie, die Ware und Verkehrsmittel Auto kritisch bilanzieren, und den hier angesprochenen Gewerkschaften GdED, ÖTV, IG Metall bzw. ansprechbaren Teile in diesen Gewerkschaften,

- anderen hier betroffenen oder interessierten Verbänden (z.B. Verkehrs-, Landschafts- und Städteplaner),
- denjenigen Kreisen in und um die Kirchen, die sich in dieser Richtung engagieren und beispielsweise das Thema Autogesellschaft als Teil der Problematik Erste und Dritte Welt aufgreifen.

Natürlich läßt sich gegenüber einer solchen Konzeption argumentieren, diese sei unrealistisch; es handle sich nicht um Vorschläge für "Realpolitik". Objektiv festmachbar ist ein solcher Einwand allerdings schwer: Die Kosten der Autogesellschaft sind nachweisbar weit höher als der skizzierte Umbau; eine solche Konversion würde weit mehr neue Arbeitsplätze schaffen als überflüssig würden: Das Geld, das "für Verkehr" ausgegeben wird, ist vorhanden. Derzeit wird es jedoch vor allem für kapitalintensive Bereiche (Kfz-Fertigung, Autobahnbau usw.) ausgegeben. Die Realisierung der beschriebenen Verkehrswende würde mit demselben Geld vor allem arbeitsintensive Investitionen begünstigen.

Es mag zwar derzeit keine Mehrheit in der Bevölkerung für die beschriebene umfassende Verkehrswende geben. Eine solche Mehrheit ist allein deshalb wenig wahrscheinlich, weil die Debatte hierüber erst wenige erreichte und die Rechtfertigung der bestehenden Autogesellschaft von der Phalanx aller Medien weitgehend geschlossen betrieben wird. In wichtigen Teilbereichen - wie Tempobeschränkungen - exi- stieren jedoch bereits Bevölkerungsmehrheiten; für Projekte wie die Errichtung von Stadtvierteln, in denen ein "Wohnen ohne Auto" möglich ist, lassen sich heute bereits Hunderttausende begeistern.

Vor allem ist der Vorwurf mangelnder Realpolitik umgehend an die "Größtmöglich anzunehmende Autounion" zurückzureichen: Gerade im Fall der vorherrschenden Verkehrspolitik handelt es sich um pure Irrealpolitik. Der Weg in die totale Autogesellschaft - mit der Bahn auf dem Abstellgleis - ist der Weg in die verkehrspolitische Sackgasse.

Wenn allgemein für die bürgerlich-kapitalistische Gesellschaft das Prinzip gilt: "Nach uns die Sintflut", so konkretisiert sich dies für die Autogesellschaft: Die Menschen in den reichen Industrienationen steuern durch diese Welt, als hätten sie eine zweite im Kofferraum.

Umgekehrt richtet sich die hier ausgebreitete Vision nicht allein aus ökonomischen und ökologischen Gründen gegen das Auto und gegen die Autogesellschaft. Es handelt sich zugleich und in erster Linie um eine Politik für die Menschen, um eine Politik gegen die Zerstörung der Umwelt, der Städte und Dörfer, um ein Engagement gegen den PS-Machismo, gegen die Brutalität dieser spezifischen Transportgesellschaft, die die Schwachen - Behinderte, Frauen, Kinder, Alte - noch mehr schwächt und diese in dem Maß von Mobilität ganz oder weitgehend ausschließt, wie das Auto dominiert.

Insofern ist diese Vision einer verkehrspolitischen Zu(g)kunft auch eine Vision für eine solidarische, für eine menschliche Gesellschaft.

So, jetzt wär des Liadle g'songe.
Hot's eich reacht in d'Ohre klonge?
Wer's no net begreife ka,
fang's noemol von vorne a!

Aus: Auf de schwäb'sche Eisebahne

Anmerkungen:

1 Friedrich List, Über ein sächsisches Eisenbahn-System als Grundlage eines allgemeinen deutschen Eisenbahn-Systems, Leipzig o.J. (1833), hier nach Reclam, Leipzig, 1837, S.10. Hans-Christoph Noack, "Liberaler Protektionist und Visionär. Das Werk Friedrich Lists", in: Frankfurter Allgemeine Zeitung vom 5.8.1989.
2 "Blauäugig oder realistisch? Plädoyer für die Rückkehr des 'Bähnle', in. Schwäbische Zeitung, Stadtteil Weingarten, 8. April 1988. Die Verkehrskonzeption "Mittleres Schussental" fand sich in: Winfried Wolf, Sackgasse Autogesellschaft. Höchste Eisenbahn für die Alternative, Frankfurt/M. 1989, S.69ff. Die neue (1993er) Auflage dieses Buchs enthält diese Arbeit nicht mehr. Ich behauptete damals, die B 30 neu bringe nicht die behauptete Entlastung im Binnenverkehr Weissenau-Ravensburg-Weingarten-Baienfurt-Baindt, sondern ziehe in erster Linie zusätzlichen Fernverkehr an. Sechs Jahre später hat sich just dies bestätigt.
3 Sandor Petöfi, Gedichte, Corvina-Verlag, Budapest 1985, deutsch von Martin Remane.
4 Constantin Pecqueur, Economie sociale, Paris 1839, Bd. 1, S.338, hier nach: Wolfgang Schivelbusch, Geschichte der Eisenbahnreise, 1981, S. 68.
Ähnliche politisch-positive Auswirkungen erhoffte sich Friedrich List, als er schrieb: "Einer der wichtigsten Vorteile eines ganzen Systems von Eisenbahnen wird darin bestehen, daß es die stehenden Heere überflüssig machen oder doch ihre unendliche Verminderung ermöglichen wird. Invasionskriege werden aufhören."
5 Wirtschaftswoche (Spezial Geschäftsreisen) vom 1.6.1984.
6 Weltweite Liste auf Grundlage von Fortune, August 1992. Es handelt sich hier um die folgenden Konzerne (in Klammer jeweils das Land und der "Listenplatz" unter den 50 weltweit größten Industrieunternehmen: General Motors (USA; 1), Royal Dutch Shell (GB/NL; 2), Exxon (USA; 3), Ford (USA; 4), Toyota (Japan; 5), British Petroleum (GB; 9), Daimler Benz (BRD; 10), Mobil (USA; 11), Fiat (Italien; 15), VW (BRD; 16), Nissan (Japan; 19), Texaco (USA; 22), Chevron (USA; 23), Elf Aquitaine (Frankreich; 24), Veba (BRD; 26), Honda (Japan,; 28), Renault (Frankreich; 30), Chrysler (USA; 31), Peugeot (Frankreich; 35), Amoco (USA, 42), Total (Frankreich; 44), Dae Woo (S.Korea; 45), Petroleos (Venezuela; 46). Diese Liste ist noch ausgesprochen unzureichend, da die dazugehörige Finanz- und Börsenmacht und damit verbundene Industrie - etwa die Raum- und Flugzeugbranche (Flugbenzin, Kerosin) - nicht berücksichtigt sind. Westeuropaweit ist

die Stärke dieser Kapitalgruppe noch größer. Eine von der "Wirtschaftswoche" aufgestellte Liste der größten westeuropäischen Industrie- und Dienstleistungskonzerne nennt unter den 10 ersten Plätzen allein acht Öl-, Öl verarbeitende und Autokonzerne: Royal Dutch/Shell (1), British Petroleum (2), Daimler Benz (4), Volkswagen (6), Fiat (7), ENI (9), Veba (10). (Ausgabe vom 24.12.1992). Bei einer engen Definition des Begriffs Industriekonzern wäre im übrigen Daimler-Benz europaweit die Nummer eins.
7 Zitiert bei: Urs Jaeggi, Kapital und Arbeit in der Bundesrepublik, Frankfurt/M. 1973, S.170.
8 Nach: "Lobbyisten - Bonner Bauchladen", in: Stern Nr.13/1992. Dort heißt es: "Demnächst ist auch der bisherige CSU-Staatssekretär im Verteidigungsministerium, Holger Pfahls, für die Stuttgarter im Geschirr."
9 "Zurück in die Steinzeit", in: Der Spiegel Nr. 25/1992.
10 Angaben der Flensburger Statistik, wiedergegeben in: Süddeutsche Zeitung vom 19.1.1993 (hier lautet die Überschrift sogar: "Drei Millionen mehr Kraftfahrzeuge". Danach gab es 1992 46,9 Millionen Kfz und 37,6 Millionen Pkw; am 31.12.1993 waren es 49,4 Millionen Kfz und 39,2 Millionen Pkw.
11 Süddeutsche Zeitung vom 2.1.1985.
12 Lübecker Nachrichten vom 22.9.1991.
13 Welt am Sonntag vom 14. Januar 1990.
14 Angaben auf Grundlage des DB-DR-Fahrplans 1993/94 und des DR-Fahrplans 1933, wobei jeweils die günstigste Verbindung ausgewählt wurde.
15 Der vielfach gehörte Verweis auf die EG, die eine Bahnprivatisierung fordere, entpuppt sich als Versteckspiel. Die Bonner Regierungskoalition ließ bereits 1991 im Bundestag den "Vorschlag für eine Richtlinie des Rates (der EG) zur Entwicklung der Eisenbahnunternehmen in der Gemeinschaft" beschließen, der im wesentlichen auf die Privatisierung der Bahnen hinausläuft, wie sie 1994 in der BRD praktiziert wird. Tatsächlich beschloß die EG dann eine solche Richtlinie. Nach: Bundesdrucksache 12/701 vom 10.6.1991.
16 Angaben zum Aufsichtsrat der Deutsche Bahn AG nach: BahnZeit Nr. 2/1994. 1986 formulierte die GdED: "Privatisierung bei der DB heißt: höhere Fahrpreise und gefährdete Arbeitsplätze. Immer wieder taucht die fixe Idee auf, Bereiche der Bahn zu privatisieren. Die Idee ist klar. Alles, was Gewinne abwerfen könnte, soll privaten Unternehmern zugeschanzt werden..." GdED, "Die Bahn muß bleiben" (Faltblatt). Manfred Schell, Vorsitzender der Lokführer-Gewerkschaft und CDU-MdB hat zwar im Bundestag, entsprechend der Linie des Beamtenbundes, gegen die Bahnreform gestimmt, gleichzeitig jedoch erreicht, daß sein Interessenverband keinerlei relevante Aktivitäten gegen die Bahnprivatisierung unternahm. Anfang 1994 tauchte er im Aufsichtsrat der Bahn AG auf, was auch der "Spiegel" als "besonders pikant" empfand (Nr.6/1994). Der Vorsitzende des alternativen Verkehrsclubs für Deutschland VCD, Rainer Graichen, hat seit 1992 einen Kurs verfolgt, mit dem die Bahnprivatisierung ebenfalls unterstützt wurde. In dieser Zeit fand keinerlei innerverbandliche Diskussion statt. Mitte 1994 nimmt der VCD-Vorsitzende eine Position im gehobenen Management der Bahn AG ein.
17 Angaben nach den Geschäftsberichten der Deutschen Bundesbahn und Deutschen Reichsbahn. Vorausgegangenes Necker-Zitat in: BahnZeit Nr. 1/1994. Die Aussagen des Bundesverkehrswegeplans (BVWP) zum Anstieg des Bahnverkehrs müssen als "nachweisbar bewußt falsch" klassifiziert werden, weil der BVWP als Ausgangsjahr 1988 wählte, erst Mitte 1993 beschlossen wurde, in seiner endgültigen

Fassung weiterhin von einem massiven Anstieg des Bahnverkehrs (im Güter- und Personenverkehrssegment) ausging, und dabei die massiven Einbrüche im Zeitraum 1988-1992/93 schlicht ignorierte. Erbrachten 1988 die getrennten Unternehmen Reichsbahn und Bundesbahn noch 125 Milliarden Tonnenkilometer (tkm) und prognostizierte der BVWP für das Jahr 2010 194 Milliarden tkm, so lag diese Leistung bereits zum Zeitpunkt des Beschlusses, 1993, mit 66 Mrd. tkm bei der Hälfte des 1988er Stands. Der Anteil, den die Schiene am Güterverkehr hielt, sank allein im Zeitraum 1991-1993 von 24 auf 18 Prozent, während der Anteil des Straßenverkehrs (Lkw) von 60 auf 67 Prozent anstieg.

18 "Steigt Daimler-Benz bei der Berliner S-Bahn ein?", in: Süddeutsche Zeitung vom 27.12.1993. Friesland/Reuter nach: Hermann Weber, Die Wandlung des deutschen Kommunismus. Die Stalinisierung der KPD in der Weimarer Republik, Frankfurt/M. 1969, Band 1, S.40. Die Entwicklung von Berlins öffentlichem Verkehrssektor ist wiedergegeben in: Winfried Wolf, Berlin - Weltstadt ohne Auto?, Köln 1994. Die aktuelle offizielle Berliner Verkehrspolitik setzt auf U-Bahn-Ausbau und Busse und damit auf die teuerste Variante, die zugleich oberirdisch ausreichend Raum für den Autoverkehr schafft. Dem entgegengesetzt stehen die Planungen der Umweltverbände, die für einen flächendeckenden Einsatz der Straßenbahn, die im Ostteil der Stadt den größten Teil am öffentlichen Verkehr hält, eintreten.

19 Verkehrsleistungen werden in Personen- und Tonnenkilometer gemessen. Ein Personenkilometer (Pkm) entspricht dem Transport einer Person über einen Kilometer; ein mit vier Personen besetzter Pkw, der 100 km zurücklegt, realisiert 400 Pkm. Ein Zug, der 1000 Tonnen über 100 km transportiert, erbringt eine Leistung von 100.000 tkm.

20 Nach: Studie zur ökologischen und stadtverträglichen Belastbarkeit der Berliner Innenstadt durch den Kfz-Verkehr, Arbeitshefte umweltverträglicher Stadtverkehr, herausgegeben von der Senatsverwaltung für Stadtentwicklung und Umweltschutz, Berlin 1993.

21 Frankfurter Allgemeine Zeitung vom 21.1.1990.

22 Time, USA, 17.8.87. Ein aktueller Fall aus 1994. Am 12.1.1994 berichtete die Los Angeles Times: "Auf dem Highway mitten in Philadelphia, Pennsylvania, gab es einen neuen Fall eines Stau-Killers: Plötzlich zog ein Autofahrer die Pistole und jagte der Beifahrerin seines 'Gegners' eine Kugel in den Kopf. Die 36jährige Eileen McGuigan war auf der Stelle tot. Der Unbekannte konnte über eine Autobahn-Ausfahrt entkommen. Zuvor hatte der Staukiller das Auto von Barry und Eileen McGuigan in voller Fahrt geschnitten. Als die beiden Fahrzeuge dann im Stop-und-Go-Verkehr nebeneinander halten mußten, wollte Barry den Verkehrsrowdy zur Rede stellen..."

23 "Immer aggressiver, immer brutaler: Der alltägliche Kampf auf unseren Straßen", in: Neue Revue, Nr.13/1988.

24 "Der tägliche Infarkt", in: Stern Nr. 4/1989; "Krieg auf der Straße, in: Stern Nr. 44/1990.

25 Werner Sombart, Die deutsche Volkswirtschaft im neunzehnten Jahrhundert und am Anfang des 20. Jahrhunderts, Berlin 1927, S.239.

26 Die Studie, verfaßt von Stefanie Böge, ist zusammengefaßt wiedergegeben in: Fairkehr, VCD, Nr.7/1992.

27 Die venezianischen Verkehrsverhältnisse und ihre Vergleichbarkeit mit anderen Städten sind hervorragend analysiert worden von Egon Grund, Venedig - Vorbild

einer autofreien Stadt?, Dortmund 1993. Egon Grund war jahrzehntelang selbst Leiter des Planungs- und Bauwesens mittelgroßer Städte in der Bundesrepublik Deutschland. Es existieren im übrigen eine Reihe anderer Orte, u.a. in Italien im Gebiet Cinque Terre, zwischen Genua und La Spezia, die aufgrund natürlicher Bedingungen und glücklicher Umstände ebenfalls ganz oder weitgehend autofrei sind.

28 Der Städteplaner Heiner Monheim hat vorgerechnet, wie eine solche Konzeption einer Flächenbahn auszusehen hätte und in welchem Umfang diese neue Arbeitsplätze schaffen und insbesondere die Strukturkrise in wichtigen Branchen wie Stahl, Kohle, Metallindustrie lindern, wenn nicht beheben würde. Heiner Monheim, "Zur Lösung der Verkehrs- und Stahlkrise - Offensive für die Bahn", in: bessere bahn - Diskussionsforum zur Bahnreform, Köln, Nr.1/1993.

Robert Kurz

Freie Fahrt ins Krisenchaos

Aufstieg und Grenzen des automobilen Kapitalismus

Was ist ein Auto? Dumme Frage: "Kraftwagen, Automobil, abgek. Auto, durch einen Motor, meist Verbrennungsmotor, angetriebenes Landfahrzeug" (Brockhaus Enzyklopädie). Solche Definitionen sind aber leider äußerst beschränkt. Sie begnügen sich mit der technischen Funktion; und etwas anderes als mit bewußtlos vorausgesetzten Dingen funktional umgehen will der marktwirtschaftliche Mensch nicht. Nun "ist" aber das Auto offensichtlich mehr als bloß ein "Landfahrzeug": für viele Autofetischisten ist es ein erotischer Gegenstand, für die meisten ein Prestigeobjekt, für manche ein Rauschmittel, eine Aggressionskeule oder sogar ein armseliger Partnerersatz. Nachgewiesenermaßen ist das Auto der Umweltverpester Nummer Eins. Für Millionen ist es gleichzeitig der "Arbeitsplatzbeschaffer". Und seitdem die Autogesellschaft PS-stark und mit Hochgeschwindigkeit in ihre Krise rast, ist es eben auch ein Krisengegenstand und ein Streitobjekt des öffentlichen Interesses.

Noch in den 70er Jahren gingen einige Gewerkschaftsfunktionäre, Automobilarbeiter und Kraftwerksbauer als blinde Verteidiger einer technik-, markt- und geldgläubigen Lebensweise mit den Fäusten auf Umweltschützer und andere Kritiker los. Schon damals zeigte sich eine gewisse Unzurechnungsfähigkeit des in dieser Lebensweise befangenen Menschentypus. Inzwischen kann man mit Betriebsräten der Autoindustrie und sogar mit einigen Managern über die Gefahren und Grenzen des automobilen Kapitalismus durchaus diskutieren.

Die Krise macht's möglich: Umweltkatastrophen und Massenarbeitslosigkeit kratzen an der früheren Selbstherrlichkeit. Daß es "nicht mehr so weitergehen kann", ist fast schon ein Allgemeinplatz. Trotzdem geht es so weiter. Immerhin könnte man sich wenigstens fragen, wie es zur totalen Abhängigkeit vom Auto überhaupt gekommen ist.

Das Totschlagen der Lebenszeit

Die scheinbare Zeitersparnis durch Beschleunigung, wie sie mit modernen Verkehrsmitteln möglich wird, war ursprünglich keineswegs selbstverständlich als ein erstrebenswertes Gut anerkannt. Schon die Dampfeisenbahn hatte kritische Fragen herausgefordert. Im Jahr 1802 ging der Dichter Johann

Gottfried Seume zu Fuß von Sachsen bis nach Sizilien, und er hat diese Fußreise beschrieben in seinem berühmten Bericht "Spaziergang nach Syrakus". Eine solche Erinnerung macht den Autofetischisten vielleicht ungeduldig. Aber Seume war ausdrücklich für das Gehen und gegen das Fahren. Er behauptete, "daß alles besser gehen würde, wenn man mehr ginge". Und er warnte: "Sobald man im Wagen sitzt, hat man sich sogleich einige Grade von der ursprünglichen Humanität entfernt". Auch im Mutterland des reinen Kapitalismus und der späteren Massenproduktion von Autos, in den USA, regte sich frühzeitig Widerwille gegen den "Fortschritt" durch technologische Mobilität. Der Lehrer, Landvermesser und Vorläufer einer alternativen Lebensweise, Henry David Thoreau aus Massachusetts, rechnete die Eisenbahn unter "verbesserte Mittel zu einem unverbesserten Zweck"; und ebenso wie Seume meinte er: "Ich habe herausbekommen, daß am geschwindesten reist, wer zu Fuß geht".

Waren Seume und Thoreau bloß Spinner? Jedenfalls waren sie keine "Technikfeinde". Es ging ihnen eigentlich um etwas anderes. Sie hatten nämlich den Verdacht, daß bei einer Ausdehnung und Beschleunigung der Mobilität keineswegs eine Verbesserung der "Lebensqualität" (wie wir heute sagen) herauskommen würde. Thoreau rechnete vor, daß die Menschen sich für ihnen fremde Zwecke abplagen müßten, bis sie "ihr Fahrgeld verdient haben". Damit ist der Zusammenhang von "Arbeit", Geld und technologischem Konsum gemeint, den die Menschen im 20. Jahrhundert verinnerlicht haben. Im Klartext: der "unverbesserte Zweck" besteht darin, daß sich die Errungenschaften der Industrialisierung in einer Gesellschaftsform entwickelt haben, die das Geld zum Selbstzweck aller Tätigkeit gesetzt hat. Das ist bekanntlich die Seele des Kapitalismus, und von dieser Seele sind auch seine sämtlichen technologischen Schöpfungen durchhaucht.

Wir haben es also mit einer Verkehrung von Mittel und Zweck zu tun, in der die Menschen von ihren eigenen Schöpfungen unterjocht werden. Der an sich sinnlose Selbstzweck der betriebswirtschaftlichen Geldverwertung und der daraus folgende Selbstzweck von "Arbeit" bzw. "Arbeitsplatz" führt zum nicht weniger sinnlosen Selbstzweck des technologischen Massenkonsums. Wie sich dressierte Affen auf ihre närrische Weise daran begeistern können, unaufhörlich Schlösser auf- und wieder zuzuschließen, so hat die marktwirtschaftliche Produktionsweise erwachsene Menschen in einen Zustand gebracht, daß sie sich wie Unmündige "beschäftigen" lassen, ohne nach dem Sinn, dem Inhalt und den Folgen zu fragen, und daß sie dies für normal und lebensnotwendig halten. Kein Wunder, daß dann auch der Konsum der so erzeugten Produkte eine verzweifelte Ähnlichkeit mit dem Tun besagter Affen bekommt: durch eine von jedem Sinn abgelöste Mobilität und ständige Beschleunigung aller Lebensvorgänge macht das "geldverdienende Wesen" sich zu seinem eigenen Affen.

Was dabei verlorengeht, ist die wichtigste Lebensqualität: die Qualität der Lebenszeit selbst. Daß Seume zu Fuß von Sachsen nach Sizilien gehen konnte, war ein Zeitluxus erster Güte, den sich kein moderner Manager leisten kann, selbst wenn er eine Million im Jahr scheffelt und das schnellste Auto fährt. Wenn aber der selbst gesetzte menschliche und kulturelle Zweck erloschen ist, dann wird die Qualität der Lebenszeit erbärmlich herabgewürdigt. Man muß nicht die vormodernen Zustände idealisieren um einzusehen, daß "die Sitte, den besten Teil des Lebens dazu zu verwenden, um Geld zu verdienen" (Thoreau), nur zur Selbstaufgabe der Menschen führen kann. Je mehr Zeit scheinbar erspart wird, desto weniger Zeit "hat" man, desto wichtiger wird plötzlich die selbstzweckhafte "Arbeit". Diese Absurdität, die gerade heute in den "Standort"- und Arbeitszeitdebatten wieder besondere Aktualität gewinnt, ist nur die Kehrseite der dabei mitproduzierten "Arbeitslosigkeit". Der Systemwiderspruch, d.h. die Irrationalität der Marktwirtschaft, macht nicht nur die einen "überflüssig" und verlangt von den anderen gleichzeitig "mehr Leistung", sondern er treibt die Arbeiter auch selbst dazu, sich in freiwilliger Knechtschaft nach dem "Arbeits"-Selbstzweck fast zu verzehren.

In Gestalt des Autos sind alle diese gesellschaftlichen Widersprüche und Absurditäten Blech geworden. Denn es ist eine historische Tatsache, daß erst mit dem Auto und seiner zunehmenden Massenproduktion die moderne Marktwirtschaft ihr Symbol ebenso wie ihre flächendeckende Kraft zur Lebens-Aussaugung und zur Zeitvergeudung durch Zeitersparnis gefunden hat. Das Wort vom "Totschlagen der Zeit" ist auch eine kapitalistische Erfindung; und darin drückt sich fast schon der ganze Lebensinhalt all der Autofetischisten aus, die Denker wie Seume und Thoreau als bloße Spinner betrachten würden, obwohl oder gerade weil deren kritische "Philosophie des Gehens" schon am Vorabend der modernen Massenmobilität den zukünftigen Crash vorausgeahnt hat.

Warum die Eisenbahn gegen das Auto verloren hat

Als die Herren Daimler und Benz in den 90er Jahren des letzten Jahrhunderts den entscheidenden Durchbruch in der Erfindung des Verbrennungsmotors erzielten, waren diesem Erfolg bereits viele technisch gescheiterte Versuche mit Leuchtgas und anderen Gemischen vorausgegangen. Die Hartnäckigkeit dieser Versuche muß eigentlich überraschen. Denn es gab ja bereits ein modernes, nicht mehr von Pferdekraft abhängiges Verkehrsmittel: nämlich die Eisenbahn, die schon fast ein Jahrhundert an Entwicklung hinter sich hatte und technologisch viel ausgereifter war als das Auto. Aber obwohl die Eisenbahn selber schon durch den "Geist des Kapitalismus" geprägt war, haftete ihr vom kapitalistischen Standpunkt aus noch der Makel des Unvollkommenen an. Nicht etwa im technologischen Sinne, sondern auf eine viel grundsätzlichere ökonomische und gewissermaßen sogar seelische Weise.

Denn erstens ist die Eisenbahn nicht frei beweglich in beliebige Richtungen, wie ein Partikel im leeren Raum, sondern an den fixierten Schienenweg gebunden. Das ist keineswegs ein bloß technisches, sondern vielmehr ein geistiges Problem. Der Drang, "überallhin" (was dasselbe ist wie "nirgendwohin") fahren zu können, entspricht einer Geisteshaltung, die selber von Beliebigkeit geprägt ist. Der Menschentypus, der für Geld (fast) alles tut, auch das Unsinnigste, und dessen Interesse demzufolge völlig ziellos ist, will sich auch nicht auf eine Fahrtrichtung festlegen lassen.

Zweitens ist die Eisenbahn in ihrer Struktur als Transportmittel unfreiwillig auf soziale Gemeinsamkeit angelegt, und sei es auf die Zufälligkeit der Begegnung und des Zusammenseins während der Fahrt. Die kapitalistisch geprägten Menschen sind einander aber zutiefst Fremde in einem viel zwingenderen Sinne als bloß nicht persönlich miteinander bekannt zu sein. Sie können nicht im Bewußtsein eines gemeinschaftlichen Zusammenhangs in einem kulturellen Gefüge existieren, sondern ihr eigener gesellschaftlicher Zusammenhang ist ihnen allen in Gestalt des Geldes zu einem äußeren, bedrohlichen Ding geworden, das alles vermittelt, nur eines nicht: Geborgenheit. Deswegen sind die derart gespenstisch sozialisierten Menschen wie durch unsichtbare Glasscheiben voneinander getrennt. "Entfremdung" nannte das Karl Marx; und Jean Paul Sartre brachte es auf die Formel: "Die Hölle, das sind die anderen". Kein Wunder, daß diese einsamen Individuen die Nähe der anderen nicht ertragen können. In der Eisenbahn sitzen sie am liebsten allein im Abteil, um mit leeren Augen die selbsterzeugte Leere ihres Lebens auszudrücken. So wird die Eisenbahn zum Ort des Unbehagens. Das einsame Individuum zieht es vor, für sich allein zu reisen, eingeschlossen in seinen fahrenden Blechsarg.

Drittens schließlich ist die Eisenbahn vom kapitalistischen Standpunkt aus mit dem nicht wiedergutzumachenden Makel behaftet, auch ökonomisch ein "öffentliches Gut" sein zu müssen. Es handelt sich von der technischen Form her um ein nicht zerlegbares gesellschaftliches Großaggregat, dessen Bestandteile nur in ihrem unmittelbaren Zusammenwirken als Ganzes funktionsfähig sind: Wege (nämlich die Schienen), Fahrzeuge (Lokomotiven, Waggons, ganze Züge) und endlich die Organisation des Verkehrsflusses (Fahrplan, Betrieb, Wartung) bilden eine Einheit, die nur als solche aktiviert werden kann. Es waren riesige Aktiengesellschaften und damit ein großer Schritt in der Vergesellschaftung des Kapitals nötig, um etwa in den USA die kontinentale Erschließung durch die Eisenbahn voranzutreiben zu können. In den meisten Ländern mußte die Bahn schließlich wegen des großen Kapitalaufwands staatlich oder halbstaatlich betrieben werden. Der gesellschaftliche Charakter und die hohe Kapitalintensität der Bahn machen also das Verhältnis von Produktion und Konsumtion entweder zu einem Verhältnis zwischen großen Kapitalien oder direkt zu einem Verhältnis zwischen Kapital und Staat. Der private individuelle Konsum als letzte Instanz des kapitalistischen Verwertungskreislaufs kann dagegen nur tröpfchenweise in Gestalt der Fahrkartennachfrage folgen.

Dies steht dem "Geist des Kapitalismus" und seiner ökonomischen Logik entgegen. Es entsteht nämlich ein grundsätzliches Rentabilitätsproblem, weil die Kapitalintensität von Produktion und Betrieb der Bahn nicht durch den anschließenden Dienstleistungsverkauf als betriebswirtschaftlicher Gewinn dargestellt werden kann. Die Fahrkarten müßten dann so teuer sein, daß die große Mehrheit sich eine Bahnfahrt nicht mehr leisten könnte. Auch deshalb ist die Bahn überall zu einem riesigen staatlichen Defizitproblem geworden. Eine Privatisierung, wie neoliberale Ideologen sie fordern, nützt dabei überhaupt nichts. Denn die Bahn ist nicht deshalb unrentabel, weil sie staatlich betrieben wird, sondern genau umgekehrt: sie mußte aus ursprünglich privaten Anfängen in staatliche Regie genommen werden, weil sie grundsätzlich kapitalistisch unrentabel ist.

Die Privatisierung läuft daher auf dasselbe hinaus, was auch der Staat schon in seiner Defizitnot begonnen hatte: auf massiven Stellenabbau und Streckstillegung im großen Stil, während einige Hochgeschwindigkeitstrassen (die sogar mit dem Flugzeug konkurrieren sollen!) nur noch für eine Minderheit von Zahlungskräftigen die Landschaft durchschneiden. Die Bahn verliert dabei nicht nur ihren Charakter als gesellschaftliches Verkehrsmittel, sondern auch die der Landschaft relativ gut angepaßte Streckenführung: die unangepaßten Hochgeschwindigkeitstrassen symbolisieren den abstrakten Machbarkeitswahn der Marktwirtschaft ebenso wie ihre zerstörerische Anti-Ästhetik. Und selbst dann noch kann die Rentabilität der Bahn nicht ausreichend hergestellt werden. Nach Berichten der Wirtschaftswoche läuft die Privatisierung der Bahn in Japan auf ein großes Desaster hinaus, und dasselbe könnte sich auch in der BRD und in anderen Ländern wiederholen.

Die Eisenbahn als flächendeckende Dienstleistung ist also auf lange Sicht weder geistig-seelisch noch ökonomisch mit dem Kapitalismus vereinbar, auch wenn sie selber von ihm hervorgebracht worden ist und seine Entwicklung in den Anfängen des Industriesystems eine Zeitlang mitgetragen hat. Diese Unvereinbarkeit kann auch erklären, warum der "Geist des Kapitalismus" so hartnäckig an der Erfindung des nicht mehr schienengebundenen Autos arbeiten und dieses schließlich weltweit durchsetzen mußte. Im Unterschied zur Eisenbahn lassen sich beim Auto nämlich die verschiedenen Betriebselemente voneinander sozial und ökonomisch ablösen. Der staatliche Straßenbau kann ergänzt werden durch das frei bewegliche, auch als Maschine individualisierbare Automobil. Die Produktion des Verkehrsmittels selber verliert so ihren schwer kommerzialisierbaren Charakter als Herstellung eines gesellschaftlichen Super-Investitionsguts. Sie ist also in der Lage, im Unterschied zum bloßen Dienstleistungsbetrieb der Bahn, die individuelle Konsumtion als letzte Instanz der Geldverwertung mitzuerfassen. Denn verkauft wird das Verkehrsmittel selber, nicht sein Betrieb. Damit konnte eine gewaltige Reserve der selbstzweckhaften Geldvermehrung erschlossen werden, um die Schranken des "Eisenbahn-Zyklus" zu überwinden.

Gleichzeitig war damit die Form gefunden, um der einsamen Individualität des "geldverdienenden" Menschen auch einen technologisch entsprechenden Ausdruck verleihen und seinem kulturell enthemmten, ziellosen Bewegungsdrang Nahrung geben zu können. Das griechisch-lateinische Kunstwort Automobil ("autos" = selbst, und "mobilis" = beweglich) wurde als Kürzel nicht umsonst zum "Auto". Denn es geht keineswegs bloß um die Selbstbeweglichkeit im rein technischen Sinne als Unabhängigkeit von Zugtieren oder manueller Befeuerung. Vielmehr repräsentiert das Auto auch das mechanische "Selbst" eines Menschentypus, der seine "individuelle Freiheit" nur entwickelt hat, um sie desto sicherer einem versachlichten Zusammenhang zu unterwerfen. Wie die Individuen nur noch nach ihrem Geldeinkommen bewertet werden und sich selbst bewerten, so ist ihre Individualität von ihren eigenen technologischen Schöpfungen verschluckt worden. Menschen erkennen sich bloß noch an ihren Autotypen ("das ist der, der einen Opel Manta, einen Golf GTI, einen blauen BMW fährt" usw.). Der "lackierte Kampfhund" hat die menschliche Seele soweit aufgefressen, daß sich jeden Morgen die "freien" Individuen der Marktwirtschaft in endlosen Kolonnen zur "Arbeit" bewegen, jeder allein in seiner fahrenden Blechdose, unter ungeheurer Energie- und Zeitvergeudung.

Henry Ford und die Massenproduktion

Zunächst war das Auto freilich noch eine ziemlich elitäre Angelegenheit, ein Spielzeug der Geldaristokratie. Aufwendig und handwerklich hergestellt, war es für den Durchschnittsmenschen ebensowenig erschwinglich wie früher die "Chaisen" und sonstigen von Pferden gezogenen Kutschfahrzeuge. 1907 gab es in ganz Deutschland gerade 16.000 zugelassene Autos. Ein einziges kam auf fast 4.000 Menschen. Selbst in den großen Städten war es immer noch eine Sensation, vor allem natürlich für die Kinder und Jugendlichen, wenn ein Auto auftauchte. Auch diese Begrenzung konnte für den "Geist des Kapitalismus" ebenso wie für seine ökonomische Logik nur als ein Hindernis erscheinen, das überwunden werden mußte. Keineswegs zufällig erlebte das Auto seinen Massendurchbruch zuerst in den USA. Die schiere Größe des Binnenmarkts von Küste zu Küste bot die besten Anreize, um zur Massenproduktion überzugehen.

Schon auf der handwerklichen Produktionsstufe hatten die USA Europa in den jährlichen Stückzahlen der Autoherstellung kurz nach der Jahrhundertwende überflügelt. Die starke Nachfrage und die Möglichkeit, neue Marktpotentiale zu erschließen, trieben in der Automobilproduktion der USA bald neue Fertigungsmethoden hervor, die beispielhaften Charakter gewinnen sollten. Der amerikanische Ingenieur Frederick Winslow Taylor (1856 - 1915) veröffentlichte 1911 sein Werk "Die Grundsätze wissenschaftlicher Betriebsführung", und das darauf aufbauende weltberühmte Taylor-System machte die systematische Erfassung, Kontrolle und Mechanisierung des menschlichen Arbeitsablaufs möglich. Bis heute zehrt das moderne Management von dieser Grundlage. Erst mit der neuen Wissenschaft von betriebswirtschaftlicher Organisation und Rationalisierung konnte die "Logik des Geldes" bis tief ins Innere der Arbeitsprozesse hineingreifen.

Zusammen mit einer straffen Durchorganisation der Zulieferung wie des Absatzes (Vertragshändler) und neuen Formen der Fließfertigung ermöglichte das Taylor-System eine gewaltige Produktivitätssteigerung, die zuerst in der jungen amerikanischen Autoindustrie wirksam wurde. Der Autofabrikant Henry Ford war es vor allem, der sich die neuen Methoden systematisch aneignete und sie weiterentwickelte. Er setzte erstmals das Prinzip der permanenten Verringerung der Stückkosten durch. Mittel dafür waren die Standardisierung und Vereinfachung aller Bauteile und die präzise, von der Stoppuhr diktierte Montage, nicht zuletzt aber das Fließband. In der Tat ist das Fließband zum Symbol der Arbeit im 20. Jahrhundert geworden, und Henry Ford stieg zur legendären Gestalt dieser Epoche auf.

Erst mit der Massenproduktion in der Autoindustrie wurde die industrielle Konzentration von "Armeen der Arbeit", wie sie Karl Marx vorausgesagt hatte, in wirklich großem Maßstab praktisch wahr. Der Fließbandarbeiter als eine Art menschlicher Roboter, von Charly Chaplin sarkastisch karikiert in seinem Film "Modern Times", wurde wahlweise als neuer Held oder als Opfer der von der Autoindustrie ausgehenden gesellschaftlichen Veränderung betrachtet. Henry Ford selbst rechtfertigte sich durch eine Art "Religion der (industriellen) Arbeit", in der er die Standardisierung nicht nur der Industrie und der Produktionstätigkeit, sondern des Lebens überhaupt als Fortschritt zu feiern versuchte.

Der Erfolg schien ihm zunächst recht zu geben. Die neuen Fertigungsmethoden, am konsequentesten in den Ford-Werken von Detroit durchgesetzt, konnten das Produkt Auto erstmals so stark verbilligen, daß der Massenkonsum in Reichweite rückte. Von mehr als tausend Dollar sank der Verkaufspreis in raschen Schüben auf unter vierhundert Dollar. Waren in Europa noch immer Jahresproduktionen von wenigen tausend Stück üblich, so schnellten Produktion und Absatz bei Ford auf über 30.000 Autos im Jahr 1911 hoch. 1914 wurde bereits die damals phantastische Menge von 248.000 Autos produziert und auch verkauft. Das berühmte Modell T, das bis 1927 ununterbrochen die Standardausfertigung blieb, erlebte bis dahin eine Gesamtauflage von mehr als 15 Millionen Stück. Das war der historische Durchbruch nicht nur der technologischen Massenproduktion überhaupt, sondern damit auch der Durchbruch einer technologischen und vermassten Lebensweise, zu der sich die einsamen Individuen des "Geldverdienens" anzuordnen begannen wie Eisenfeilspäne auf einer Magnetplatte.

Die gesellschaftlich anerzogene männliche Aggressivität und die traditionelle männliche Dominanz in der Herausbildung des Kapitalismus schlugen sich dabei auch in der neuen Massenproduktion der Autoindustrie nieder. Das Auto als "Selbst"-Ausdruck der mechanisierten, "strukturell männlichen" Persönlichkeit sollte gleichzeitig Stärke und Durchsetzungsvermögen demonstrieren. Diese seelische Dimension zeigte sich sogar in der technologischen Entwicklungsrichtung selbst. Denn keineswegs bloß aus immanent technischen Erwägungen wurde die Entwicklung von Elektromobilen, die bis 1914 noch unentschieden war, schon bald eingestellt. Die größere Reichweite, vor allem aber die stärkere Kraft und die höhere Geschwindigkeit gaben den Ausschlag für den Siegeszug des umweltschädlichen, aggressiven Verbrennungsmotors. "Zeit ist Geld" war die Devise, und die individuelle Durchsetzungsfähigkeit und Konkurrenzbereitschaft konnten sich nur in immer stärkeren Motoren und im stets gesteigerten "Rausch der Geschwindigkeit" austoben.

Die totale Mobilmachung

Es konnte nicht ausbleiben, daß die Autoindustrie mit ihrem mechanischen Aggressionspotential nicht nur militärische Verwendung fand, sondern sich auch selber militarisierte. Der Erste Weltkrieg sah 1914 noch patriotische Männer mit den Bärten des 19. Jahrhunderts singend und zu Fuß oder zu Pferd ausziehen. An seinem Ende pflügten vier Jahre später kettenrasselnd automobile Tanks die Erde auf. Die Soldaten kehrten zurück als industrielle Arbeiter des Krieges, zynisch und mit versteinerten Gesichtern. Die Automobilindustrie hatte sich gerade durch die Massenschlächterei auf beiden Seiten der Front bestens entwickelt und neue Tätigkeitsfelder erschlossen. Neben Lastwagen und Tanks wurden Flugzeugrümpfe und Flugzeugmotoren hergestellt. Firmen wie Mercedes, Büssing und Opel wuchsen in neue Dimensionen hinein. Die größten Autoproduzenten verdoppelten schon in den ersten beiden Kriegsjahren ihre Dividendenausschüttung.

Mit dem Ersten Weltkrieg begann also eine Entwicklung, in der sich das staatliche Töten verwissenschaftlichte, mechanisierte und vor allem automobilisierte. Das Schwergewicht der Rüstungsmacht verlagerte sich allmählich von der alten Schwerindustrie auf die Autoindustrie. Der Zweiten Weltkrieg, bereits ein vollindustrieller Bewegungskrieg, setzte diese Tendenz fort, die bis heute nicht aufgehört hat. So ist es kein Zufall, sondern die innere Logik einer inzwischen schon langen Tradition, daß die Autokonzerne auch heute wieder das militärische Vernichtungsgeschäft forcieren.

Wieder einmal kauft sich die Autoindustrie in die Rüstungsproduktion ein. General Motors erwarb 1985 für fünf Milliarden Dollar Rüstungsfabriken, die Raketen, Hubschrauber und Militärsatelliten herstellen. Daimler-Benz kaufte sich ebenfalls seit 1985 unter der Regie von Edzard Reuter einen ganzen militärischen Gemischtwarenladen zusammen und ist heute der größte Rüstungskonzern Mitteleuropas. Diese Industrie ist auch buchstäblich eine Industrie des Todes, und das hat sie ihre ganze Geschichte hindurch bewiesen.

Die aggressive Verbindung von Massenarbeit, Massenkonsum und Massenvernichtung setzte einen Prozeß in Gang, der weit über die Kriegsproduktion hinausging. Der Schriftsteller Ernst Jünger, einer der umstrittensten Zeugen dieses Jahrhunderts, hatte das Erlebnis der industrialisierten Materialschlacht durch sein Buch "In Stahlgewittern" verherrlicht. Später versuchte er immer wieder, seiner eigenen Faszination durch die Megamaschine des totalen Krieges eine Erklärung abzuringen. Mit seinem Begriff der "totalen Mobilmachung" (1934), der den Nationalsozialisten ein Stichwort lieferte, verband er aber keineswegs bloß das Bild der äußeren Erscheinung im militärischen Sinne. Vielmehr versuchte er mit diesem Begriff die Vorstellung einer blinden Selbstläufigkeit und Gesamtdynamik der automobilen Arbeitsgesellschaft zu entwickeln, für deren Entfesselung der Weltkrieg zu den Geburtswehen zu zählen sei. Neben die Heere der "Arbeit", so Jünger, treten "die neuartigen Heere des Verkehrs" und eine "absolute Erfassung der potentiellen Energie" in der Gesellschaft.

Es wäre also eine Fehldeutung ebenso wie eine Illusion, den Begriff der "totalen Mobilmachung" auf den Nationalsozialismus und auf den Zweiten Weltkrieg zu beschränken. Die scheinbar so banale Autoproduktion erweist sich vielmehr als das mechanische Robot-Herz eines historischen Prozesses, der bis heute andauert und inzwischen bis ins Selbstbewußtsein der Massen und jedes Einzelnen gedrungen ist. In Europa brachten erst die beiden Weltkriege ähnlich günstige Bedingungen für die Verbreitung von Taylors System der wissenschaftlichen Betriebsführung, wie sie in den USA durch die fast unerschöpfliche Größe des Binnenmarkts vorher schon gegeben waren. Die vermeintlich eher zivile Nachkriegs-BRD hat diese destruktive Entfesselung der totalen Arbeitsgesellschaft nicht gestoppt, sondern erst zum alltäglichen demokratischen Normalzustand gemacht; und das Auto ist der Träger dieser maßlosen Gesamtmobilisierung geblieben.

Das Einverständnis mit diesem totalitären Prozeß eint die vordergründig feindlichen Lager der automobilen Modernisierungsgeschichte. Kein Zufall war es, daß Lenin wie Stalin sich über den Taylorismus und die Produktionsmethoden von Henry Ford begeistern konnten. Der sowjetische staatsbürokratische Arbeitskommunismus, so fern er der westlichen Individualisierung äußerlich auch stehen mochte, wiederholte doch nur unter anderen Bedingungen ihre zentralen Motive. Er brachte es zwar lediglich zu einer Art sibirischem Eisenbahn-Kapitalismus, und bis in seine westlichen Ausläufer hinein konnte er die individualisierende Autoproduktion nie weiter als bis zur Kümmerform entwickeln. Dennoch pflanzte er dieselbe Logik und dieselben mechanisierten Sehnsüchte in seine Menschen ein. Auch ihm ging es um die irrationale "totale Mobilmachung" in Krieg und Frieden. Vom "Geist des Kapitalismus" und damit von der geistigen "Gestalt" des abstrakten Arbeiters, wie sie Ernst Jünger beschwor, hat er sich niemals entscheidend entfernen können.

Erst recht gilt dies für den Nationalsozialismus bzw. den italienischen Faschismus. Diese noch weitaus schlimmeren Mordregimes waren in vieler Hinsicht geradezu Modernisierungsmaschinen, und hier bildete der bewußt staatlich forcierte Aufbau der Autoindustrie das Sturmzentrum der gesellschaftlichen Veränderungen. Ebenso wie die russischen Staatsplaner blickten die Nationalsozialisten begierig auf die Erfolge von Henry Ford. Noch vor dem italienischen Kommunisten Antonio Gramsci, der in Mussolinis Kerker starb, prägte der deutsche Ökonom Friedrich von Gottl-Ottlilienfeld, der zum Papst der Volkswirtschaftslehre im "Dritten Reich" aufsteigen sollte, den merkwürdigen Begriff des "Fordismus" als Zusammenhang von "Industrie und technischer Vernunft" (1926). Und bekanntlich ist der heute größte Autokonzern Europas, Volkswagen, durch und durch eine Schöpfung des Nationalsozialismus, ebenso wie die dazugehörigen Schöpfungen "Autobahn" und "Blitzkrieg", die in vielen Sprachen deutsche Lehnwörter geworden sind.

Diese Zusammenhänge verweisen auf eine gewisse innere Identität des fordistischen US-Kapitalismus, des deutschen Nationalsozialismus und der sowjetischen Staatsökonomie. Zwar setzte sich diese verborgene Identität in unterschiedlichen historischen Milieus und Konstellationen durch. Aber sie machte es möglich, daß sich einander politisch so fernstehende Denker wie Gramsci und Gottl-Ottlilienfeld gleichermaßen positiv auf den "Fordismus" beziehen konnten.

Keinesfalls handelte es sich dabei um die bloße Gleichartigkeit einer technologischen Entwicklungsstufe, die mit dem Wesen der verschiedenen Gesellschaften gar nichts zu tun gehabt hätte. Vielmehr wurden trotz aller äußerlichen Gegensätze eine im Kern identische gesellschaftliche Beziehungsform und ein gemeinsames mechanisches, "autogerechtes" Menschenbild hervorgebracht, das uns heute (und mittlerweile in allen Ländern der Erde) in Fleisch und Blut übergegangen ist.

Diese verborgene Gemeinsamkeit zeigt sich auch an einer anderen, überraschenden Stelle der ideologischen Verarbeitungsprozesse. Die industrielle "Religion der Arbeit", wie sie auf ihre jeweilige Weise sowohl Lenin/Stalin als auch Henry Ford und Adolf Hitler vertraten, wollte die damit objektiv verbundene Unterwerfung unter die Logik des Geldes nicht wahrhaben. Statt dessen sollte die "ehrliche industrielle Arbeit" das Geld kommandieren. Und in allen Gesellschaften der fordistischen Entwicklungsstufe gab es Tendenzen, die mit diesem Anspruch nicht vereinbare fortdauernde Herrschaft des Geldes auf ein äußeres, phantastisches Feindbild des "jüdischen Finanzkapitals" zu schieben. Der kapitalistische Erzamerikaner Henry Ford, die Symbolfigur des Aufstiegs der USA, erwies sich als ausgesprochener Judenhasser. Sein Buch "Der internationale Jude" erfreute sich im nationalsozialistischen Deutschland größter Beliebtheit. Und die Geschichte der stalinistischen Judenverfolgung wird erst heute allmählich geschrieben. Die Geheimgeschichte des automobilen Kapitalismus und seiner "totalen Mobilmachung" von industrieller Arbeit und wissenschaftlicher Betriebsführung ist der Antisemitismus. In Deutschland brach diese Geheimgeschichte zur offenen Vernichtungsherrschaft durch. Auschwitz war insofern ein zutiefst fordistisches Phänomen, und in seinen grauenhaften "wissenschaftlichen" Organisationsformen ein getreues Abbild der Autoindustrie.

Die fordistische Lebensweise

Die Stellung des Arbeiters im fordistischen Produktionsprozeß als Quasi-Roboter hatte von Anfang an Kritik hervorgerufen. Die bis heute in immer neuen Schüben vorangetriebene Rationalisierung erwies sich als Zeitdiktatur, die das letzte aus den Produzenten herauszuholen imstande war. Ford rechtfertigte sich damit, daß nur auf diese Weise sowohl hohe Löhne gezahlt als auch die Produkte für den Massenkonsum verbilligt werden könnten. Natürlich konnten nicht die Automobilarbeiter allein die immer massenhafter produzierten Autos kaufen. Aber um das Zentrum der Autoindustrie herum entwickelte sich rasch ein ganzer Hexenring von Industrien, die diesem Vorbild zu folgen begannen. Die Industrien der Haushalts- und Unterhaltungselektrik bildeten sich ebenso heraus wie die Nahrungsmittelindustrien, die Großkaufhäuser und Supermärkte. Nicht zu vergessen: auch das System der Konsumentenkredite und Teilzahlungen entstand, natürlich zuerst in den USA. Überall wurde auch die Landwirtschaft nach fordistischem Muster umstrukturiert.

Das Grundmuster bestand also darin, daß die neuen Massenproduzenten gleichzeitig zu Massenkonsumenten unter dem gemeinsamen Übergesetz der Geldverwertung wurden. Das kapitalisierte Geld verwandelte sich dadurch erst in jenes große gesellschaftliche Schwungrad, das heute wie selbstverständlich das Bild der Gesellschaft prägt. Man kann es auch so sagen: die Unterwerfung unter die fordistische Zeit- und Arbeitsdiktatur wurde "belohnt" durch den Massenkonsum von Autos, Kühlschränken, Waschmaschinen, Radios, Fernsehern usw. Dieses Ineinandergreifen von Produktion, Geldeinkommen, Absatz und Konsum ist auch als "fordistische Systematisierung" (Elmar Altvater) bezeichnet worden.

Damit vollzogen sich freilich ungeahnte Veränderungen der gesamten Lebensweise. Bis zum Ersten Weltkrieg hatte der Kapitalismus noch keineswegs das gesamte Leben der Menschen erfassen und übergreifen können. Er war überall noch durchwebt und umgeben von Elementen der alten Hauswirtschaft (Gärten, Werkstätten, Waschküchen usw.). Selbst die meisten Industriearbeiter, vor allem die Frauen, stellten viele Dinge des täglichen Bedarfs noch selber her. Allerdings wurden gerade diese Tätigkeiten zunehmend als minderwertig eingestuft, weil sie kein Geld brachten. Trotzdem gab es ein gewisses Wechselverhältnis von "traditionellem Sektor" der Hauswirtschaft und "marktwirtschaftlichem Sektor" des Kapitalismus, wie der Münchner Soziologe Burkart Lutz in einer großen Untersuchung gezeigt hat. Dieses Verhältnis begann sich nun, ausgehend von der Autoindustrie, aufzulösen. Zuerst in den USA zwischen den beiden Weltkriegen, dann auch in Europa wurde das Leben flächendeckend industriell organisiert, vom betriebswirtschaftlichen Rentabilitätskalkül gesteuert und von den anonymen Großräumen des Marktes abhängig. Auch das ist ein Aspekt der "totalen Mobilmachung".

Zwar konnte dadurch der Nutzwert vieler Güter gesteigert werden, außerdem gingen ganz neue Bedürfnisse in den Konsum ein. Das machte die große Anziehungskraft der neuen Arbeits- und Lebensweise aus. Aber diese Vorteile waren teuer damit bezahlt, daß die Menschen nunmehr restlos die Kontrolle über ihr eigenes Leben verloren und an die anonymen Mächte und Sachgesetzlichkeiten des totalen Marktes ausgeliefert hatten. Wie ein Junkie den "Genuß" des Rauschgifts mit der Fron für die Geldbeschaffung bezahlt, so mußten die mechanischen Konsumgenüsse der fordistischen Arbeiter mit der Fron einer vollständigen Abhängigkeit vom "Arbeitsplatz" bezahlt werden.

Auch die Erleichterung der Haushaltstätigkeit durch die Mechanisierung war unter den Zwängen des Geldes eine zweischneidige Angelegenheit. Die Frauen konnten auf diese Weise ebenfalls einer industriellen Lohnarbeit nachgehen. Viele Güter des sogenannten gehobenen Bedarfs sind bis heute nur durch das System der "Doppelverdiener" für die breiten Massen erschwinglich. Aber so kam es statt zur Entlastung der Frauen zu ihrer Doppelbelastung, weil sie nun in Haushaltstätigkeit und Lohnarbeit gleichzeitig eingespannt waren. Die Männer dachten nämlich gar nicht daran, sich auf eine gleichmäßigere Aufteilung einzulassen, und so blieben ihnen die Hauptvorteile der fordistischen Lebensweise. Daran hat sich bis heute nur wenig geändert. Diese Lebensweise in lückenloser Abhängigkeit vom Geldeinkommen führte schließlich sogar zu einer Entfremdung von Mann und Frau, Eltern und Kindern. An die Stelle der alten Familienbeziehungen trat kein verbessertes menschliches Verhältnis. Statt dessen vollendete die zunehmende, quasi autistische Selbstbeschäftigung der voneinander losgelösten "vereinzelten Einzelnen" mit aufwendigem technologischen Spielzeug jenes einsame Individuum, das als Atom der gesichtslosen Masse schon seit langem die innere Logik der kapitalistischen Entwicklung gebildet hatte.

Das Elend der automobilen Freizeitgesellschaft

Der scheinbar so großartige technologische Massenkonsum war von Anfang an kaum mehr als ein armseliger Ausgleich für die unnatürliche Zeitdiktatur der "Arbeit". Was er nicht ausgleichen konnte, sondern selber noch forcierte, das war die gegenseitige Entfremdung von Menschen, die immer weniger miteinander anzufangen wissen. In Deutschland war es derselbe mörderische Nationalsozialismus, der neben dem Programm einer fordistischen Modernisierung der "Arbeit" gleichzeitig das gesamtgesellschaftliche Freizeitprogramm "Kraft durch Freude" (KdF) als Teil seiner totalen Mobilisierungskampagne anlaufen ließ. Der Volkswagen gehörte zu diesem Gesamtprogramm. Die Freizeitgesellschaft als Rückseite der Arbeitsgesellschaft bahnte sich zusammen mit dieser ihren Weg. Und natürlich wurde das Auto zum Freizeitspielzeug Nummer Eins.

Zwar erweiterte sich der Gesichtskreis der fordistischen Menschen auf diese Weise. Die Vermassung einer Mobilität, die früher wenigen Reichen vorbehalten war, machte es erstmals möglich, daß auch Normalverdiener ins Ausland, in den Süden und ans Meer fahren konnten. Aber weil diese Errungenschaften nicht kulturell angeeignet zu werden vermochten, sondern durchzogen waren vom Zwang der Geldverwertung, konnten sie auch zu keiner inneren Annäherung an das Fremde und zu keinem neuen Naturerlebnis führen. Die automobile Urlaubs- und Freizeitwelle spuckt seitdem die fordistisch gleichgeschalteten Menschen gleichsam im wöchentlichen oder jährlichen Maschinentakt aus; sei es in eine für die mechanisierte Freizeit zugerichtete und verwirtschaftete Natur, sei es in die Touristenghettos, die den fordistischen Arbeits- und Schlafstätten schon bald erschreckend zu gleichen begannen.

Trotz aller "Individualität", wie sie in der Reklamewelt ständig beschworen wird, können die Auto-Menschen hinter ihrer Glasscheibe nur völlig identische, standardisierte Erfahrungen machen. Der stereotype Urlaub im Süden hat ebenso wie die stereotype sonntägliche Fahrt ins mittlerweile eingegraute "Grüne" mit individuellen Erlebnissen nicht das mindeste zu schaffen. Es entsteht immer nur ein genormtes und gestanztes Pseudo-Ereignis aus kulturellen Fertigbauteilen. "Individuell" daran ist nicht der Inhalt des Erlebens, sondern allein die technische Form des Transports, die ihrerseits die Kunstdenkmäler der Urlaubsländer und die Natur zerstört. Wie blanker Hohn wirkt heute einer der frühen Ford-Reklamesprüche, "daß jeder, der ein anständiges Gehalt verdient, sich ein Auto leisten kann, um mit seiner Familie den Segen der Erholung in Gottes freier, reiner Luft zu genießen" (1923).

Fast das Schlimmste aber ist es, daß in der fordistischen Freizeit eigentlich nur die "Arbeit" mit anderen Mitteln fortgesetzt wird; etwa so, wie sich in einem Alptraum eine furchtbare Erfahrung endlos wiederholt. Ernst Jünger stellte fest, daß die fordistischen Menschen sich auch in der Freizeit nicht "aus dem Bannkreis der Automaten" und "vom Takte der Uhren" ablösen, daß sie "in einem Raume bleiben, den die beiden Figuren des Rades und des laufenden Bandes bestimmen". Denn auch die Straße oder der Film ist ein Band, und die Freizeit bleibt so ebenso wie die "Arbeit" Teil oder Ausschnitt "einer ungeheuren, kreisenden Bewegung" (Das Sanduhrbuch, 1954). Die "totale Mobilmachung" setzt sich also auch im nur scheinbar "freien" und persönlichen Raum durch, und der fordistische Arbeiter wird als Auto-Mensch auch außerhalb des eigentlichen Zwangsverhältnisses auf Trab gehalten. Der Maschinentakt des "Geldverdienens" setzt sich als verinnerlichter abstrakter Bewegungsdrang in alle Lebensbereiche hinein fort, und die sogenannte Erholung zehrt genauso das Leben auf wie die "Arbeit".

Der dritte Weltkrieg auf den Straßen

Daß das Auto den Konsumenten seinerseits konsumiert, ist aber nicht nur im bildlichen Sinne zu verstehen, sondern durchaus buchstäblich. Ernst Jünger hatte bereits über die automobile Todesmaschinerie des Ersten Weltkriegs zynisch gesagt, daß auf den Schlachtfeldern "ein blutiger Verzehr die Rolle des Konsumenten (!) übernahm". Die kapitalistische Verkehrung von Mittel und Zweck, von Subjekt und Objekt erscheint hier als Verkehrung von Konsument und Produkt: der Mensch selber wird schließlich verzehrt. Zuerst durch die "Arbeit", dann vom "lackierten Kampfhund". Es ist keine Neuigkeit, daß sich dieser "blutige Verzehr" in Friedenszeiten fortgesetzt und sogar erst seine Höhepunkte gefunden hat. Bis heute sind weltweit mehr als 17 Millionen Menschen durch Autounfälle umgebracht worden, eine vielfache Zahl wurde verletzt und verstümmelt. In jedem Jahr erreicht in jedem Land die Zahl der Toten und Verstümmelten durch den Autoverkehr die Ausmaße eines größeren Krieges im 19. Jahrhundert. Schon während des Vietnamkrieges gab es in den USA mehr Verkehrstote als Kriegstote, und im Golfkrieg hatten die US-Streitkräfte größere Verluste durch Verkehrsunfälle in der saudischen Wüste als durch Feindeinwirkung.

Der Rollstuhl ist aus dem Stadtbild ebensowenig mehr wegzudenken wie das Auto, und die an ihn Gefesselten sind in der Mehrzahl Verkehrsopfer. Es ist daher keine Übertreibung, Autoproduktion und Autokonsum als "unerklärten Dritten Weltkrieg" (Heathcoate Williams, 1992) zu bezeichnen. Die apokalyptischen Zustände eines allwöchentlichen Verkehrs-Schlachtfestes, wie sie Jean Luc Godard in seinem beklemmenden Film "Weekend" (1968) beschworen hat, sind weitgehend Realität geworden. Ernst Jünger, der Künstler des großen Tötens, der die Materialschlacht ästhetisiert hatte, stellt mit Verwunderung fest, daß die ebenso massenhaften Opfer des Verkehrs "mit einer gewissen Selbstverständlichkeit hingenommen" werden. Er vermutet, daß diese Opfer deswegen als "notwendig" erscheinen, "weil sie unserem Raume, das heißt dem Arbeitsraume, angemessen sind" (Über den Schmerz, 1934). Dieser Zynismus ist aber fast schon eine Selbstrechtfertigung. Denn wo war denn jemals der Protest all der liberalen Humanisten und sozialistischen Linken, die gewohnheitsmäßig ihre Antikriegstage veranstalten, gegen das systematische Todesprogramm der fordistischen Autoproduktion?

Wir stehen keineswegs moralisch über dem Autor der "Stahlgewitter", denn wir sind allesamt auch bloß Autofahrer, d.h. potentielle Mörder "aus Versehen". Und übrigens vorzugsweise Kindermörder, denn die am wenigsten der "Verkehrsdisziplin" angepaßten Kleinen gehören zu den häufigsten Opfern. Das blutige "Blechgewitter" auf den Straßen hat niemals aufgehört. Es ist die automobile Alltagsnormalität unseres heutigen bewußtlosen Lebens. Eine solche Gesellschaft, in der Freizeit immer schon "Arbeit" ist und Frieden immer schon Krieg bedeutet; eine Gesellschaft, die mitten im "blutigen Verzehr" von Menschenleben und Lebenszeit sich als "zivile Wohlstandsgesellschaft" versteht; eine solche Gesellschaft braucht keinen "Big Brother" mehr, um die Orwell'sche Zwiesprache zu ihrem Alltagsidiom zu machen.

Der Saft wird abgedreht

Betrachtet man den fordistischen Kapitalismus nach seinem stofflichen Inhalt, dann stellt sich heraus, daß er ein System der Verbrennung fossiler Energiestoffe ist. In Gestalt dieser Stoffe wurde in hunderten von Millionen Jahren Sonnenenergie auf der Erde gespeichert. Im Unterschied zu den agrarischen Zivilisationen, die sich mit dem Holzfeuer begnügten, hat die kapitalistische Produktionsweise auf diese fossilen Brennstoffe als wichtigste Energieträger zurückgegriffen. Das Problem dabei ist aber nicht die Veränderung der energetischen Basis schlechthin, sondern vor allem die maßlose Beschleunigung und Erhöhung des Verbrauchs, die der Maßlosigkeit des Gesetzes der Geldverwertung entspricht. Auch dabei steht die Autoindustrie wieder im Zentrum, denn erst der Verbrennungsmotor und die darauf aufbauende "totale Mobilmachung" und "fordistische Systematisierung" haben das kapitalistische Höllenfeuer so richtig angeheizt und halten es seither am Brennen.

Autoindustrie und massenhaftes Autofahren sind daher zur Grundbedingung der Weiterexistenz des Kapitalismus geworden. Deshalb werden auch die "strategischen Ölfelder" (vor allem im Nahen Osten) durch ständige Gewaltdrohungen und durch blutige Militärinterventionen "gesichert". Natürlich wiederum mittels gigantischen fossilen Energieverbrauchs in Gestalt von Flugzeugträgern, Kampfmaschinen, Raketen usw. Übrigens durchaus mit Zustimmung von vielen fordistischen Arbeitern des Westens, die längst ihre Seele an die globale Gesamt-Verbrennungsmaschine verkauft haben und lieber sämtliche Araber zur Abschlachtung freigeben würden als auch nur eine Sekunde lang ihren aberwitzigen Lebensstil in Frage zu stellen.

Allerdings ist damit auch eine erste Grenzlinie der Arbeits- und Autogesellschaft mit tödlicher Sicherheit gezogen. Denn die Vorräte der fossilen Stoffe sind absolut begrenzt. So viele Pflanzen und Tiere der geologisch-biologischen Urzeit konnten gar nicht versteinern, um den fordistischen Kapitalismus von heute an gerechnet auch nur ein weiteres halbes Jahrhundert am Laufen zu halten. Er hat vielmehr ein Feuerwerk abgebrannt, in dem die gespeicherte Sonnenenergie von Jahrmillionen auf einen Schlag in die Luft gejagt worden ist. Eine reife Leistung. Fast könnte man darüber in Gelächter ausbrechen. Aber die durch den kindischen Schwachsinn dieser Produktionsweise vergeudeten Vorräte werden der gesamten zukünftigen Menschheit nicht mehr zur Verfügung stehen, auch nicht für intelligentere Zwecke als das Autofahren.

Schon Anfang der 70er Jahre ist ziemlich präzise berechnet worden, daß sich die globalen Ölvorräte in wenigen Jahrzehnten erschöpft haben werden (Dennis Meadows, Die Grenzen des Wachstums, 1972). Der Stoff geht aus. Die gewöhnlichen Einwände gegen diese Erkenntnis sind nicht stichhaltig. Zwar werden noch neue Ölfelder gefunden, aber immer weniger und mit sinkender Qualität, d.h. die Förderung wird immer teurer. Soviel "Arbeit" kann gar nicht rentabel verausgabt werden, um den extrem steigenden Aufwand für die weitere Exploration der fossilen Energiestoffe noch auf der Höhe des Massenkonsums durchhalten zu können. Und je mehr Nationen in den fordistischen Zyklus eintreten (China und Südostasien etwa), desto schneller erschöpfen sich die Ressourcen.

Auch andere Energieträger als Ersatz sind nicht in Sicht. Die Atomenergie wirft nicht nur unlösbare Betriebs- und "Entsorgungs"-Probleme auf, sie ist auch viel zu aufwendig und kapitalintensiv (noch mehr als die Eisenbahn), um sich marktwirtschaftlich individualisieren zu lassen. Ein Atomreaktor unter der Haube des "lackierten Kampfhunds" ist nicht denkbar. Für die direkte Sonnenenergie gilt, daß ihr Wirkungsgrad dauerhaft zu gering ist, um die kapitalistische Gesamtmaschine am Laufen halten zu können. Sie ist ihrer Natur nach eine "langsame Energie", ebenso wie die (ohnehin ortsgebundenen) Energiequellen von Wind und Wasserkraft. Es ist also ein Irrtum, daß die ökonomische Logik des Kapitalismus mit einer anderen Basisenergie als den fossilen Brennstoffen auch nur im mindesten vereinbar wäre. Der Fordismus mit Verbrennungsmotor und Auto als Herz, mit Jet und Rakete als Steigerungsorganen, ist wirklich die letztgültige Gestalt des Kapitalismus überhaupt. Je erfolgreicher die totale Verbrennungswirtschaft ist, desto früher wird ihr für immer der Saft abgedreht.

Die Autogesellschaft erstickt an sich selbst

Es könnte allerdings sein, daß die Produktions- und Lebensweise der "totalen Mobilmachung" schon vorher am Ende ist. Die "unbeabsichtigten Nebenwirkungen" der fordistischen Industrieproduktion ziehen mit eiserner Objektivität eine zweite Grenzlinie. Hatte der Kritiker Thoreau im 19. Jahrhundert bereits angesichts des Eisenbahnbaus vor einer "Planierung der Welt" gewarnt, so befinden wir uns heute in einem kaum noch steigerbaren Zustand der Landschaftsversiegelung. Trotzdem platzt die Verkehrs-Infrastruktur aus allen Nähten. Und die Blechflut steigt unaufhörlich weiter. Nach einer Prognose der Deutschen Shell-AG sollen bis zur Jahrtausendwende weltweit mehr als 500 Millionen Autos rollen. In Deutschland soll sich nach einer Studie des Bundesumweltministeriums im gleichen Zeitraum die Zahl der Autos im Osten mehr als verdoppeln, und in der Gesamt-BRD der zugelassene Bestand auf 46 Millionen Pkw steigen (von Lkw und Nutzfahrzeugen ganz abgesehen). Die "totale Mobilmachung" führt sich im "totalen Stau" selber ad absurdum, das Fahrzeug wird zum "Stehzeug".

Aber nicht nur der Verkehr erstickt, sondern bekanntlich auch Mensch und Natur. Ob Waldsterben oder Ozonloch, Überschwemmungskatastrophen oder Wassermangel, Klimazerstörung oder neue Krankheiten: der sich voranfressende ökologische Zerstörungsprozeß ist eindeutig auf die fordistische Verbrennungswirtschaft und zentral auf das Auto zurückzuführen. Eine Studie des Medizinischen Instituts für Umwelthygiene in Düsseldorf und des Instituts für Hygiene und Arbeitsmedizin der Universität Aachen hat bewiesen, daß Schulanfänger in den Ballungszentren an einer hohen Benzolkonzentration im Blut, an schlechten Lungenfunktionen und erhöhter Allergieanfälligkeit leiden. Verursacher sind die Autoabgase. Und nach einer Untersuchung von Greenpeace überschreiten aufgrund von exemplarischen

Messungen in "Kindernasen-Höhe" die krebserregenden Stoffe im Verkehr vor allem für die Kleinen alle Grenzwerte. Aber nicht einmal mit ihren eigenen Kindern haben die fordistischen Macher das geringste Mitleid, immer unter Verweis auf die ökonomischen "Notwendigkeiten".

Da ist es fast tröstlich, daß die Herren der kapitalistischen Schöpfung von den Auswirkungen ihrer Verbrennungsorgie allmählich an ziemlich zentraler Stelle getroffen werden. Der französische Sexologe Xavier Boquet nimmt an, daß allein durch den Autostreß die Hälfte aller männlichen Einwohner von Paris zeitweise an Impotenz leidet. Damit nicht genug. Nach jüngsten Untersuchungen führen Rückstände bestimmter Chemikalien im Wasser, die u.a. auf die Plastikproduktion zurückzuführen sind, zu einer dem weiblichen Sexualhormon Östrogen ähnlichen Verbindung, die sich auch im menschlichen Körper an die entsprechenden Rezeptoren anzuheften vermag. Die Folge: diese Stoffe lösen die gleichen biochemischen Prozesse wie das natürliche Östrogen aus. Bei Männern sinkt der Spiegel des Sexualhormons Testosteron im Blut. Die Rede ist von "winzigen Penissen". Und der dänische Mediziner Niels Skakkebaek hat herausgefunden, daß die Spermien in der Samenflüssigkeit schon seit 1938 rapide zurückgehen, während sich seither die Fälle von Hodenkrebs verdreifacht haben. Der kapitalistisch sozialisierte Mann darf sich also darauf einstellen, in Zukunft seine 100 oder 200 Pferdestärken mechanischer Aggressivität nicht nur im Totalstau zur Ruhe kommen zu lassen, sondern auch biologisch deformiert am Steuer seiner Mächtigkeit zu sitzen: fordistisch kastriert sozusagen.

Die fordistische Weltwirtschaftskrise

Die dritte Grenzlinie wird durch die soziale und ökonomische Großkrise des Verbrennungskapitalismus gezogen, die vor wenigen Jahren noch kaum jemand für möglich hielt. Jetzt aber führt das System der wissenschaftlichen Betriebsführung sich auch ökonomisch selber ad absurdum. Absehbar war das schon länger. Die Rationalisierung hatte seit den denkwürdigen Anfängen von 1911 - 1914 in den Ford-Werken von Detroit vor allem die menschliche Arbeitskraft innerhalb ihrer Tätigkeit dem Zeitdiktat angepaßt und gleichzeitig durch die Verbilligung der Produkte den Markt derart ausgedehnt, daß sogar im großen Maßstab mehr Arbeitskräfte gebraucht wurden. Nur dadurch konnte die "fordistische Systematisierung" hergestellt werden.

Die neuen Rationalisierungswellen seit Anfang der 80er Jahre haben dagegen die menschliche Arbeitskraft selber massenhaft hinausrationalisiert. Technologische Basis dieser Entwicklung ist bekanntlich die Mikroelektronik. Der schon vorher in den Maschinentakt eingepaßte menschliche Arbeitsablauf kann nun durch Steuerungstechnik und Robotik gänzlich ersetzt werden. In der gesellschaftlich zentralen Autoindustrie ist diese Automatisierung am weitesten fortgeschritten. Millionen von Arbeitsplätzen sind wegrationalisiert worden, und ein Ende ist nicht abzusehen. Neben das "Selbst" des fordistischen Produkts (Auto) tritt das "Selbst" des Blechkameraden (Automat), dessen "Gehirn" nur noch aus Schaltkreisen besteht.

Die "Kollegen Roboter" können zwar die Autos noch viel effizienter und massenhafter herstellen. Eines aber können sie nie in ihrem stählernen oder blechernen Leben: Autos kaufen. Damit zerreißt die "fordistische Systematisierung", jenes Ineinandergreifen von Massenproduktion, Massenkaufkraft, Markterfolg und Massenkonsum, das Henry Ford noch zu seiner Selbstrechtfertigung beschworen hatte. Diese Wirtschaftsweise erweist sich nun auch ökonomisch als Illusion, als historisch kurzlebig und nur über wenige Jahrzehnte reproduzierbar. Die Katze der Rationalisierung beißt sich selber in den Schwanz.

Verschärft wird dieser unlösbare ökonomische Selbstwiderspruch durch die globale Ausdehnung und Verallgemeinerung des fordistischen Kapitalismus. Nicht neue Konsumenten werden dadurch in erster Linie erschlossen, sondern vielmehr neue Konkurrenten. Die Autoproduktion in Japan, in Südkorea und neuerdings in China drückt zusätzlich auf den bereits angespannten Weltmarkt. Denn die asiatischen Newcomer können eine ausreichende Binnenkaufkraft für eine einigermaßen ausgeglichene Entwicklung von vornherein nicht mehr herstellen. Durch die Kombination von Billiglohn in der Vorfertigung und High-tech in der Endmontage sind sie auf einseitige Exportoffensiven in die alten fordistischen Kernregionen des Westens angewiesen. Es kommt zum gegenseitigen Verdrängungswettbewerb bis aufs Messer.

Die westlichen Autoindustrien wiederum reagieren auf diese Krise, indem sie den Kostendruck durch weitere Massenentlassungen, durch Lohnkürzung und durch verschärften Preisdruck auf die Zulieferer weitergeben. Diese werden dadurch ihrerseits zur Rationalisierung gezwungen oder in den Bankrott getrieben. Nach Untersuchungen der Beraterfirma Price Waterhouse ist allein für die Auto-Zulieferer der BRD damit zu rechnen, daß von den heute etwa 3.000 Unternehmen nur 500 überleben werden. Diese Entwicklung führt gleichzeitig zur Kapitalkonzentration bei den Autoproduzenten selbst.

Die größten Konzerne kauften sich bei den in die Knie gegangenen Konkurrenten ein, die den Verdrängungswettbewerb nicht mehr mithalten konnten. So schluckte Volkswagen die Firma Seat (Spanien), außerdem Skoda (Tschechien) und baut inzwischen auch Autos in Schanghai (VR China). Mercedes-Benz produziert u.a. in Vittoria (Spanien) und ab 1997 in Alabama (USA). Und BMW erwarb im Januar 1994 überraschend für mehr als zwei Milliarden Mark die britische Traditionsfirma Rover. Es werden riesige Überkapazitäten aufgebaut, immer nach dem zynischen Motto: Untergehen werden die anderen. Die Folgen sind abermals neue Rationalisierungsschübe und Massenentlassungen (so neuerdings wieder bei Seat).

Wir haben es also mit einer sich selbst verstärkenden Krisenspirale zu tun. Rationalisierung, Verdrängungswettbewerb und Kapitalkonzentration zerstören gesellschaftliche Kaufkraft, führen dadurch zu neuer Rationalisierung usw. Nirgendwo ist eine Entwicklung in Sicht, die den blind erhofften neuen "Aufschwung" herbeizaubern könnte. Woher denn auch? Ein Zurück zur "fordistischen Systematisierung" kann es nicht mehr geben. Mindestens vier Millionen "Arbeitsplätzen", die sich allein in der BRD in voller Abhängigkeit vom Auto befinden, wird Stück für Stück der Boden unter den Füßen weggezogen. Hinzu kommen weitere drei bis vier Millionen indirekt ans Auto gefesselte "Arbeitsplätze", ganz zu schweigen von den übrigen Industrien des Verbrennungskapitalismus. Hier haben wir es nicht mehr mit einer "Konjunkturdelle" zu tun, hier geht eine ganze Lebensweise im Krisenchaos zu Ende.

Mit Vollgas in den Abgrund

Obwohl die absoluten Grenzlinien für alle sichtbar sind, lautet die gemeinsame Parole der fordistischen Mehrheit: Mit Vollgas weiter so! Die Brutalität des Willens zum Weitermachen zeigt sich in vielen Erscheinungen. Nach einer Mitteilung der VDI-Nachrichten wünscht die Masse der Bevölkerung "weiteren Straßenbau", sogar den "achtstreifigen Autobahntyp". Die inkonsequenten Fahrbeschränkungen in den Innenstädten rufen den verbissenen Widerstand der Einzelhändler hervor, die Umsatzeinbußen befürchten, wenn die Autofetischisten nicht mehr vor die Geschäftstür fahren dürfen. Und nach einer Untersuchung des BAT-Freizeitinstituts fiebern viele deutsche Autofahrer dem Chaos "geradezu genußvoll" entgegen. Der Stau, vor allem der Extremstau mit Übernachtung im Wagen und Versorgung durch Polizei oder Rotes Kreuz, wird immer öfter als Sensationskitzel erlebt. Offenbar ist das normalkapitalistische Leben bereits so inhaltsarm und dürftig geworden, daß sogar der Stau einen "Erlebniswert" gewinnt.

Es sind vor allem Männer zwischen 20 und 40, oft mit CB-Funk oder Mobiltelefon im Auto, die sich derart neurotischen und kindischen Gefühlen hingeben. Dabei schwingen auch aggressive Landser-Phantasien mit, in denen sich die gestauten Autokolonnen in ein Quasi-Kriegserlebnis verwandeln. Das kollektive Unbewußte entwickelt eine dumpfe Katastrophensehnsucht. Zu demselben Syndrom gehört es, daß sich Schlägereien und sogar Schießereien um Parkplätze ebenso häufen wie Nervenzusammenbrüche auf offener Straße. In westdeutschen Städten tobt sich ein infantiler "Mantaismus" von Jugendlichen aus, die unter Verhöhnung aller ökologischen und menschlichen Rücksicht illegale Crash-Autorennen fahren. Überall nehmen

Freie Fahrt ins Krisenchaos

im Alltag die irrationalen Krisenreaktionen zu, die sich von offenem Wahnsinn kaum noch unterscheiden.

Der in allen Schichten und Altersklassen aufkeimende neue Rassismus und Antisemitismus ist mit diesen psychischen Zusammenbruchsprozessen ebenso in Zusammenhang zu bringen wie der Zynismus des Genfer Autosalons von 1994, dessen Motto "Das Auto macht Spaß" lautete. Die offizielle moralische Empörung der "Stützen der Gesellschaft" über den Straßenterror enttarnt sich als pure Heuchelei, denn sie selber fahren ja denselben blinden Crash-Kurs. Wenn der VW-Chef Ferdinand Piëch den Konkurrenzkampf nur noch in der Gewaltsprache beschreiben kann, dann zeigt sich die innere Verwandtschaft der fordistischen Repräsentanten. Die Skinheads in Nadelstreifen denken und handeln bloß in anderen Dimensionen.

Und gerade die BRD braucht keine "Autofahrerpartei" wie die Schweiz, weil hierzulande alle großen Parteien Autofahrerparteien sind. Ein bloßer "politischer Wachwechsel" in Bonn würde nichts ändern. Es war schließlich der spätere SPD-Vorsitzende Hans-Jochen Vogel, der 1961 als Oberbürgermeister von München den Begriff der "autogerechten Stadt" kreiert hatte. Und die heutigen SPD-Matadore Rudolf Scharping und Gerhard Schröder wollen ebenfalls bloß die "Konkurrenzfähigkeit" und den Verbrennungskonsum vorantreiben. Scharping persönlich warf das Tempolimit aus dem SPD-Wahlprogramm, die Erhöhung der Mineralölsteuer wird auf Eis gelegt, und Schröder machte sich sogar für Rüstungsexporte stark.

Machen wir uns nichts vor. Die von Markt und Staat entmündigten Menschen, die ebenso gierig wie vergeblich nach "Beschäftigung" schreien, hängen an der verselbständigten Logik des Geldes wie der Gehenkte am Strick. Und die demokratische Krisenverwaltung grenzt bloß immer mehr Menschen aus der "Menschenwürde" aus. Solange die marktwirtschaftlichen Zwänge verinnerlicht sind, können die entscheidenden Fragen nicht einmal gestellt werden: Was brauchen wir wirklich? Wie organisieren wir unser gemeinschaftliches Leben? Wie gehen wir sinnvoll mit den Ressourcen um? Was könnte Reichtum und Glück jenseits des Verbrennungskonsums sein? Reparaturen an der bisherigen Wirtschafts- und Lebensweise helfen jetzt nicht mehr, ein tiefer und prinzipieller Einschnitt ist unausweichlich geworden. Dazu müssen die Menschen wieder Kontrolle über ihr eigenes Leben gewinnen, autonome Tätigkeiten jenseits der Lohnarbeit entfalten und die totale Abhängigkeit von marktwirtschaftlichen "Arbeitsplätzen" überwinden. Die nachdenkliche Minderheit in Gewerkschaften, Management und Politik hat nicht mehr viel Zeit. Bis jetzt ist sie halbherzig und perspektivlos.

Anhang

Auto 2000: Daten zum Inlandsmarkt

	1992	1994	1996	2000
Beschäftigte	881 600	848 100	843 100	824 400
Umsatz in Milliarden DM	295	315	346	416
Neuzulassungen in 1000	3 879	3 372	3 777	3 888
Produktion in 1000	4 825	4 735	4 967	5 170
Exporte in 1000	2 500	2 570	2 735	2 825
Importe in 1000	1 670	1 599	1 632	1 708

Quelle: Schätzung Feri-Institut und marketing systems nach: Focus 3/93, S. 153

Pkw-Produktion in Westeuropa bis zum Jahr 2000

Segment	1993	1994	1997	2000
Pkw-Produktion (alle Klassen)*	11 361 000	11 927 000	15 050 000	15 514 000
Kleinstwagen (Submini) z.B. Panda (Fiat), Mini (Rover/BMW), Twingo (Renault) und künftige City-Cars	388 000	409 000	673 000	806 000
Kleinwagen (Small) z.B. Polo (VW), Fiesta (Ford), Citroën AX	3 025 000	3 102 000	3 525 000	3 576 000
Untere Mittelklasse (Lower medium) z.B. Golf (VW), Astra (Opel)	3 363 000	3 510 000	4 630 000	4 685 000
Mittelklasse (Medium) z.B. Passat (VW), Audi 80, BMW 316, Mondeo (Ford)	2 990 000	3 197 000	3 929 000	4 012 000
Obere Mittelklasse (Upper medium) z.B. Audi 100, 5er Serie (BMW), 200 E (Mercedes), Omega (Opel)	1 056 000	1 065 000	1 271 000	1 414 000
Luxusklasse z.B. S-Klasse (Mercedes), A 8 (Audi), BMW 628	134 000	148 000	143 000	134 000
Sport-Autos z.B. Porsche 911, Calibra (Opel)	69 000	119 000	258 000	246 000
Großraumlimousine (MPV)** z.B. Espace (Renault), Voyager (Chrysler)	94 000	133 000	350 000	371 000
Geländewagen (Off-Road-Fahrzeuge)** z.B. Frontera (Opel), Range-Rover (Rover/BMW), Vitra (Suzuki)	100 000	112 000	124 000	124 000
Andere Fahrzeugarten	143 000	133 000	150 000	146 000

* Die Zahlen sind gerundet; deshalb gibt es in der Summe geringe Abweichungen.
** Dabei handelt es sich ausschließlich um die als Pkw registrierten Fahrzeuge. Für die als leichtes Nutzfahreug registrierten MPV und Geländewagen gelten folgende Zahlen:
MPV: 18 000 (1993); 28 000 (1994); 95 000 (1996); 101 000 (2000)
Off-Road-Fahrzeuge: 88 000 (1994); 99 000 (1994); 110 000 (1997); 104 000 (2000)

Quelle: Schätzung von marketing systems, Stand April 1994

Die Autoren:

Michael Zeiß, Stuttgart, Wirtschaftsredakteur
Ulrich Viehöver, München, Wirtschaftsredakteur
Hermann Abmayr, Stuttgart, Filmemacher, Autor, Journalist
Winfried Wolf, Köln, freier Publizist
Robert Kurz, Nürnberg, freier Publizist

Weitere Angaben zu den Autoren finden Sie auf Seite 9 ff.

Bildnachweis:

Michael Latz, Stuttgart: Seite 10, 18, 52, 54, 59, 63, 69, 74, 76, 82, 98
Aus dem Film "Eine Region lebt vom Auto" von Hermann G. Abmayr: Seite 45, 50, 100
IG Metall, Neckarsulm: Seite 58, 70, 73, 86, 88

Bd.1
Rolf Simons/
Klaus Westermann

Industriestandort Deutschland

Zur Wettbewerbsfähigkeit der deutschen Wirtschaft
112 Seiten, Pb., DM 18,- (ÖS 141/SFr 19,10)
ISBN 3-89472-181-2

Die Autoren dieses Bandes weisen nach, daß die Wettbewerbsfähigkeit Deutschlands in den letzten Jahren nicht gelitten hat, daß Gefährdungen für den Industriestandort von einer verfehlten Industrie- und Technologiepolitik der Bundesregierung ausgehen.

Sie vergleichen die Leistungsfähigkeit der deutschen Wirtschaft mit der der Hauptkonkurrenten und kommen zu dem Schluß, daß ihre Wettbewerbsposition in den letzten Jahren sich nicht verschlechtert hat.

Schriften zur Standortdebatte
Eine Buchreihe der
Hans-Böckler-Stiftung

Die Zukunft des Standortes Deutschland hängt nicht allein an der Wirtschaft. Human-Kapital und Lebensqualität geben bei vielen Standortentscheidungen den Ausschlag. Mit ihren Schriften zur Standortdebatte argumentiert die Hans-Böckler-Stiftung gegen den Strich einer betriebswirtschaftlich verengten Diskussion.

Josef Hilbert/Josef Schmid
Wirtschaftsstandort und Sozialstaat
Mitbestimmung vor neuen Herausforderungen
ca. 120 Seiten, Pb., ca. DM 18,- (ÖS 141/SFr 19,10)
ISBN 3-89472-182-0

Karin Robinet/Rainer Lucas
Standortfaktor Umweltschutz
ca. 120 Seiten, Pb., ca. DM 18,- (ÖS 141/SFr 19,10)
ISBN 3-89472-183-9

Geschichte und Zukunft der industriellen Arbeit

Das klassische Industriezeitalter geht zu Ende. Ein Umbruch in den Strukturen der Industriearbeit und in Konzepten betrieblicher und gesellschaftlicher Rationalisierung ist unstrittig. Unsere Buchreihe beschäftigt sich mit verschiedenen Aspekten dieses Wandels.

Bd. 1:
Arbeit und Technik im sozialen Prozeß
180 Seiten, mit Abb., DM 24,80 (ÖS 194/SFr 26,10) ISBN 3-924800-86-3

Bd. 2:
Technik - Kultur - Arbeit
180 Seiten, mit Abb., DM 24,80 (ÖS 194/SFr 26,10) ISBN 3-89472-242-8

Bd. 3:
Wie bedingen sich Arbeit, Technik und Beruf im industriellen Prozeß?
180 Seiten, DM 28,- (ÖS 219/SFr 29,30), ISBN 3-89472-243-6

Bd. 4 (in Vorbereitung):
Mensch - Maschine - Kommunikation

Herausgegeben von Gerd Hurrle, Franz-Josef Jelich und Jürgen Seitz in Zusammenarbeit mit dem DGB-Bildungszentrum Hattingen

Kißler/Bogumil/Wiechmann (Hrsg.)
Anders verwalten
Praxis und Perspektiven kommunaler Gestaltungsprojekte
240 Seiten DM 28,- (ÖS 219/SFr 20,30), ISBN 3-89472-084-0

Thomas Jäger
Betriebsschließung und Protest
Handlungschancen kollektiver Akteure gegen die 'Stillegung' des Hüttenwerks der Krupp Stahl AG in Duisburg-Rheinhausen
200 Seiten DM 36,- (ÖS 281/SFr 37,20), ISBN 3-89472-095-6

Martina Klein (Hrsg.)
Nicht immer, aber immer öfter
Flexible Beschäftigung und ungeschützte Arbeitsverhältnisse
168 Seiten DM 28,- (ÖS 219/SFr 29,30), ISBN 3-89472-088-3

Heidemann/Paul-Kohlhoff/Zeuner (Hrsg.)
Qualifizierung in der Automobilproduktion
144 Seiten, DM 28,- (ÖS 219/SFr 29,30), ISBN 3-89472-072-7

Hoffmann/Libbe/Neitzel/Voegeli
Stadt am Atomstrom?
Möglichkeiten und Grenzen des Ausstiegs Hamburgs aus der Atomwirtschaft
192 Seiten DM 28,- (ÖS 219/SFr 29,30), ISBN 3-89472-076-X

Jürgen Prott
Gewerkschaftspresse
Gegenöffentlichkeit durch Mitgliederzeitschriften
340 Seiten, DM 32,- (ÖS 250/SFr 33,20), ISBN 3-89472-060-3

Uwe Hellner
Nicht Fisch, nicht Fleisch
Das DGB-Jugendmagazin 'ran' im Spannungsfeld von Jugend und Gewerkschaft
240 Seiten, DM 36,- (ÖS 281/SFr 37,20), ISBN 3-89472-131-6

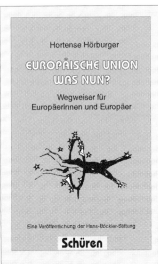

Hortense Hörburger
Europäische Union - was nun?
Wegweiser für Europäerinnen und Europäer
128 Seiten, Pb., DM 16,- (ÖS 125/SFr 17,-)
ISBN 3-89472-102-2

Seit dem 1.11.1993 ist aus der Europäischen Gemeinschaft die Europäische Union geworden: in vielen Politikbereichen sind danach Änderungen Wirklichkeit geworden, die jede Bürgerin, jeden Bürger betreffen können. Keine Jubelbroschüre und kein Buch für Spezialisten - dieses Büchlein zeigt, daß Anspruch und Wirklichkeit in der EU noch auseinanderklaffen, daß der Prozeß der Einigung mühselig, aber notwendig ist.

Hortense Hörburger
Europa ratlos statt grenzenlos
Der Vertrag von Maastricht auf dem Prüfstand
240 Seiten, DM 28,- (ÖS 219/SFr 29,30), ISBN 3-89472-077-8

Hortense Hörburger
Europas Frauen fordern mehr
Die soziale Dimension des EG-Binnen- marktes am Beispiel der spezifischen Auswirkungen auf Frauen
2. überarbeitete Aufl., 180 Seiten, DM 19,80 (ÖS 155/SFr 21,-), ISBN 3-924800-72-3